KB270242

신교횃불

청년들아 무엇을 위해 살 것인가?
(청년들을 위한 기독교 변증)

신교횃불

A Time to Search

Discovering Menning and
purpose in Life
copyright © Joe Boot 2002
Translated by permission
All right reserved

Korean copyright © 2008
by mission Torch publishers

청년들아 무엇을 위해 살 것인가?
(청년들을 위한 기독교 변증)

조 부트 지음 | 지명수 옮김

차례

나는 우리 동역자 조 부트가 쓴 이 책을 기쁘게 추천합니다. 그는 독자들에게 우리 삶의 큰 의문들을 진지하게 고려하라고 부드럽게 설득합니다. 왜냐하면 그가 말하는 것처럼, 그 의문들은 결코 회피할 수 있는 것이 아니기 때문입니다. 사실 그런 의문들을 잘 설명해 주는 사람으로서 조 부트처럼 세상을 향한 강한 열정과 비전을 가진 청년, 하나님을 사랑하는 청년을 또 달리 찾아보기 어렵다고 생각됩니다.

라비 자카리아스 박사 | 탁월한 논증서 『사람이 하나님 없이 살 수 있을까?』 및

『여타의 신들과 예수의 차이점』의 저자

조 부트는 기독교계에서 환영받는 새로운 목소리이다. 그는 지적인 재료와 논리적 발전을 영적 자양분과 정서적 만족과 결합한 분명한 메시지를 제시함으로써 더 나은 이해를 주고 또한 더 분명하게 그 메시지에 반응할 것을 촉구한다. 그는 우리에게 문제가 되는 작은 그림들이 제 자리에 들어갈 수 있도록 본래의 큰 그림을 우리에게 제시해 준다.

찰스 프라이스 | 카나다 토론토 소재 '더피플스 처치' 의 담임목사,

전임 케이펀레이 성경학교 교장.

조 부트의 책은 상당히 읽을 만한 가치가 있다. 그는 장마다 기발하고 생각을 깨우는 방식으로 논증을 전개하면서 독자들에게 기독교 진리가 가진 그 명백한 의미를 소개한다. 그가 사용하는 문체는 매우 다양한데, 예를 들면, 이야기체, 교훈체, 위트, 선언 등이며, 하나도 지루한 것이 없다. 각 장은 마치 이야기와 통찰력의 금광과 같다. 그는 항상 자기가 어디로 우리를 데려간다고 밝히지만, 독자들은 아마 그의 기발한 논증이 어떻게 진행될 것인지 결코 예측하지 못할 것이다. 각각의 논증은 독자들의 개인적인 삶을 향하여 또한 오늘날의 공적인 세상을 향하여 생생하게 살아 있는 이야기를 던져 준다. 조 부트가 말하는 것을 읽을 준비가 되어 있는 독자라면 누구나 기독교가 이해 가능한 종교임을 알게 될 것이다. 나는 이 책이 앞으로 몇 년간 중요한 책으로 여겨질 것이라고 믿는다.

일레인 스토키 박사 | 방송인, 국제적인 연설가, 잉글랜드 교회 총회 위원

이 책의 몇 페이지를 읽고 나는 지성을 희생시키지 않고도 마음으로 하나님께 부르짖을 준비가 되었고, 하나님께서는 응답하셨다.

에드 필킹턴 | 웹 사이트 매니저, 펀치 매거진

나는 이 메시지를 탐구하기 전까지 기독교인들은 그 신념에 속고 있으며 그들이 그렇게 기뻐하는 그 신앙이 나에게는 아무 것도 아니라고 이미 결정해 놓고 있었다. 나는 법원의 변호사로서 내 입장을 변호할 준비

를 확실히 했었다. 그러나 저자가 설명하는 기독교를 읽고 예수 그리스도를 나의 주님으로 모시고 사는 삶이 가진 진리와 자유를 드디어 깨달았다. 하나님께서 내 마음에, 죄를 용서받아야 하는 절박성 뿐 아니라, 죄인임에도 불구하고 그가 끊임없이 나를 사랑하셨다는 사실을 깨닫게 하셨다.

로버르타 펜 | 영국 고등법원 변호사

이 교훈을 만난 것은 마치 눈가리개가 벗겨지는 듯한 경험이었다. 갑자기 모든 것, 즉 세상이 왜 존재하는가, 나는 왜 사는가 등 모든 것의 의미가 이해되었다. 그러나 탁월한 논증이나 확증된 증거들보다도 나는 저자가 보여준 진리와 사람들에 대한 분명한 사랑 덕분에 내 삶의 가장 위대한 사랑이신 예수께로 가는 문을 열 수 있었다.

샬로테 해리스 | 아서 앤더슨 사의 세무 컨설턴트

여러분은 이 책을 통하여 생각하는 방식과 행동하는 방식이 바뀔 것이고 인생에 대한 전망이 바뀔 것입니다. 이 책은 참으로 영감을 주는 책입니다!

스튜아트 헤드 | 잉글랜드 하키, 올림픽 대표

이미 본향에 가 있는 제이콥을 비롯하여,

살아 있는 사랑하는 형제들, 벤자민, 사무엘, 다니엘에게

이 책을 바칩니다. 우리 모두는 저 해방자 덕분에

자유한 자들이 되었습니다!

■감사의 글

만일 빵 잘 굽는 비결을 적당한 재료를 정확한 비율로 배합하고 구워내는 시간을 정확히 맞추는 것에 비한다면, 이 책은 요리에 비할 수 있을 것 같습니다. 물론 저는 이 책이 분명히 제 아내가 '먹고 싶어질 때까지 좀 놔두라!' 고 말하는 저의 실제 요리 솜씨보다는 훨씬 입맛을 당기게 하는 책이라고 확신합니다. 감사하게도 이 책의 시작부터 끝까지 많은 분들의 도움을 받을 수 있었습니다. 사실 이 책은 제가 컴퓨터 앞에 앉아 쓰기 전까지, 수년 동안 오븐 속에 들어 있었습니다. 그 기간 동안 많은 분들에게서 격려를 받았고 또 영감을 받고 도전을 느끼면서 마음을 다잡을 수 있었으니 저는 마땅히 그 모든 분들께 감사를 드려야 합니다. 그래서 이 책의 출판을 가능하게 하는 데 중요한 역할을 하시고, 저로 하여금 세계 각처에서 예수 그리스도께 대하여 말할 수 있도록 도와주시고 격려해 주신 분들을 먼저 여기에 언급하고자 합니다.

먼저 마이클 부트 씨와 헬렌 부트 여사, 사랑하는 아버지, 어머니께 특별한 감사를 돌립니다. 우리 부모님 같은 분들을 공경하라는 제5계명은 누구라도 쉽게 지킬 수 있었을 것 같습니다. 어머니, 아버지! 두 분이 본을 보여 주신 그 희생적이고 그리스도 같은 삶을 저희도 살겠습니다. 또 제가 앞에 이 책을 헌정한다고 쓴 저의 형제들에게도 큰 감사를 돌리고 싶습니다. 특히 오랜 기간 동안 함께 하면서 "형제는 위급한 때까지 위하여 났느니라"(잠17:17)는 말씀을 확증해 준 것을 감사합니다. 저를 믿어주고 저의 소명을 위해 언제나 자기 삶을 아낌없이 투자해 준 나의 귀하고 진실한 친구 제이 존에게 깊은 감사를 드립니다. 또한 조언과 가르침과 영감을 베풀어 줌으로써 격려와 영적 양식을 공급해 준 신실한 벗 찰스 프라이스에게도 감사를 드립니다. 언제나 신뢰할 수 있는 우정과 저 자신의 생각을 발전시킬 수 있도록 사려 깊은 도전을 베풀어 준 앤디 이코노미데스와 마크 그린우드에게도 깊은 감사를 드립니다. 저의 옛 동료들이고 절친한 친구들, 저의 정체성과 글쓰기에 많은 도움을 준 존 페인터, 데이빗 로빈슨, 그리고 주디 무어에게도 심심한 감사를 드립니다. 제가 책을 끝낼 수 있도록 도와준 데이브 포우프에게도 감사를 드립니다. 스튜아트 리스와 크라이스트 처치 풀햄에게 감사를 드립니다. 그들의 격려 덕분에 이 재료들이 실제 교회 생활에 적용될 수 있었습니다. 또한 저의 모든 과거 '비스타' 팀과 제자 그룹들에게도 감사를 드립니다. 여러분의 코멘트와 성찰, 제언들은 제가 이 책을 쓰는 길을 비추어 주는 가로등이었습니다.

또한 저는 여러 친구들과 동료들에게도 빚을 많이 지고 있습니다. 마이클 램스덴, 에이미 올 어윙, 엘레인 스토키 박사는 후원과 격려를 주셨을 뿐 아니라, 그 쌓은 엄청난 학식을 통하여 저를 단련함으로써 저로 하여금 더 깊이, 더 열심히 생각하도록 생각을 확장시켜 주었습니다. 저는 그분들보다 더 세련되고 멋진 동역자나 기독교인 모범을 찾아보기 어렵다는 생각이 듭니다. 또한 존 어위커, 모인 로슨 존스톤, 팀 미트렐의 기도와 격려에 감사를 드립니다. 특히 감사를 드릴 분은 라비 자카리아스 박사님입니다. 박사님은 저를 자기 팀에 넣어주시고 저에게 영감 있는 교훈을 주심으로써 저의 사고를 형성시켜 주셨습니다. 또한 싱가폴에 있는 저의 동료 엘 티에게, 그 지혜로 저의 마음을 예리하게 해 준 것에 대해서 깊은 감사를 드립니다. 데이빗 시어만, 제랄드 코츠, 말콤 박스터에게, 저에게 해 준 시기적절한 격려의 말와 영감을 주는 말들로 인하여 감사를 드립니다. 절친한 친구 롭 레이시와 샌드라 레이시 부부에게, 그 창조성과 끈질긴 열정, 그리고 저의 마음을 감동시킨 통찰력에 대해서도 감사를 드립니다. 저의 원고에 대하여 자크 와트가 보여준 오랜 기간에 걸친 우정과 유익한 통찰력에 대해서 감사를 드립니다.

　과학적 주제에 관하여 스티브 존스 박사님과 매트 던클리 박사님이 보여주신 그 해박한 지식에 대해서도 감사를 돌리고 싶습니다. 함께 커피를 마시며 여러 주제에 관해서 즐겁게 토론하였던 것과 두 분의 고견, 코멘트 등은 돈으로 살 수 없는 값진 교훈이었습니다. 또한 저의 매우 특별한 감사를 이 책의 출판사인 킹스웨이 출판사의 출판부장 리차드 헬케스에게 돌립니다. 그는 저에게 이 책을 쓰라고 기지 있게 격려도 하면서 열심히 권면하였습니다. 참 감사합니다.

　저의 귀한 아내 제니에게 특별한 감사를 드립니다. "여보, 당신은 나의 최고의 친구이고, 헌신적인 후원자, 최선의 비판자 또 가장 신실한 동반자입니다. 당신은 며칠씩 걸려 원고를 다 읽었고, 예리한 통찰력으로 각 장의 모양을 만들어 주었습니다. 당신이 없었다면 이 책은 불가능했을 것입니다!"

마지막으로 홀로 지혜로우시고, 죽지 않으시고, 보이지 않으시나 인격적이신 하나님 그분께 영광과 존귀가 세세토록 있기를 소원합니다. 모든 감사와 찬송을 주님께 돌립니다.

식도락은 사람들이 가장 좋아하는 오락입니다. 우리는 살기 위해서도 먹지만 즐기기 위해서도 먹습니다. 요리책은 최고의 베스트셀러이고, 많은 TV들은 앞다투어 성공적인 요리 프로를 쏟아냅니다. TV든 책이든 성공의 비결은 그 요리를 가장 세련되고 화려하고 먹음직스러워 보이게 만드는 것입니다. 그러나 거기엔 한 가지 심각한 문제가 있습니다. 독자나 시청자들은 실제로 맡을 수 있는 냄새를 원한다는 것입니다. 우리의 시장기는 사실 그 놀라운 향기로 촉발됩니다. 아무리 책을 잘 꾸미고, 아무리 카메라 앵글을 잘 잡고, 아무리 스튜디오 조명을 멋지게 한다 해도, 저는 사실 거기에 별 구미가 당기지 않습니다. 저는 오히려 '긁으면 냄새가 나는' 책이나 맛 냄새를 내는 그런 TV 프로가 나왔으면 하고 바랍니다.

조 부트가 쓴 이 책은 바로 그런 면에서 대단한 책입니다. '긁으면 냄새가 나는' 식으로 하나님을 소개하기 때문입니다. 이 책을 읽음으로써 독자들은 감각이 각성되고 살아나게 되는 것을 느끼게 될 것입니다. 그 향기로 말미암아 하나님을 더 알고 싶은 욕구, 즉 하나님을 보고, 만지고, 느끼고 듣고 맛보고 싶다는 욕구와 열망이 일어남을 보게 될 것입니다. 독자들의 모든 감성을 자극하여 우리의 눈을 영원으로 향하게 할 뿐 아니라 많은 물소리와 같은 그 음성을 듣게 할 것입니다. 이 책의 면면을 통하여 저자는 독자들로 하여금, 지금 21세기에도 우리가 여전히 성에 낀 창문을 통해서 흐릿하게만 보고 있다는 사실을 깨닫게 하는 동시에, 아마도 여러분 생애 처음으로, 깨끗이 닦인 창문을 통해서, 이 세상 사람들은 환상이나 판타지라고 부르지만 실제로는 대단히 구체적이고 사실적인 기독교의 진리를 직접 보고 만져볼 수 있게 될 것입니다. 비록 이 책은 저자에게 첫 작품에 불과하지만, 그는 이 책을 통하여 다른 많은 저자들이 열 권을 썼어도 이루지 못한 일을 해냈습니다. 그것은 저자가 하나님께로 향하는 인간의 욕구를 잘 드러내 주었기 때문입니다.

저자는 마치 요리의 명장처럼, 독자들에게 그 유명한 요리를 나도 한 번 먹어보고 싶다는 욕구를 일으키고, 요리를 기대하게 하고, 실제 요리를 열망하게 합니다. 또한 이 책은 결코 식은 요리를 다시 데운 것 같은 책이 아닙니다. 저자는 아주 솜씨 좋게 여러 재료들을 하나로 섞어서, 제6일 인간 창조 이래로 인류가 하나님께 대하여 꿈꾸어 오던 그 오랜 소망을 새롭게 펼쳐 놓았습니다. 머리와 가슴뿐 아니라 상상력과 호기심, 경험과 전문지식으로 호소하여 사려 깊음을 느끼게 하고 생각을 깨우쳐 주는 이 책은 독자들을 독자 자신의 온 존재와 연관시켜 생각케 하는 동시에 결코 참된 것 이외의 그 어떤 것에도 안주하지 못하도록 만들어 줄 것입니다.

그러므로 저는, 이 책의 저자는 독자들의 신실한 친구라고 자신 있게 소개 드리는 동시에, 또한 이 책에 써 있는 것처럼 제 안에 있는 바 우리 하나님을 보다 친밀하게 느끼고자 하는 가장 인간적인 욕구, 하나님이 창조하신 그 욕구들을 깨우쳐 준 사람이라고 여러분 앞에 자신 있게 추천합니다. 다시 한번 이 책을 읽는 독자 여러분이 이 책을 통하여 "하나님의 선하심을 맛보아 알게" 되시기를 바랍니다.

J. 존 | 필로재단 설립자 겸 이사장

저 지혜로왔던 솔로몬 왕은 일찍이 "많은 책을 짓는 일은 끝이 없다"고 갈파했습니다. 그러니 제가 여러분의 책장을 더 무겁게 하려고 할 이유가 전혀 없습니다. 저는 다만 여러분들로 하여금 세계에서 가장 오래된 책 중 하나인 성경을 책장에서 꺼내어 (혹시 없으면 꼭 한 권을 사서!) 거기 쌓인 먼지를 털어내고, 그 각 페이지에 기록된 독특한 한 인물을 통하여 인생의 의미를 찾아보시게 할 뿐입니다.

우리 시대의 예언자라고 하는 A.W. 토저 목사님은 언젠가, "자기 안에 있는 필요 때문에 어쩔 수 없이 쓴 책이야말로 참으로 쓸 가치가 있는 책"이라는 말씀을 하신 적이 있습니다. 저는 이 사랑의 수고를 하면서 그 말씀이 정말 저의 경우에 해당된다고 느꼈습니다.

이 책은 제가 런던의 남서부에서 복음전도자로 일하고 있을 때, 우리에게 전해진 기독교에 대하여 청중들과 함께 나눈 일련의 강연에서 시작되었습니다. 그 강연은 '비스타'라고 하는 여섯 주 짜리 강좌로 이루어졌는데, 참석자들은 주로 기독교에 대해서 여러 가지 의심을 품은 회의주의자들이었습니다. 그 사람들이 제 강연에 대해서 어떻게 호응하였는지는 아마 앞에서 나온 추천사에서 읽어 보았을 것입니다.

그 강연을 하면서 제가 발견한 것은, 기독교에 대해서 많은 사람들이 무지하거나 반대하는 이유는, 그들이 기독교를 연구하고 이해해 본 결과 기독교 신앙이 기준 미달이었기 때문이 아니라, 그들이 가진 기독교에 대한 여러가지의 질문들에 대해서 아무도(!) 믿을 만한 설명이나 대답을 주지 않았기 때문이었다는 사실이었습니다. 또는 자기들에게 납득되는 방식으로 기독교를 설명해 주거나 성경을 설명하는 것을 들어본 적이 없었기 때문이었습니다.

제가 또 한 가지 발견한 것은, 사람들이 갈수록 사실상 성경에 대해서 모르게 되어간다는 사실입니다. 그 결과, 많은 기독교 설명자들이 있지만 사실은 사람들이 묻지도 않는 질문에 대하여, 대다수 사람들이 알아듣지 못하는 언어와 용어로 대답함으로써, 사실상 아무런 설명도 들려주지 않은 채 알고 싶어서 질문을 던지는 사람들을 그냥 돌려 보내고 있는 형편입니다. 지금 많은 사람들이 알고 있는 기독교는 사실상 '기독교에 대한 오해' 라는 기가 막히는 현실을 인식하게 되자, 저는 나라도 이런 책을 꼭 써야 하겠다는 사명감을 갖게 되었고, 또한 강좌에 참석했던 많은 사람도 저에게 꼭 책을 내라는 권면을 많이 하였습니다.

그러므로 이 책은 우선적으로 하나님께 관한 책으로서, 용서와 삶의 의미와 목적에 대하여 막연하지만 강렬한 갈망을 가진 분들과 21세기 세상에서 기독교 신앙에 관하여 말이 통하는 합리적인 설명을 찾는 분들을 대상으로 한 책입니다.

무신론자로 유명한 장 폴 싸르트르도 언젠가 이런 고백을 했습니다:

나 자신에 대해서 말하자면, 나는 결코 나 자신을 세상에 우연히 생긴 먼지 같은 존재라고 여기지 않고 기대 받는 자, 예고된 자, 부름 받은 자로 여긴다. 요컨대, 마치 창조자로부터 도래 되었을 그런 존재라고 여기는 것이다. 이처럼 나를 창조한 어떤 창조하는 손이라는 개념을 생각하는 것은 물론 다시 그 하나님에 대한 언급으로 돌아가는 것이 된다. 당연히 이것은 내가 늘 취하는 바, 내 자신에 대한 분명하고 정확한 개념은 아니다. 이 개념은 내가 가진 다른 개념들과 모순 되지만, 그럼에도 불구하고 늘 모호하게 떠돌며 내 안에 항상 머물고 있다. 특히 혼자 생각할 때 종종 그런 식의 생각이 드는 이유는 그 외에 달리 어찌 생각할 길이 없기 때문이다.[2]

우리 모두에게는 깊이 묻어 두었든지 표면에 드러냈든지, 표현되었든지 비 규정 상태이든지 간에 이런 종류의 확신이 들어 있습니다. 그러므로 그런 모호한 가정들부터 설명하는 것이 좋을 것 같습니다. 우리 인간이 가진 고유한 삶에 대한 확신들로부터 시작하여 성경의 세계관으로 또 예수 그리스도의 생애와 가르침으로 나아가는 것이 좋다고 생각됩니다. 그렇게 설명해 나가는 도중에 고난, 진리, 도덕성, 죄책 등에 대해서도 씨름해 볼 수 있을 것이라 기대합니다. 바라기는, 독자들이 이 여행을 즐거워하고, 아주 조금이라도 감동을 받아서 진리가 발견되는 곳이라면 어디나 찾아가 볼 생각을 하게 되는 것입니다.

솔직히 고백하면, 이 책에는 참으로 새로운 점은 전혀 없습니다. 사실 저는 그렇게 되기도 원치 않습니다. 만일 새로운 것이 있다면 저는 목적을 이루지 못한 것입니다. 기독교 변증가의 역할은 새로운 기독교를 창안하는 것이 아닙니다. 만일 내가 창안 했다면 그것은 기독교가 아닐 것입니다. 성경은 우리가 업데이트 해야 할 책이 아니라, 이해하고자 하고 그 진리를 증험하고자 노력해야 할 책입니다. 요즘처럼 변화하는 시대에 속한 기독교 변증가의 역할은 그 성경의 불변하는 메시지를 우리 세대 사람들에게 이해될 수 있는 방식으로, 성경의 진정성에 대한 합리적인 이유들을 제공하는 것입니다. 우리가 인생의 의미를 추구하고자 할 때 가장 중요한 질문은 '과연 그것이 참인가?' '과연 효과가 있는가?' 하는 질문들이기 때문입니다.

만일 독자 여러분이 어떤 이유에서이건 기독교에 대하여 매우 회의적인 분이라면, 벌써 이 책을 던져 버리고 다른 일을 하고 싶은 마음이 들지도 모르겠습니다. 그러나 저는 어떤 독자라도 속이고 싶은 마음이 없기 때문에 이 책이 기독교 연구서라는 사실을 숨기지 않겠습니다. 저는 다만 단순하게 여러분께 이 책을 계속 읽어보시고, 자신과 자신이 서 있는 위치를 직시할 용기를 내시라고 말씀드리고 싶습니다. 진리를 찾아보고 인생의 중요한 질문들을 검토하는 일은 우리에게 아무런 해도 없고 오직 유익할 뿐이기 때문입니다. 생각을 두려워할 이유는 전혀 없습니다. 가능한 한 가장 분명하게 생각을 해 보십시오. 파스칼은 이렇게 기록했습니다:

일반 사람들은 기독교를 증오한다. 그 증오심이 깊어질 수밖에 없는 이유는 사람들이 기독교가 사실이면 어쩌나하고 두려워하기 때문이다. 이것을 치료하는 길은, 첫째, 기독교가 이성에 어긋나지 않고 진지하게 받아들여야 할 종교임을 보

여주는 것이다. 둘째는, 기독교를 좋은 것으로 제시하고 선량한 사람들로 하여
금 기독교가 옳기를 바라게 하는 것이다. 셋째는, 그들에게 기독교를, 그들 스스
로를 이해할 수 있도록 도와주는 종교, 또 그렇게 함으로써 그들에게 많은 복을
가져다주는 종교라고 설명해 주는 것이다.[3]

위의 말이 이 책의 목표를 잘 요약해 주는 것 같습니다. 지혜로왔던 솔
로몬 왕은 인생에서는 반드시 '찾을 때'[4]가 있다고 했습니다만, 저는 여
러분이 이 책을 읽으시고 전에 여러분이 상상해 보았던 그 어떤 삶보다
도 여러분의 삶이 훨씬 더 놀랍고 더 많은 가능성을 가지고 있고, 놀라운
목적과 큰 기쁨이 있는 삶이라는 사실을 발견하게 되시기를 간절히 바랍
니다.

저자 조 부트

1. 이 얼마나 놀라운 광경인가!

인생을 보는 관점

때로 우리는 장엄한 광경을 보면 하나님이 좀더 가깝게 느껴진다고 말하곤 합니다. 아마도 그 장엄함이나 선명한 비전 덕분에 그런 느낌이 드는가 봅니다. 저의 경우는 암벽 등반에서 가장 큰 만족을 얻습니다. 멋진 등반은 힘이들긴 하지만, 등반이 더 어려울수록 더 놀라운 광경을 볼 수 있기 때문입니다.

레이크 디스트릭트 지역에 있는 '헤이 스텍스'는 제가 가장 좋아하는 등반 코스입니다. 처음에는 쉽게 올라갑니다. 그러다가 갑자기 갈라진 틈 사이로 가파른 고비가 나오는데 거길 통과하려면 한 두 시간 정도는 족히 소요됩니다. 이를 악물고 가야합니다. 잠깐 쉬면서 숨도 쉬고 물도 많이 마시면서 계속해서 올라가야 합니다. 그렇게 등반을 계속하면서 가끔씩 뒤를 돌아보면, 우리가 어디서부터 올라왔는지를 확인하고 위로를 얻습니다. 그러나 정상에 도착하면, 그때가 절정입니다! 바람이 거칠게 몸을 휘돌아 불어제치고, 가슴은 방망이질을 치고 다리도 후들거립니다만, 마치 세계의 지붕 위에 서 있는 듯한 벅찬 감동이 느껴집니다. 발 아래로는 새들이 날아다니고, 오직 들리는 것이라곤 바람 소리와 물 떨어지는 소리뿐입니다. 눈을 들어 보면, 저 멀리에 (날씨가 좋다면) 땅과 호수가 보입니다. 그런 순간에는 그저 나한테 날개만 있다면 하는 생각이 절로 듭니다. 이 멋진 조망을 얻기 위해서는 우선 모든 고통을 감내할 필요가 있었던 것입니다. 그러므로 그 높이까지 도달하지 못하면 전에 보지 못하던 풍경을 볼 수 없다는 사실은 결코 잘못된 것이 아닙니다.

조망은 하나의 관점입니다. 우리가 사물을 어떻게 보느냐에 따라 우리가 살아가는 이 세계를 어떻게 인식하느냐가 결정됩니다. 우리가 사물을 어떻게 보느냐에 따라서 실재 자체에 대한 우리의 이해가 형성된다는 말입니다. 예를 들어, 빽빽한 열대 숲과 큰 나무들로 둘러 싸여 사는 아마존 부족들은 어쩌면 넓은 공터를 본 적이 없을지도 모릅니다. 사람들이 인식하는 공간은 자기들이 사는 환경의 제한을 받습니다. 그들에겐 숲이 곧 세계입니다. 그러나 그들을 데리고 넓은 공터로 나오거나 비행기 여행을 시키거나 바다를 구경시킨 후, 그들의 두뇌에 적응할 시간을 주면 곧 거리를 측정하고 전체 관점을 이해하게 됩니다. 사실 인간은 누구나 이 관점에 대해서 배울 필요가 있습니다.

이런 원리는 우리의 신체적인 시력에만 적용되고 그칠 것이 아니라,

우리의 이해와 우리 마음에도 적용되어야 합니다. 조망은 정신적 비전이 될 수 있습니다. 우리가 가진 정신적 시야는 곧 세계에 대하여, 생명과 살아감과 사망과 죽어감 등에 대하여 우리가 사유하는 방식을 말합니다. 요약하면, 우리의 정신적 시야는 곧 세계관입니다. 그러나 이런 점에 대해서 별 생각 없이 마치 원시인처럼 나무만 보고 숲을 보지 못하고, 진정한 관점을 갖지 못하고, 실재 전체를 바라볼 높은 위치에 이르지 못한 채 살아가는 것은 가능할 뿐 아니라 사실상 아주 흔히 일어나는 일이기도 합니다. 잠깐 멈춰 서서, 끊임없이 달려가던 삶을 잠시 멈추고 우리가 가진 세계관을 심각하게 숙고하기 전까지는, 정신적 숲에 사로잡힌 채 우리가 처한 상황의 본질을 인식하지 못하기가 쉽습니다.

우리 각자는 우리가 인식하든 하지 못하든, 다 나름대로의 세계관을 갖고 살아갑니다. 아주 단순하고 제대로 고안되지 못한 세계관일 수는 있겠지만 누구나 이런저런 식의 사고틀을 가지고 살아갑니다. 세계가 어떻게 이루어졌다고 우리가 믿는 그 가정들이 우리의 세계관을 형성합니다. 그것이 무엇이든 우리가 생각을 할 수 있는 것은 바로 그 사고틀 덕분입니다! 우리 인간을 다른 동물과 구별되게 하는 중요한 요소는 바로 그런 사유 능력, 즉 삶과 우주를 사유하는 능력인 것입니다. 인간은 논리적인 사고를 할 수 있고, 복잡한 대안들을 숙고하여 결론을 도출할 수 있는 존재입니다.

참으로 믿을 수 없을 정도

최근 저는 미국 알라바마 주의 페이프 타운에 사는 사람들이 겪은 희한한 일에 관한 기사를 읽은 적이 있습니다. 주민들 몇 사람이 아주 특이한 주장을 하였는데, 이미 1989년 2월에 죽은 리버라체라는 피아니스트가 무덤 뒤쪽에 나타나 자기들에게 연주를 들려주었다는 것입니다. 사람들은 그가 황금빛 나는 바나나 모양의 우주선을 타고 내려온 것을 확실히 보았다고 주장했습니다. 그 12 피트 길이의 높다란 '상아로 된 짤랑이'가 땅으로 내려오자, 죽은 피아니스트가 요술 에스칼레이터 위에서 공중에 떠 있는 피아노로 멋진 곡을 연주하여 청중을 매료시켰다는 것입니다. 이 놀라운 귀국 공연 소문이 삽시간에 인근 온 지역에 퍼져서 큰 소동이 일어났었습니다. 결국 동네 안으로 들어가는 길가에 몰려 든 4만여 대의 자동차가 야기한 극심한 교통 체증을 해결하고자 경찰이 동원되었다는 얘기입니다.

이 사건에 대한 판단은 여러분께 맡기겠습니다. 조금만 생각하는 사람이라면 그 정도는 쉽게 해결할 수 있을 것입니다. 우리의 마음은 세계관의 빛에서 어떤 사건을 검토하는 순간 거의 무의식적으로 그 진정성을 평가합니다. 이 사건의 경우, 대부분은 아마 웃음을 지으며 약간 낄낄거린 후 누가 장난기사를 썼구나 하고 생각할 것입니다. 그러나 일부 사람들은 아무런 생각 없이 이 보도를 그냥 믿어버렸다니, 참으로 믿을 수가 없을 지경입니다.

그와 마찬가지로 많은 사람들은 별 생각 없이 드러난 명백한 증거를 그냥 무시하고 있습니다. 오늘날에도 "편평한 지구 협회"라는 이름을 가진 단체가 분명히 존재합니다. 그들은 지구가 편평하다고 믿으며, 지구를 공처럼 보여주는 위성궤도 사진들은 다 정부가 만든 고도의 사기극이라고 주장합니다. 사람들이 많이 모이게 되면, 개인 스스로 생각하기보다 대중이 믿는 바를, 심지어 멍청하기까지 따르는 경향이 있는가 봅니다. 1878년에 에디슨의 전구 발명을 검토하기 위해 영국 의회에서 조사위원회가 조직되었던 적이 있습니다. 그들의 공식 결정은, "이것은 대서양 반대편에 있는 우리 어리석은 친구들에게는 좋은 것이나, 실용적인 사람들이나 과학적인 사람들의 관심을 끌기엔 부적합하다"[1] 라는 것이었습니다.

편견, 교만, 나태, 두려움, 완고함 등이 동시에 작용하면 그런 상상할 수 없는 태도가 나옵니다. 그런 경향은 우리 생활에서도 동일하게 나타납니다. 제가 아내와 함께 살면서 경험하는 아주 사소한 갈등들이 있습니다. 그것들은 거의 다, 우리 둘 중 한 사람이 (언제나 제 편에서) 완고하고 교만하게 자신의 잘못을 인정하지 않기 때문에 생기는 갈등입니다.

크리스토퍼 콜롬부스가 지구가 둥글다는 것을 증명하고자 나섰을 때, 많은 사람들은 그가 옳다는 많은 증거들이 있었음에도 불구하고 그의 그런 생각 자체를 어리석게 여겼습니다. 갈릴레오가 지구가 정지해 있지 않고 운동한다는 사실을 증명하고자 했을 때에도, 그 반대자들은 너무나 완고한 우주관을 가졌기 때문에, 사람들은 오히려 그를 미쳤다고 했습니다. 그들의 세계관 자체가 잘못된 헬라 형이상학에 근거한 것이지만, 그들의 마음이 너무나 굳어져 있었기 때문에, 차라리 갈릴레오가 잘못된 사람이 되었어야 했던 것입니다. 그들은 진리를 발견하기보다 오히려 체계적인 사고에 헌신하기를 원했습니다.

그러므로 그런식의 정신병자가 되지 않으려면 "진리는 저 바깥에 있다"는 사실을 받아들여야 합니다. 만일 우리 마음이 참으로 정직하다면 그보다 한걸음 더 나아가 그 진리를 붙잡고자 노력할 것입니다. 진리는 너무나 중요하기 때문에, 그 중요한 진리에 우리의 생각과 주의를 기울일 가치가 있습니다.

단지 생각만 합니까?

우리가 살고 있는 이 세상이나 우리의 삶에 관하여 신중하게 숙고하지 않는 일은 정말 어리석은 일이 될 수 있습니다. 사실상 숙고하지 않는 일은 과학의 중요한 발견에 대하여 엉뚱한 고집을 부리며 거부하는 태도보다 더 나쁜 일이 될 수 있습니다. 왜냐하면 우리 생각에 따른 결과들은 아주 멀리까지 영향을 미치기 때문입니다. 우리가 인생을 어떻게 보느냐에 따라 우리 삶의 궁극적인 의미와 가치와 목적이 무엇인지가 결정됩니다. 그러한 기초적인 원리들은 우리의 행동에 극적인 영향을 미칩니다. 달리 말하면, 우리가 믿는 것이 우리의 행동을 결정합니다.

이 말은 너무나 중요합니다. 마음이 비뚤어진 사람들은 자기가 정한 어떤 부도덕한 행위들을 '선한 일' 보다 더 의미 있다고 보기 때문에 살인, 강간, 아동 폭력, 테러 등 악독한 일들을 태연하게 저지릅니다. 그들의 행위가 그들의 생각 즉, 다른 어떤 덕목들보다 자기들의 이기적인 욕망을 더 가치 있게 여긴다는 생각을 드러내 줍니다. 그러므로 그런 태도나 신념을 가진 사람들을 경계하는 것은 마땅한 일입니다.

우리의 삶은 무엇을 우리가 옳다고 믿는지에 따라 결정됩니다. 이것은 심지어 우리가 우리 삶에는 아무런 의미나 아무런 궁극적인 목적도 없다고 믿을 때에도 그러합니다. 왜냐하면 모든 진리 선언에는 반드시 의미가 들어 있어야 하기 때문입니다. 누가 "인생의 의미는 아무런 의미가 없다는 것이다" 라고 주장한다면, 그 사람의 철학은 그 자체로 모순입니다. 그것은 건전한 사유가 아닙니다.

그러므로 신념이 행동을 결정한다는 사실은 부인할 수 없는 마음의 법칙입니다. 만일 우리 회사의 사장님이 우리에게 '한번만 더 지각하면 당신은 해고야!' 라고 말했다면, 그리고 우리가 그 직업을 사랑한다면, 그 협박을 심각하게 여기고 제 시간에 도착하려고 애쓰지 않겠습니까? 우리는 버스 시간표를 믿기 때문에 거기 쓰인 시간에 나와서 기다립니다. 올 시간이 아닌데 버스를 타겠다고 기다리는 사람은 아마 거의 없을 것입니다.

진짜 중요한 이슈

그렇다면 우리는 과연 무엇을 참으로 옳다고 믿습니까? 잠시 인생의 중요한 질문들에 대해서 함께 생각해 봅시다.

* 우리는 누구인가?
* 어디서 왔는가?
* 인간됨이란 어떤 것인가?

 청년들아 무엇을 위해 살 것인가?

* 무엇이 진리인가?

* 무엇이 인생의 의미이고 목적인가?

* 왜 세상에는 악이 이토록 많은가?

* 우리는 어떻게 살아야 하는가?

* 죽으면 어떤 일이 생기는가?

* 왜 사후의 사건이 중요한가?

우리는 이런 문제들을 풀고자 할 때 언제나 우리의 세계관에 호소합니다. 여러분이 삶을 어떻게 보는지를 생각해 보십시오. 여러분은 얼마나 자주 삶에 대해서 생각합니까? 읽는 것을 잠시 멈추고 이런 질문들에 대해서 잠시 생각을 해 보십시오.

우리는 주로 이런 질문들을 잠자기 직전에 생각하기 때문에, 사고가 복잡해지기 전에 잠으로 곯아떨어지기 일쑤입니다. 그리고는 다음 날 아침에 라디오가 켜지면서, 교통 소식, 뉴스, 오늘의 날씨, 아침 디제이의 끊임없는 종알거림 등을 들으면서 깨어나지요. 그것이 소위 말하는 '진짜 생활'에 직면한다는 의미입니다. 사람을 만나고, 어떤 장소에 가고, 지하철을 잡아 타고, 메일을 보내고, 돈을 벌고, 아이들을 키우고 등등 우리가 매일 해야 할 일의 목록은 끝이 없습니다. 21세기에는 생각할 시간이 부족합니다. 모두가 삶의 속도가 너무 빠르고 격렬하다고 하소연을 하지만 그래도 생각할 시간을 따로 떼어 놓을 필요가 있습니다.

도대체 무슨 일을!

우리는 종종 이렇게 질문합니다: "생각하는 것은 좋지요. 그러나 도대체 무슨 일을 심각하게 검토해야 합니까? 심각하게 고민하면 무슨 결론이 나옵니까? 세상이 우리에게 주는 메시지는 너무 복잡하고, 그저 혼란스럽고 고생스러울 뿐 아닌가요?" 최근 한 친구가 저에게 "더 이상 무엇을 믿어야 할지를 모르겠다"고 하더군요. 사람들은 더 이상 무슨 일에든지 분명한 확신을 갖기를 원치 않습니다. 심지어 정치에도! 우리 사회는 어떤 권위에도 싫증을 느끼는 사회입니다. 정치가나 경찰, 목사, 총장 등 누구의 권위도 인정하지 않으려고 합니다. 공허한 말과 지켜지지 않는 공약에 진저리를 치고, 위선적인 태도에 다들 질려버렸습니다. 기술적으로 이렇게 발전했고 과거 어느 때보다 교육을 많이 받은 문명 시대인데, 어째서 이렇게나 많은 사람들이 싫증을 내고 관심을 잃고 소망 없이 표류를 하고 있을까요? 우리의 삶은 쾌락과 풍요로 싸여 있지만 그럼에도 불구하고 영적으로는 공허함을 느낀다고 고백하는 사람들이 너무나 많습니다.

잡지 별책 부록에는 팝 스타들, 백만장자들, 헐리우드의 유명 연예인들이 허무하게 인생을 끝냈다는 기사가 끊임없이 등장합니다. 어떤 이들은 그보다 더 비극적인 상황에 빠져서 스스로 목숨을 끝내기도 합니다. 우리 시대에 자살한 많은 스타들 중에 쿠르트 코베인과 마이클 허친스가 있습니다. 그들에게는 인생이 너무나 허무했던 것 같습니다. 너무나 많은 사람들이 더 이상 무엇을 믿어야 할지 모르고, 따라서 어떻게 살아야 할지도 모른 채 엉망인 삶을 살고 있습니다.

범죄율은 늘 상승할 뿐이고 범죄수사물 "영국 크라임워치"를 시청하는 것은 끔찍한 일을 겪는 것과 같습니다. 청소년 일탈 행동은 각 분야에서 높아지고 있고, 겨우 열살짜리들이 강력 범죄의 상당한 퍼센트를 차지합니다. 우리 할아버지 시대에는 상상하지도 못한 범죄들에 경각심을 갖지 못한 노인들이 종종 희생자가 되기도 합니다. 경찰의 부패상은 말할 필요도 없고, 주립 학교 교사들은 거의 불가능에 가까운 수업환경에서 수업을 하고 있고, 의사들도 폭력에 시달리고, 아동 학대, 축구장의 깡패들, 저속한 정치인들, 계산된 의료 사기, 유럽을 포함한 세 대륙에서 일어나는 인종학살, 그리고 지금 우리는 대량 테러사태를 직면하고 있습니다. 이 정도의 나쁜 소식은 어쩌면 정상에 속합니다. 21세기 사람들은 이런 정도의 소식들 가지고는 거의 충격도 받지 않습니다. 오히려 우리는 상상할 수조차 없는 악행에 얼마나 익숙해졌는지, 웬만한 소식으로는 별 느낌도 오지 않습니다. 그렇지만 이제는 이렇게 질문해야 하지 않을까요: "도대체 세상에 무엇이 잘못된 것인가? 우리는 다 어디로 가고 있는가? 나는 이 사태에 대해서 어떻게 반응해야 하는가?"

일어나라는 외침

철학자 소크라테스는 "검토되지 않은 인생은 살 가치가 없다"[2]고 말했습니다. 참 옳은 말입니다. 삶을 검토할 때만 우리는 참으로 우리 자신이 누구인지 인간됨이 무엇인지를 이해할 수 있습니다. 그런 과정을 통해 성장합니다. 그러나 오래 미뤄두면 미뤄둘수록 더 오래 무지한 환경에 머물게 될 것입니다.

그러므로 우리 각 사람이, 연령이나 교육이나 신분과 무관하게, '자신이 걸어온 길들을' 심각하게 숙고할 필요가 있습니다. 지금 여러분이 들고 있는 이 책은 바로 그 일을 하도록 여러분에게 기회를 제공하는 책입니다. 우리가 숙고할 것은 우리의 길들입니다. 우리가 생각하는 길, 우리가 살아가는 길. 잠시 멈춰서서 우리의 세계관과 그것이 우리의 삶과 생활, 죽음과 죽어감에 대하여 어떤 함의를 갖고 있는지를 검토해 봅시다. 이제는 사물들을 그들에 대한 올바른 관점에서 파악해야 할 때입니다.

대개의 경우 우리는 텔레비전이나 비디오, 잡지, 웹 사이트 등에 실린 견해를 우리의 견해로 받아들입니다. 다이어트 전문가들은 "우리는 먹는 대로 된다"고 말합니다. 그와 마찬가지로, 우리는 우리가 읽는 대로 됩니다. 좀더 정확하게 표현하면, 우리가 우리 마음을 먹이는 대로 (그 매체가 무엇이건 간에) 우리가 변해갑니다. 오늘날의 문화는 매우 시각적이기 때문에 갈수록 진지한 독서가 줄어들고 있습니다. 통계 자료를 보면, 현재는 영국 대부분의 가정에 책이 전혀 없다고 합니다!

텔레비전 드라마, 영화, 컴퓨터 게임, 넷서핑, 그리고 팝 산업이 우리의 레크레이션 생활을 완전히 장악하고 있고 우리는 점점 더 얄팍한 사람들이 되어가는 것 같습니다. 문명 비평가들은 인간은 여러 면에서 치명적으로 자위적이라고 말합니다. 우리는 인생이라는 거대한 그림에 대해서 완전히 무시하거나 아니면 최소한 깊게 생각하지 않는 경향을 갖고 있는데, 그 이유는 오락거리가 너무 많아서 생각이라는 노동에 투자할 시간이 거의 없기 때문이라고 합니다. 오락을 즐기는 것 자체는 잘못이 아닙니다. 다만 그것이 너무나 우리 삶을 차지하여 우리가 우리 자신에 대하여 명확하게 사고할 수 없을 정도로 영향을 끼치기 때문에, 결국 파괴적이 되는 것입니다. 제 말은 새로운 도서관들을 세우자고 주장하거나 인터넷을 없애자는 얘기는 결코 아닙니다. 또 학문적 성향을 가진 사람들이나 지식적인 학습에 능한 사람들을 우대하자는 말도 아닙니다. 제가 바라는 것은, 자신의 세계관에 대하여 전혀 관심이 없는 사람들이 이 책을 읽음으로써 약간의 도움을 얻게 되는 것입니다. 세계관은 그저 추상적인 관념에 불과한 것이 아니라, 우리 일상에서 아주 핵심에 해당되는 관념이기 때문입니다.

이 책은 단순하게, 여러분에게 자신의 삶의 길을 숙고해 보시라고 권하는 책입니다. 아이들이 가장 귀찮게 질문하는 것은 '왜?' 라는 질문입니다. 귀찮을 수도 있지요. 그러나 그것은 꼭 필요한 질문입니다. 아이들은 그 질문 덕분에 배울 수 있고, 성숙하고 성장합니다. 그러나 슬프게도 성인기에 접어들면, 점점 더 왜라고 묻지 않고, 거기에 대답하기도 싫어집니다. 아마도 어떤 대답이 나올 것인지 두려워하기 때문이겠지요.

이제 잠시만 어린아이 같은 담대함으로 자신을 직면해 보십시오. 여러분 자신의 존재를 생각하고, 여러분의 삶을 생각해 보십시오. 여러분은 무엇을 믿습니까? 왜 그것을 믿습니까? 그것이 어떻게 여러분의 삶에 영향을 주고 있습니까?

이런 질문은 정신을 깨우는 사고에 속한 질문들입니다. 이것은 확실히 모든 시대, 누구나 질문할 수 있는 가장 중요한 질문들이라고 할 수 있습니다. 우리를 다른 존재들과 구별시켜 주는 것은 그런 질문들을 생각하고 질문할 수 있는 능력입니다. 블레이즈 파스칼은 이렇게 썼습니다:

인간은 하나의 갈대, 자연에서 가장 연약한 갈대에 불과하다. 그러나 인간은 생각하는 갈대이다. 인간을 압도하기 위해 우주가 할 일은 전혀 없다. 인간은 쉽게 죽임을 당한다. 그러나 비록 우주 전체가 인간을 반대할지라도, 무슨 일이 벌어지고 있는지를 이해할 수 있는 존재는 인간뿐이다. 왜냐하면 인간만이 사고 능력을 갖고 있기 때문이다. 인간의 모든 존엄성은 바로 이 능력에 달려있다. 우리의 생존은 이 능력에 달려 있다. 우리의 도덕적 지식, 거기서 나오는 '어떻게 행동해야 하는가?' 하는 것이 바로 이 지식에 달려 있다. 그러니 잘 생각하도록 열심히 노력하자.[3]

오라, 우리가 변론하자!

어쩌면 적지 않은 이들은, 성경이 계속해서 우리에게 "너희 길들을 숙고하라", "너희 삶에 대해서 잘 생각하라"고 권면한다는 사실을 알게 되면 무척 놀랄 것입니다. 사실 성경은 케케묵었거나 시대에 뒤떨어진 도덕 교훈집과는 거리가 멉니다. 성경은, 실재에 관하여 누구도 부인할 수 없는 하나의 독특한 관점을 제시합니다. 그런데 만일 그 관점이 정확하다면, 그것은 우리 모두에게 매우 중대한 의미를 주는 실재관이 될 수밖에 없습니다. 저는 오늘날이나 과거 인류 역사에 걸쳐서 수많은 사람들이 믿어 온 그 확신을 갖고 있습니다. 그것은 성경이 말씀하는 세계관보다 더 우주에 관하여 정확하게 말하거나, 또는 우주에 관하여 성경보다 더 큰 지식을 말하는 우주관은 다른 어디에도 없다는 확신입니다. 제가 여태까지 들었던 어떤 메시지도 이 놀라운 책에서 발견하는 메시지보다 더 큰 적응성을 가지고 인생에 관하여 말한 것은 아직 본 적이 없습니다.

성경이 제시하는 하나님은, 결코 저 높은 데 고고하게 계시면서 제 멋대로 우뢰를 발하는 신화적인 이미지를 가진 조잡한 하나님이 아니라, 우리 삶에 관하여 "나와 함께 변론하자"고 우리를 초청하시는 그런 인격적인 하나님입니다. 하나님이 주시는 삶을 위한 명령은 임의적인 명령이나 억압적인 명령이 아니라, 우리 양심이 바르다고 알고 있는 것에 전적으로 부합되는 그런 건전한 교훈들입니다. 성경에 계시된 하나님은 우주와 모든 당신의 피조물의 선을 위하여 말씀하고 행하는 분이십니다.

모든 다른 존재들이 의존하고 있는 성경의 중심 인물이신 예수 그리스도는 영원하고 유일하고 능력 있는 분입니다. 놀랍게도 그는 자신이 진리의 화신이라고 선포하셨습니다. 그리스도는 세상과 사람들 모두의 필요에 관하여 자신이 가르친 말씀을 통하여 인생 그 자체를 이해할 수 있는 유일하고 참된 길이 계시되었다고 선포하셨습니다. 성경에서 예수 그리스도가 모든 인류를 초청하는 그 새로운 삶이 바로 우리가 아는 '기독교'입니다. 이 책의 일차적인 주제는 바로 그 기독교의 세계관과 메시지를 밝히는 것입니다. 저는 우리가 그리스도의 말씀과 사역의 본질을 바로 알기만 한다면, 왜 기독교 메시지가 다른 여러 메시지 가운데 유일무이한 메시지인지를 쉽게 알 것이라고 확신합니다. 너무 사랑하든지 아주 반대하든지 하는 반응들은 언제나 있었지만, 이 기독교의 메시지는 세상이 여태까지 알아왔던 변화와 미래의 소망과 삶과 목적에 대하여 아직도 가장 지속적인 동기를 부여하는 메시지로 살아 있습니다. 역사상 지난 2천년 동안 적합하다고 인정을 받아 온 이 성경적인 기독교는 오늘 21세기에도 기억되어야 할 모든 귀중한 메시지 중의 메시지로 존재하고 있습니다. 그러므로 이 메시지를 잘 살피는 일은 "너희 길들을 숙고하라"는 초대를 받아들이는 일이 될 것입니다.

예수 그리스도와 성경이 유일한 주장을 한다고 보면, 그 주장을 세밀하게 살펴 결론을 내는 일은 우리가 반드시 해야 할 일입니다. 예수 그리스도에 대해서 어중간한 입장을 취하는 것은 가능하지 않습니다! 유명한 기독교 작가 루이스 씨는 기독교 신앙에 관하여 이렇게 썼습니다. "만일 기독교가 틀렸다면, 그 주장은 하나도 중요하지 않다. 만일 기독교가 옳다면, 그 주장은 무한한 중요성을 갖는다. 그러나 기독교가 어느 정도 중요하다고 말하는 것은 결코 가능하지 않다"[4]

루이스 씨가 그렇게 쓴 것은, 그리스도의 메시지가 유일무이하다는 사실과 우리가 무엇을 믿을 것인지를 반드시 결정해야 한다는 사실을 강조하기 위함입니다. 만일 기독교가 옳다면 반드시 거기 근거하여 행동해야 하기 때문입니다.

『타임』지의 칼럼니스트 매튜 패리스 씨가 쓴 글을 보면 그 역시 그 말의 함의를 잘 이해하고 있었던 것 같습니다:

만일에 내가 [기독교가 말하는 그 하나님을 알 가능성이 있다고] 참으로 믿었다거나 또는 그 십분의 일이라도 믿었다면, 아마 나는 그날 부로 직업을 그만 두고, 집과 재산을 다 팔아 버리고 친구들도 다 떠나 그 세계로 뛰어 들어가, 불타는 열정을 가지고 기독교를 좀 더 알고자 노력하였을 것이며, 좀 더 발견하였다고 하면 바로 그에 근거해서 행동하고 그것을 다른 사람들에게 전하고자 애썼을 것이다…. 그런데 도대체 성경에 쓰인 것을 그대로 믿는다고 자처하는 이 사람들은, 어떻게 각성 시간의 대부분을 다른 일로 허비하고 있는지, 나는 도무지 이해가 되지 않는다.[5]

사실 성경은 패리스 씨가 쓴 것처럼 각 사람이 참으로 옳다고 확신한다면 분명히 그렇게 실천해야 한다고 말씀하지는 않지만, 저는 그가 말하고자 한 요점을 매우 중요하게 보아야 한다고 생각합니다. 왜냐하면 우리가 앞에서 알아 본 것처럼 신념은 행동에 영향을 미치기 때문입니다. 만일 그리스도의 메시지가 옳고 그르지 않다면, 그 메시지가 잘못된 것이 아니라 참된 것이라면, 그 메시지는 우리 모두에게 가장 큰 가능성을 지닌 메세지, 삶의 의의를 주는 메시지가 되기 때문입니다.

대부분의 사람들이 이해하는 기독교는 여러 가지 이유에서 생겨난 오해에 불과합니다. 성경을 신화적인 얘기로 치부하는 말들이 많습니다. 예컨대, 기독교는 그저 윤리 강령을 모아 놓은 것이다, 혹은 성 차별적인 종교이야기다, 아니면 대체로 친절하라는 내용이다, 주일날에는 교회 가라는 얘기이다, 기독교 국가들이 만들어낸 종교이다, 증명 안된 넌센스를 믿으라는 종교 또는 현재와 무관한 과거에 붙잡혀 살라는 종교이다, 등등. 한 마디로 기독교는 무식하고 꽉 막힌 사람들을 위한 종교라고 생각하는 것입니다.

그러나 우리 앞에 제시된 중요한 교훈을 받아들이거나 거부하고자 할 때 무엇보다 중요한 것은 우선 그것을 이해하는 일이 아니겠습니까? 만일 우리가 기독교를 우리 멋대로 상상하고, 그런 기독교는 싫다고 한다면, 그것은 사실이 아닌 엉뚱한 기독교를 넘어뜨리는 것밖에 되지 않습니다. 그러므로 저는 이 책에서 저의 능력을 다하여 여러분이 숙고할 수 있도록 여러 독자들 앞에 진짜 기독교 메시지를 제시해 보고자 합니다. 이 책을 독파하고 즐기기 위해서 여러분이 하실 일은 오직 한 가지, "와서 변론하자"는 그 요청에 대하여 여러분의 마음을 열고, 그 주장을 여러분 스스로 철저히 검증하겠다는 욕심을 갖는 것입니다.

병 속에 든 메시지: 잭 번 이야기

잭은 캘리포니아 해변을 걸으면서 자신의 생애를 곰곰이 돌이켜보고 있었습니다. 결혼 생활에 문제가 생겼고, 아이들과도 관계가 좋지 않았고, 앞으로 어떤 일을 할 것인지도 분명치 않았습니다. 그렇게 생각하며 걷다가, 무엇인지 햇빛을 받아 반짝이는 것을 발견하게 되었습니다. 자세히 들여다보니, 그것은 해변에 밀려나온 낡은 병이었습니다. 건져 보니 뚜껑이 그대로 있고 안에는 어떤 노트가 들어 있었습니다. 그는 호기심에 큰 자갈을 가져다가 병을 깨뜨리고 그 노트를 꺼내 훑어보았습니다. 거기엔 이렇게 쓰여 있었습니다. "나 데이지 알렉산더는 진심으로 나의 전 재산을 이 노트를 발견한 행운아와 나의 변호사 비 코원 씨에게 나누어 줄 것을 유언한다. 1936년 6월 30일."

처음에 잭은 어떤 기발한 장난꾸러기가 또 이런 짓을 했구나 하고 생각했습니다. 그대로 종이를 던져버리려고 했다가, 금방 다른 급한 일이 생겨서 종이를 그냥 접어 주머니에 넣었습니다. 그 일이 있은 지 얼마 후

잭이 한 친구를 만났는데 그는 하필 변호사였습니다. 잭은 그에게 자기가 병에서 발견한 종이 얘기를 하고 그의 생각을 물었습니다. 법정 변호사인 친구는 잭에게 그 일을 한번 신중하게 검토해 보는 것이 좋겠다고 했습니다. 그러나 잭은 그건 멍청한 생각이라고, 그런 말도 안 되는 노트를 신중하게 검토하면 사람들에게 웃음거리가 될 것이라고 반대했습니다. 그러나 친구는, 그것이 사실인지 아닌지 조사해 보라고 설득하면서, "만일 자네가 그 노트를 확실히 조사하지 않는다면 더 큰 바보가 될 것이네"라고 말했습니다.

긴 이야기를 요약하면, 잭 번은 결국 그 노트를 신중하게 조사하였습니다. 그 과정에서 미국 대법원까지 가게 되었습니다. 확인해 보니, 데이지 알렉산더라는 사람이 존재했다는 것과 그녀의 집이 런던에 있었다는 것, 그리고 그녀는 싱어 재봉틀 회사의 막대한 유산의 상속자였다는 결론이 나왔습니다. 그녀는 별도의 유언장을 남겼는데, 거기에 누구든지 그 종이조각을 발견한 사람은 자기 재산의 반을 얻을 것이라는 말이 들어 있었던 것입니다. (그녀는 매우 괴짜였습니다!) 그녀는 어느 날 아침, 그 노트를 써서 병에 넣고 템즈 강에 던졌습니다. 증거를 조사한 전문가 중에는 수학자도 있었는데, 그는 템즈 강에 던져진 병이 지났을 경로를 이렇게 계산하였습니다. "템즈 강에서 북해를 거쳐 베링해로 들어갔다가, 태평양으로 나갔다. 거기서 조류와 바람에 실려 가다가 미국의 남부 해안이나 남동부 해안에 도달했다. 만일 그 병이 그런 믿을 수 없는 여행을 거치고도 기적적으로 깨지지 않았다면, 템즈 강에서 캘리포니아까지 도달하는 데 걸린 기간은 12년쯤 될 것이다." 실제로는 11년 반이 걸렸습니다! 그래서 잭 번은 35억원을 상속받았습니다.

잭 번과 "병 속에 든 유언서"라는 이 믿을 수 없는 이야기는 만일 그가 그 메시지를 그대로 바다에 던져버렸다면 아마 존재할 수 없었을 것입니다. 그 모든 재산 상속도 없어졌겠지요. 만일 친구가 그에게 메시지가 사실인지 확인해 보라고 채근하지 않았더라면, 잭은 상대적으로 현재보다 훨씬 가난한 사람으로 남아 있었을 것입니다. 그 대신, 그는 그 모든 일을 한번 진지하게 검토해 보았기 때문에, 처음에는 어리석게 보였지만, 그 것이 놀라운 사실로 판명된 것입니다. 처음에는 너무나 믿기 어렵고 이해하기 어렵게만 보이던 메시지가 커다란 보상을 가져올 수 있었습니다.

신사숙녀 배심원 여러분!

성경에 계시된 기독교 메시지는 잭이 병 속에서 발견한 메시지보다 훨씬 큰 의의를 지니고 있습니다. 그 안에는 돈보다 훨씬 중요한 약속이 들어 있습니다. 따라서 그 메시지를 철저히 조사하고 검토하는 일에는 매우 큰 잠재적인 보상이 걸려 있습니다. 방금 읽은 이야기에서 보듯이, 메시지를 신중하게 검토하는 일 다음에는 그 증거를 평가하는 일이 따라옵니다. 그리고 참되다고 결정이 되면 그에 대한 보상이 따라옵니다. 기독교에 대해서도 동일한 일이 요구됩니다. 우리는 우선 메시지를 읽어야 하고, 그 증거를 검토해야 하며, 증거들을 듣고 판결을 내려야 합니다.

영국의 법제도는 우리 모두가 배심원이 되어 우리 동료들을 심판하는 일을 하도록 규정하고 있습니다. 우리는 누구든지, 어느 때든지 불려 가면 배심원의 의무를 감당해야 합니다. 그러므로 여러분이 이 책을 읽을 때, 내가 결정적인 사건에 소집되어 배심원 역할을 하게 되었다고 스스로 생각하시면 도움이 될 것입니다. 여러분은 그 모든 경과에 대해서, 단지 사건을 구경꾼으로서 관찰하는 것이 아니라, 그 사건에 매우 긴밀하게 개입해야 합니다. 여러분 각자가 이 사건에 대해서 판결을 내려야 하는 사람이라고 생각하고 이 사건을 들으시기 바랍니다. 이 사건에 관한 모든 종류의 부정확한 사실들과 오해가 이미 많은 대중 매체들에 의해 발표되어 있습니다. 그러므로 불가피하게 어느 정도는 그런 기사들이 여러분의 사고에 부정적인 영향을 미칠 것이라고 생각됩니다. 그러나 법정은 여러분에게, 증거를 들을 때는 그런 편견이 여러분의 판결에 끼어들지 못하도록 할 것을 요구합니다. 여러분은 매우 조심스럽게 생각해야 합니다. 여러분의 직관과 사고력을 총동원하여, 주제들을 살펴 보고 여러분의 머리와 더불어 가슴으로 사고해야 합니다. 오직 사실만 듣고, 논쟁을 따라 이해하며, 증인들의 성격을 테스트하고, 여러분 각자의 양심이 인도하는 대로 여러분의 판결을 내려야 합니다.

혹시 여러분에게 이것이 너무 어려운 일처럼 들릴까 싶어, 제가 늘 기억하며 도움을 얻는 문장을 알려 드립니다: "긁기는 쉽지만 파기는 어렵다!" 갈퀴로 긁으면 잎사귀밖에 못 얻습니다. 그러나 삽으로 땅을 파면 금이 나올 수도 있고, 어쩌면 묻힌 보물을 팔 수도 있습니다!

2 이성적인 회의 저 너머

헛간에 사는 하나님

여덟 살 된 벤은 어두운 곳을 무서워합니다. 어느 날 저녁에 부엌을 청소하던 엄마가 바닥을 청소하려고, 벤에게 헛간에 가서 빗자루 좀 가져다 달라 부탁했습니다. 벤은 그 소리에 깜짝 놀라 엄마에게 이렇게 대답합니다. "그렇지만 엄마, 저는 밖에 나가기 싫어요. 저긴 너무 캄캄해요." 엄마는 그에게 달래는 미소를 지으며 말합니다. "얘야, 어둠을 무서워할 필요가 전혀 없단다. 저기에도 하나님이 계신단다. 하나님이 너를 지켜주실 테니 용기를 내거라. 정 무서우면 노래를 부르렴." 미심쩍은 얼굴로 엄마를 바라보던 벤은, 재차 다짐하듯 묻습니다. "하나님이 진짜 저기 계시죠?" "그럼, 물론이지! 하나님은 어디에나 계신단다. 그리고 하나님은 네가 도움이 필요하면 언제나 도와주시려고 준비하고 계신단다.” 엄마는 확실한 어조로 대답합니다. 벤은 잠시 엄마의 말을 생각해 보더니, 조심스럽게 뒷문으로 갑니다. 천천히 문을 반쯤 열고는, 문틈으로 밖을 내다보면서 목소리를 높여 이렇게 소리칩니다. “하나님! 거기 계시죠? 헛간에서 빗자루 좀 갖다 주세요!”

기왕에 시작을 하려면 맨 처음부터 시작을 해야 됩니다. 우리가 질문할 수 있는 모든 종류의 질문에 있어서 가장 기초적인 질문은 “과연 하나님이 계시냐?” 하는 것입니다. 물론 이 말은, 모든 사람이 이 질문을 가장 중요하게 여긴다는 의미는 아닙니다. 아마 여러분 중에는 어떤 형태이든 하나님은 있다고 믿지만, 그보다 더 중요한 질문도 있다고 믿는 이들이 분명히 있을 것입니다. 예를 들면, 어떻게 하면 평화와 행복을 찾을 수 있을까? 미래는 어떤 모습일 것인가? 오늘 내가 당면한 이 문제를 어떻게 해결할 수 있는가? 등. 물론 그런 종류의 질문들이 훨씬 더 선명한 주제일 수도 있습니다. 그렇지만 하나님의 존재에 관한 질문은 다른 모든 질문들에 대하여 심대한 함의를 갖고 있기 때문에 우리의 청문회는 바로 이 궁극적인 하나님에 관한 질문에서부터 시작되어야 합니다. 하나님은 존재하시든지, 존재하지 않든지, 둘 중에 하나입니다. 중간은 있을 수 없습니다. 둘 다 옳을 수도 없습니다. 어떤 철학적 설명으로도 이 큰 대립을 비켜갈 수는 없습니다. 하나님은 존재하시거나 존재하지 않거나, 반드시 둘 중 하나여야 합니다. 이 질문은 너무나 중요하기 때문에 유식한 자들이나 과학자들, 철학자들, 혹은 신학자들에게만 맡겨 놓을 수 없습니다. 우리가 직접 그 대답을 찾아보아야 합니다. 우리 스스로 그 질문에 대한 대답을 찾아보아야 만족할 수 있습니다.

하나님을 믿는 것은, 다른 것들을 믿는 것과는 사뭇 그 성격이 다릅니다.

> 네스 호의 괴물은 '하나의 사물'에 불과하다…. 그러나 하나님은, 단지 '또 하나의 사물'이라고 말할 수 있는 존재가 아니시다. 하나님을 믿는 사람과 하나님을 믿지 않는 사람은 단지 하나님에 관한 일에 대해서만 견해가 다른 사람들이 아니다. 그들은 우주의 성격 자체에 관해서 완전히 다른 견해를 가진 사람들이다.[1]

인간의 생활과 행동에 관하여 얘기되는 모든 원인을 추적해 가다 보면 결국 이 궁극적인 하나님 질문에 이르게 됩니다. 하나님의 존재에 관하여 우리가 어떤 확신을 갖느냐에 따라 다른 모든 근본적인 질문들과 연관하여, 우리가 무엇을 정당하다고 믿고, 무엇을 그렇지 않다고 믿는지가 결정됩니다.

여론 조사 결과!

종교적인 신념에 관하여 세계적으로 많은 설문조사가 진행되었습니다. 그러나 그런 설문에서 얻은 통계들은 아무리 잘 산출되었다 해도 역시 모호하기만 합니다. 왜냐하면 하나님에 관한 질문은 반드시 응답자가 본래 어떤 하나님을 규정하였는지를 밝히게 되기 때문입니다. 예를 들면, 어떤 사람들은 하나님은 당연히 인격적인 창조주 하나님이어야 한다고 믿습니다. 그러나 다른 사람들은 하나님을 비인격적이고 알 수 없는 어떤 '생명력'이라고 믿습니다. 일부 과학자들은 심지어 하나님을 물질주의 세계관에 밀어 넣어, 우주라는 직물 안에 신비하게 짜여진 우주 먼지 같은 하나님이라고 믿습니다. 그러므로 우리가 '하나님'이라고 말할 때 어떤 하나님을 의미하는지를 먼저 규정하는 것이 매우 중요합니다. 이에 관해서는 나중에 더 자세히 다루겠습니다.

그러나 "지고의 존재"에 관한 세계적인 믿음은 여전히 남아 있습니다. 1991년에 행한 세계인구센서스를 보면, 무신론자는 세계 인구의 4.4%에 불과합니다.[2] '기타 무종교'라는 또 다른 범주에 속한 인구는 16.4%인데, 아마 '잘 모른다'고 대답한 불가지론 자들이 그 대부분이라고 생각됩니다. 그들을 다 제한다 해도 세계 인구의 거의 80%는 어떤 종류이든 신의 존재를 믿는다고 대답한 것입니다.

1999년 말, 오피니언 리서치 비지니스가 영국에서 조사한 바에 의하면, 38%가 '무종교'라고 대답했는데,[3] 역시 이 숫자에도 무신론자와 불가지론자가 포함되어 있다고 보아야 합니다.

인간의 직관

그런 숫자들은 무엇을 의미합니까? 여러 가지 추론이 가능하겠지만 가장 분명한 것은 대부분의 사람들이 본능적 혹은 직관적으로 신을 믿고 있다는 것입니다. 그러나 만일 그 통계조사에서 응답자들에게 과연 신의 존재에 관련된 주요 논증들을 얼마나 알고 있느냐고 물었다면, 아마도 99%는 "우리는 그렇게 자세한 지식은 전혀 모른다"고 대답했을 것입니다. 그렇게 보면, 신을 믿는 신앙은 이성과 논증 저 너머, 즉 우리의 본질 깊은 곳에 있는 것이라고 생각할 수 있습니다. 무신론자들은 사실 자신에 관한 신념이나 세상에 관한 자기 신념에 배치되는 일을 하는 사람들입니다. 왜냐하면 그들은 끊임없이 하나님을 거부할 이유들을 찾기 때문입니다. 그러나 그러기 위해서는 먼저 자기의 무신론적 직관을 부인해야 하고, 또 우주가 아무런 원인이나 생각이나 디자인이 없이 생겨났다는 그 개념을 합리화해야 합니다.

다른 한편, 신을 믿는다는 사람들을 보면, 지성적인 면을 거의 중요시하지 않고, 도무지 그 참된 '지고의 존재'라는 실재를 지시해 주는 어떤 증거들을 찾으려는 필사적인 노력이 없습니다. 그들은 그냥 '하나님이 계시다'고 믿습니다. 자신의 양심이 그렇게 말하고, 이성도 하나님의 존재를 전제한다고 보는 것입니다. 큰 질문들은 여전히 남아 있지만, 핵심 확신에 있어서 중요한 것은 '신이 실재한다'는 개념이 너무나 일반적이어서 별 다른 논쟁을 요하지 않는다고 믿는 것입니다.

어떤 신동 이야기

세계의 많은 아이들을 생각하면 그런 직관에 대한 확신도 일면 이해가 됩니다. 한번은 캘리포니아 쿨라비스타에 있는 여덟 살짜리 아이가 저에게 이메일을 보낸적이 있습니다. 논술숙제를 하는데, 그 제목이 "가장 위대한 마음들 너머에 무엇이 있느냐?"였습니다. 그 어린 아이에게 "하나님을 설명해 보라"는 주제가 주어진 것입니다! 아이는 자기가 이렇게 대답했다고 썼습니다:

하나님이 하시는 가장 중요한 일은 우선 사람들을 만드는 거예요. 그리고 하나님이 사람들을 계속 만들어야 하는 이유는 죽은 사람들을 대체해야 하기 때문이지요. 지구에서 일어나는 여러 가지 일들을 잘 돌보려면 많은 사람들이 필요합니다. 그렇지만 하나님은 어른들은 안 만들고 아기들만 만든답니다. 아기들은 작으니까 더 만들기 쉬우니까요. 그렇게 하면 좋은 점이 있어요. 하나님의 귀중한 시간을 말하기 걷기를 가르치는 데 쓰지 않고 그냥 엄마 아빠들에게 맡길 수 있거든요.
하나님의 일 가운데 두번째로 중요한 일은, 기도를 들어주시는 거예요. 기도는 정말 많이 들어야 해요. 왜냐하면 사람들 중에 목사님 같은 분들은 잠 잘 때만 빼고 아무 시간에나 기도를 하기 때문이예요. 덕분에 하나님은 라디오를 듣거나 텔레비전을 시청할 시간도 없답니다. 하나님은 그 사람들의 기도를 다 들으시느라고 귀가 너무 아파서 소리를 꺼버리는 어떤 방법을 생각하셔야 할 거예요…. 하나님은 모든 것을 보시고 모든 것을 들으시고, 어디에나 계시기 때문에 무척 바쁘세요. 그러니까 우리는 엄마, 아빠가 해 줄 수 없는 것을 해달라고 하나님께 기도하면서 하나님의 시간을 낭비하면 안 됩니다…. 하나님을 믿지 않으면 아주 외로울 거예요. 왜냐하면 우리 부모님은 모든 곳에, 예를 들어 캠프 같은 곳까지 우리와 함께 가지 못하지만 하나님은 가실 수 있거든요. 어두운 곳에 가서 무서울 때, 나는 수영을 못 하는데 큰 아이들이 나를 아주 깊은 물 속에 빠뜨렸을 때, 하나님이 우리 옆에 계시다는 것을 알면 참 좋을 거예요. 그렇지만 언제나 하나님이 우리를 위해서 해 주시는 것만 생각해서는 안 돼요.

저는 하나님이 저를 여기 데리고 오셨고, 또 언제든지 하나님이 원하시면 저를 다시 데려가실 수도 있다고 생각합니다. 그것이 제가 하나님을 믿는 이유랍니다.

인류학자들에 의하면, 이런 식의 사고는 아이들 가운데 흔히 발견할 수 있고, 심지어 종교 문화가 전혀 다른 곳에서도 발견할 수 있다고 합니다.

증명해야 할 숙제

그렇지만 절대 다수의 사람들이 어떤 형태이든 신을 믿는다는 그런 사실만 가지고는 "신이 존재한다"고 결론내릴 수는 없습니다. "세계 역사 어느 시대를 보아도 사람들은 늘 신을 믿었다"는 사실은 꽤 의미 있는 논증이긴 하지만, 증명이라고는 말할 수 없기 때문입니다.

이 '증명'이라는 이슈에는 한 가지 큰 문제가 걸려 있습니다. 우리 마음의 한계나 우리가 다루는 이 질문의 본질을 생각하면, 신 증명은 실제적으로 우리의 질문 대상이 아닙니다. 그래서 일부 철학자들은 신에 관한 이슈를 증명하려는 시도 자체를 부질없는 일로 보았습니다. 그러므로 엄밀하게 말하면, 신 존재 질문은 인간의 이성으로는 철학적으로 증명하거나 반증할 수 없는 성격이라고 해야합니다. 그러나 그 말은 결코 우리가 하나님의 존재를 확신할 수 없다는 의미는 아닙니다. 우리는 분명히 확신할 수 있습니다. 제 말은, 모든 사람을 확신시킬 수 있을 정도로 하나님의 존재를 입증할 수는 없다는 말입니다.

대중매체나 학교에서 가르치는 바에 의하면, 과학이나 과학 법칙은 '그럴 듯한 것'인 반면, 하나님이나 성경이나 기독교 등은 그렇지 않습니다. 그러나 그것은 (용서될 수는 있지만) 매우 잘못된 생각입니다! 우리 논의를 공정하게 하기 위해서는 이 주제를 잠깐 살펴볼 필요가 있습니다. 만일 여러분이 약간의 정신적 스트레칭도 원치 않고, 증명이라는 주제에 전혀 관심이 없는 분들이라면, 다음 몇 페이지는 그냥 건너뛰고 싶으시겠지만, 절대로 그러지 마시기 바랍니다!

완전 증명이 가능한가?

논리학에 의하면 오직 연역적인 지식만이 엄격하게 '증명가능한' 지식입니다. 무엇을 연역하기 위해서는 정확하게 아는 진리에서 시작해야 하고, 그 다음엔 추론이라는 논리적 과정을 거쳐 분명한 사실들에 도달하게 되고, 그것들은 다시 우리를 결론으로 인도해 줍니다. 그렇다면 이 과정을 시작하기 위해서는, 먼저 우리가 무엇을 정확하게 알고 있는지를 알아야 합니다. 우리는 과연 무엇을 정확하게 알고 있습니까? 여러분은 아마 유명한 철학자 르네 데카르트가 썼다는 저 유명한 자기 존재에 관한 귀납적 논증, "나는 생각한다, 고로 나는 존재한다"는 문장을 들어 보았을 것입니다. 그는 이것을 자기가 할 수 있는 가장 확실한 연역적 사유의 기초라고 믿었습니다. 비록 그리 정확한 논리는 아니지만 (예컨대,

'나' 는 누구입니까?), 우리는 그가 무엇을 말하려고 했는지 잘 이해합니다. 그런데 어떤 사람들은 그 명제조차도 회의했습니다! 하지만 우리의 현재 주제는 정신이상이 아니므로, 저의 요점으로 돌아오겠습니다. 일부 철학자나 사상가들은 선험적 지식이나, 생득적이고 직관적인 진리라는 것은 본래 존재하지 않는다고 믿습니다. 이것을 달리 표현하면, "그들은 '그냥 알 수 있는 것은 아무 것도 없다' 고 믿는다"는 것입니다. 다른 많은 사람들은 저처럼 (즉 '알 수 있는 것' 은 전혀 없다는) 그들의 주장에 의문을 제기하지만, 그들의 주장은 우리에게 한 가지 중요한 사실을 보여줍니다. 그것은, 우리가 확실한 지식이라고 믿고 있는 것들 중 많은 것들은 그런 연역적인 지식이 아니라는 사실입니다. 이 사실은, 특히 일부 과학자들이 주장하는 것처럼 과학만이 확실한 지식을 다루는 학문이라고 생각하는 대중적인 신념을 생각할 때, 매우 중요합니다.

과학적 방법의 핵심은 소위 (우리의 감각 경험을 통한 지식 획득이라는) 증거주의입니다. 이 말은 과학의 출발점은 결코 정확하게 알려진 사실이 아니라는 의미입니다. 오히려 과학은 증거에 따라, 이 증거 역시 해석을 필요로 하지만, 연구자가 탐구를 계속하는 것입니다. 우리의 과학법칙들은 단지 관찰된 일관된 상태들이 어떠함을 보여주는 결과에 불과합니다. 자동차 키를 떨어뜨리면 바닥으로 떨어진다. 내가 열쇠를 떨어뜨릴 때마다 그 일이 일어난다. 그래서 중력 법칙을 이론화하고 구성하게 됩니다. 비록 우리는 이것을 사실로 받아들이지만, 그것으로 그 사실이 증명된 것은 아닙니다. 오히려 우리가 결론에 이르는 것은 (또는 이론을 제안하는 것은) 연역법에 의해서가 아니라 귀납법에 의해서입니다.

귀납법은 철학적인 용어로서, 증거를 활용하여 보다 넓은 결론에 이르는 과정을 말합니다. 즉, 증거는 우리가 내린 결론이 가장 나은 설명임을 보여줍니다.

사람들은 종종 유명한 셜록 홈즈 탐정은 자신이 맡은 사건을 뛰어난 연역적 추리를 통해서 해결한다고 말합니다. 결론은 언제나 전제로부터 논리적으로 추론된다는 생각입니다. 그러나 그 말이 다 옳지는 않습니다. 비록 소설의 저자 코난 도일은 책에서 그렇다고 썼지만, 사실 홈즈의 방법은 거의 언제나 귀납적인 추리입니다. 소설 『주홍색 연구』에서 홈즈는 자신의 추리 비결을 이렇게 묘사합니다:

다른 모든 기술들과 마찬가지로 추리와 분석은 참을성 있는 오랜 연구에 의해서만 얻어진다…. 피의자를 만날 때, 한 눈에 그 사람의 인생 내력을 분간해내거나 그가 하고 있는 사업이나 직업을 알아내는 것은… 그의 손톱이나 코트의 소매 깃, 신발 종류, 바지 무릎이 튀어나온 정도, 엄지와 검지에 붙은 굳은 살, 얼굴 표정, 와이셔츠의 소맷부리 등을 잘 관찰하는 것이다. 그런 것들 하나하나가 그 사람의 직업을 드러내 주고 있기 때문이다.[5]

셜록 홈즈는 주의 깊은 관찰을 통하여 증거를 수집하고 그것에 근거하여 사건 해결에 필요한 특정인에 관한 다소 폭넓은 결론을 내립니다. 그러므로 그것은 연역이 아니라 귀납입니다! 사실 이것은 과학이나 역사 연구 어디에나 동일하게 해당되는 과정입니다. 연역적 의미에서 보면, 아무 것도 '증명되는' 것은 없습니다. 과학적 전제나 역사적 전제가 수

납되느냐, 거부되느냐 하는 것은 다 그 증거가 얼마나 믿을 만한가, 각각의 증언이 얼마나 적절하고 신뢰할 만한가에 의해 결정되는 것입니다.

우리 인간 지식의 많은 부분은 귀납적 과정을 통해 얻어집니다. 어린 아이들이 배우는 과정을 한번 생각해 보십시오. 불을 만지지 말라고 말하거나 의자 위에서 장난치지 말라고 말하는 것만으로는 충분하지 않습니다. 아이들 스스로 그 결과를 경험해 보아야 합니다! 한번만 해 보면 아이들은 불이 뜨거우니까 만지면 데인다는 것, 바닥이 딱딱하니 높은 데서 떨어지면 다친다는 사실을 바로 배웁니다. 우리가 어렸을 때는 우리가 사는 세상을 발견하느라 시간이 너무 빨리 흘러갔습니다. 사실 계속 그런 과정을 겪지요. 그러면서 나도 모르는 사이에 수많은 정보의 편린을 모으게 되었고, 거기서, 현재 보면 당연하게 보이는 많은 일들에 대한 분명한 지식을 갖게 된 것입니다. 예를 들어, 비에 젖으면 차고 축축하다는 지식을 생각해 봅시다. 이것은 하나의 분명한 전제로 작용합니다. 그리고 이어서 그 이성적인 사실에 근거한 연역 작용이 생깁니다. 예를 들면, 비는 뜨겁거나 건조하지 않다. 비를 맞고 서 있으면 몸이 젖을 것이다. 비가 올 때 빨래를 널면 비에 젖을 것이다.

이런 연역 작용은, 모든 경우에 있어서, 아는 사실에서 연역되었기 때문에 논리적으로 타당한 연역이고, 알려진 양(quantity)에서 연역되었기 때문에 또 하나의 알려진 사실이 됩니다. 그러므로 만일 내가 행한 첫 번째 귀납적 사유가 옳았다면, 그에 따른 연역도 타당한 것이 됩니다.

그러나 우리가 다루는 주제의 경우, 신보다 더 크고 더 근원적인 알려진 양은 아무 데도 없기 때문에, 신을 어디서 연역해 낼 수 없으므로 그런 아이디어 자체가 모순이 됩니다. 왜냐하면 신은 논리적으로 요구되는 어떤 궁극적인 존재를 일컫기 위해 우리가 붙인 이름이기 때문입니다. 그러므로 신은 만물에게 꼭 필요한 원인이자 근원이 되어야 합니다. 따라서 신이 존재하지 않는다고 증명하는 것은 불가능합니다. 우리가 방금 알아본 것처럼, 정의를 내리고 범주화하는 경향을 가진 과학으로는 신을 증명할 수 없습니다. 과학은 확실성이 아니라 오직 가능성의 높고 낮음을 이야기할 뿐입니다. 과학적인 가설은 반대되는 사례가 한 가지만 나와도 가설 전체가 폐기됩니다. 수 백 년 동안 뉴튼의 이론이 증명된 것처럼 보였지만, 아인슈타인이 와서 그렇지 않음을 증명하였습니다. 아인슈타인 이후에 또 누가 올지 어찌 알겠습니까? 분자생물학자 앤드류 밀러 박사는 "신의 존재 여부를 결정하는 것은 확실히 과학적인 주제의 범주를 벗어난다"[6]라고 말했습니다.

그렇다면 우리의 모든 지식은 직관(최초의 진리들)과 귀납 및 연역의 복잡한 조합으로 얻어진다고 보아야 합니다. 철학자들은 계속 그 중에 무엇이 우선할지, 또 우리가 얼마나 참되다고 알 수 있을지에 관해서 논란을 벌일 것입니다. 저는 진리는 그런 모든 방식을 통해서 발견될 수 있기 때문에 어떤 방식이든 배제하는 것은 어리석다고 믿습니다. 그러나 실제에 있어서, 우리가 진리에 도달하는 길은 전혀 복잡하지 않습니다. 우리는 선천적으로 (선험적으로) 아는 것에서부터 모든 일들을 연역해 냅니다. 우리는 이 세상에 살아가는 경험을 통해서 납득할 만한 증거를 얻고, (귀납적) 추리를 통해서 신뢰할 만한 결론을 도출합니다.

저는, 저 자신의 존재에 대해서 확실히 느끼는 만큼 하나님의 존재도 확실히 느낀다는 것을 조금도 의심하지 않습니다. 하나님은 논리적으로 요구되는 존재이시지만, 저는 그런 존재가 아닙니다! 그렇지만 저의 이런 확신은 어떤 연구실에서 행한 과학적 실험에 근거한 것이 아니고, 어떤 철학자가 제안한, 명석하게 사유된 논증에 근거한 것도 아닙니다. 제가 확신하는 것은 이하의 요인들의 조합에서 결과된 것입니다: (귀납적이고 연역적인) 이성, 믿음, 경험, 계시, 역사, 양심, 직관 등등. 그 모든 것이 저의 확신에 일조하고 있습니다. 인간 존재는 순수 이성 그 이상입니다. 지성만으로는 마음이라고 할 수 없습니다. 인생은 하나의 방정식으로 풀 수 없습니다. 예를 들어, 제가 제 아내와 사랑에 빠졌다고 합시다. 그 경우, 그것이 사실임을 제가 압니다. 그것은 제가 런던에서 태어났고 서부 지역에서 자랐다는 사실만큼이나 분명합니다. 그러나 저의 사랑을 여러분에게 증명해 보일 수 있을까요? 저의 사랑 방정식을 제시할 수 있을까요? 만일 제가 그렇게 할 수 있었다면 아마 지금쯤 대단한 부자가 되었을 것입니다. 과학 실험으로는 저의 사랑을 결론적으로 증명할 수 없지만, 사실은 사실입니다. 블레이즈 파스칼은 그 핵심을 이렇게 정확히 표현하였습니다: "가슴은, 이성이 전혀 알지 못하는 일들에 대하여, 나름의 합당한 이유들을 갖고 있다."[7] 그와 마찬가지로, 결정적인 철학적 '증명'은 영원히 얻을 수 없는 것이지만, 신의 존재에 관한 확신은 얼마든지 가질 수 있습니다.

이성을 넘어서

이성과 지성이 하는 가장 중요한 일은 우리로 하여금 우리의 한계를 인식하게 하는 것입니다. 세계 역사상 위대한 사상가들 중에는 바로 그 점을 우리에게 알려주기 위해 노력한 이들이 많이 있습니다.

1932년, 알버트 아인슈타인은 벨기에의 엘리자베스 여왕에게 이런 편지를 썼습니다: "우리 인간에게는, 존재하는 것들을 직면하였을 경우, 우리의 지능이 얼마나 형편없이 부적합한 것인지를 분명히 알 수 있을 정도의 지능이 부여되어 있습니다."[8] 우리는 어떤 대가를 치르더라도 인간의 지성만이 우리 주위에 둘린 신비의 깊이를 측량할 수 있다고 믿는 교만을 피해야 합니다. 우리가 숙고하는 이 커다란 신의 '존재' 라는 주제에 대해서도 반드시 아인슈타인의 충고가 적용되어야 합니다. 단지 우리가 신을 완전히 파악할 수 없다 하여 신의 '존재'를 부정할 수는 없습니다. 그것은 마치 매우 귀중한 가치를 가진 책을, 거기 쓰인 언어를 우리가 아직 배우지 못하였다 하여 던져버리는 것과 같습니다.

누구도 신을 정확하게 아는 사람은 없습니다. 신은 칠판 위에 쓰인 방정식으로 설명될 수 없고, 과학자나 철학자에 의해 다루어지거나 분류될 수 없는 존재이기 때문입니다. 만일 그렇게 할 수 있었다면, 우리야말로 사람이 아니라 신들이었을 것입니다. 그러나 만일 신이 실재한다면, 그 신은 마음과 사고와 지성의 부여자여야 합니다. 사유할 수 있는 능력 자체가 신에게서 온 것입니다. '창조된', 그렇기 때문에 유한한 사람들의 마음은 무한하고 자존적인 분을 완전히 파악할 능력이 없습니다. 파스칼이 기록한 것처럼, "이성의 마지막 계단은 그 이성을 초월하는 하나의 무한 수가 있음을 인식하는 것이다. 만일 그 사실을 인식하지도 못하

는 이성이라면 그것은 너무나 빈약한 이성이 아닐 수 없다."⁹

우주는 위대한 경이로 가득합니다. 더 많은 경탄을 드러낼수록, 우리에겐 더 많은 경외감과 당혹감이 생길 것입니다. 경이로운 자연의 해변을 더 많이 발견할수록, 우리 위에는 더 많은 미지의 파도들이 부서질 것입니다. 우리는 마치 지식이라는 갯바위 위에 생긴 작은 못에서 노는 어린 아이들과 같습니다. 그러나 눈을 들어 보면 셀 수 없을 만큼 엄청난 신비의 바다가 넘실거리며 포효하고 압도하는 것을 볼 수 있습니다.

엄청난 우주의 한 파편을 탐험하다보면 때로 저 깊은 진리와 대면하게 됩니다. 우리 실재를 조성하신 분은 우리가 상상할 수 있는 가능성보다 더 무한히 놀라운 분이십니다. 그러므로 우리는 신의 존재를 연역적으로 증명할 수 없음을 시인하는 한편, 압도적이라고밖에 인정하지 않을 수 없는 한 가지 사건에 대한 확실한 증거를 가졌기 때문에, 이성적인 회의 저 너머로 넘어가는 확률의 균형을 얻을 수 있습니다.

똑, 똑, 똑!

거기 누구요? 하나님? 왜 신이 실재적인 동시에 현대에 적응성이 있는 분이신지, 그 두 세가지 간단한 이유를 알아보기 전에, 우리가 사용하는 용어를 먼저 정의할 필요가 있습니다. '신'이라는 단어는 무엇을 의미합니까? 도대체 누구에 관해서 우리가 이야기를 하는 것입니까?

제가 전에 대학에서 종교철학과 도덕윤리학을 공부할 때, 우리 교수님이 한번은 하나님이라는 이름의 각 철자는 하나 또는 그 이상의 특징을 의미한다고 가르쳐 주셨습니다. 그때부터 저는 기독교의 하나님을 언급할 때마다, 우리가 누구에 대해서 말하고 있는지를 기억하는 일에 큰 도움을 얻었습니다. 당시 우리는 하나님을 존경하는 마음으로 '필콕'(PHILCOG)이라고 불렀습니다.

P Personal 인격적인 분

하나님은 물질이나 에너지, 혹은 힘이 아니다. 하나님은 생각하고, 느끼고, 행동한다. 하나님은 인격적인 분이시다.

H Holy 거룩한 분

하나님은 도덕적으로 완전한 분이시다. 하나님에게는 실수나 부족함이 없다. 하나님은 그 존재와 행위에 있어서 완전무흠하시다.

I Infinite, Immanent, Immutable 무한, 내재, 불변한 분

(a) 하나님은 자존하시다. 하나님을 창조한 자가 없다. 시작이 없고 끝도 없으실 것이다. 하나님은 존재하시기 위해 무엇이나 누구를 의존하지 않으신다. 그렇기 때문에 하나님은 만물 위에 계시며, 만물을 넘어서 존재하신다. 하나님은 우주와 구별되며, 시간과 공간 밖에 거하시며, 그것들에 제한되지 않으신다.

(b) 한편 그 존재는 우주와 구별되시지만, 그의 현존은 우주 전체를 채우고 각 부분에 침투해 계신다.

(c) 하나님은 그 존재의 각 측면에서 완전히 불변하시다.

L Loving 사랑하는 분

하나님의 성품의 핵심은 사랑과 비이기적인 친절이다. 하나님은 모든 창조물을 돌보며 우주의 궁극적인 선, 특히 인간의 궁극적인 선을 원하신다.

C Creator 창조자

하나님은 모든 실재들을 친히 선택하고 완전한 지혜 안에서 무한한 능력으로 존재하게 하신다. 창조자 하나님은 우주의 정당한 통치자이시며, 도덕적으로 흠이 없는 특징을 가지셨기 때문에 이 일에 완벽하게 적합한 분이시다.

O One, Omniscient 전지하신 한 분

(a) 두 하나님이나 여러 하나님들이 있는 것이 아니다. 오직 참되신 한 하나님이 계시다. 그러나 하나님의 단일한 신성 안에는 구별되는 세 분이 계시므로 하나님의 이름은 복수형이다. 하나의 삼각형에 세 개의 각이 있듯이, 성부와 성자와 성령이 한 분 하나님을 이루신다.

(b) 하나님은 모든 것을 아시기 때문에 새로운 정보를 얻는 일은 없으시다. 하나님은 과거와 현재와 미래를 다 아신다. 무시간적 존재에게 시간은 전혀 시간이 아니다!

G Good 선하신 분

하나님은 선하시다. 그의 성격에는 전혀 혼합된 것이 없다. 하나님은 영원히 변할 수 없이 선하시다. 하나님은 선하기 때문에 의로우시고 옳으시다. 사람은 누구나 궁극적으로 그 앞에 책임을 진다.

그러므로 제가 하나님이라고 부를 때에는 이런 하나님을 의미하는 것입니다. 이것은 허공에서 아무 속성이나 무작위로 뽑아내서 만든 것이 아닙니다. 이 하나님 정의는 역사상 알려진 수많은 사람들의 확신을 반영하는 것이며, 세상이 여태까지 보았던 종교 집단 중에서 가장 큰 그룹의 신념을 대표하는 것입니다.

이 책의 목적에 따라 말씀드리면, 제가 하나님이라고 부를 때에는 성경에 계시된 하나님, 즉 제가 믿기에 여태까지 존재했던 책 중 가장 위대한 책이고 하나님께 대하여 가장 오래된 교훈을 가진 책인 기독교 성경에 계시된 하나님을 부르는 것입니다. 다른 세계 종교들이나 하나님에 관한 철학을 비판하는 것은 이 책의 목적이 아닙니다. 만일 성경이 참되고, 그렇게 선언하신 예수께서 참되시다면, 제가 다른 종교에 대하여 비판할 이유가 도무지 없습니다. 기독교나 하나님께 대한 여타의 신념들은 겉으로는 기독교와 유사하게 보일 수 있습니다만, 실제로는 근본적으로 다릅니다. 그 둘이 다 동시에 옳을 수는 없습니다. 예수님과 성경이 최종적인 진리라면, 그와 반대되는 주장은 거짓일 수밖에 없기 때문입니다. 만일 우리가 하나님께서 역사상 어떻게 말씀하시고 행하셨는지를 살펴본다면, 성경에 계시된 하나님의 실재성에 대하여 보다 확고한 증거를 찾을 수 있을 것입니다. 이제 제가 의미하는 하나님은 어떤 하나님이신지를 정의하였으므로, 하나님의 존재에 관한 두 가지 단순명료한 증거를 제시하고자 합니다.

영혼에 울리는 하나님의 음성

러시아 작가이자 사상가인 표도르 도스토예프스키는 고전이 된 소설 『죄와 벌』에서 하나님의 존재를 거부한 한 청년 이야기를 들려줍니다. 그 청년은 한 노파를 살해합니다. 청년은 자신을 심판할 의로운 신이 존재하지 않으므로, 따라서 옳은 것과 그른 것에 대한 절대적인 기준도 없다고 믿기 때문에 자신은 죄책감을 느낄 필요가 전혀 없다고 생각합니다. 그렇지만 그는 자기 죄를 고백하고 하나님께 자기 삶을 맡기게 되기까지, 심한 죄책감에 시달립니다. 이것은 마치, 우리가 살면서 어떠한 이론적인 지식이나 논증을 만나기 훨씬 전에 이미 진리가 우리 위에 덮어씌워진 것과 같습니다. 이것은 직관 혹은 선험적 지식이라고 부르는 것으로서, 회의될 수 없을 정도로 우리 각 사람에게 자명한 진리입니다. 인간은 바른 일을 하고 그른 일을 피해야 한다는 도덕적 의무감을 항상 느낍니다. 우리에게는 우리의 사고와 말과 행위 중 일부는 칭찬 받을 만한 것이지만 다른 것들은 책망 받아 마땅한 것들이라는 깊은 감각이 있습니다. 우리는 불가피하게 우리 각 사람이 도덕적인 특징을 가진 도덕적인 존재라는 사실을 의식합니다. 때로 어떤 면에서든 잘못이라고 느껴지는 일을 할 때에는 나도 모르게 죄책감이 듭니다. 도스토예프스키의 소설에 나오는 주인공처럼, 그 죄책감을 벗어버리기 위해 일부러 무시하거나 합리화를 시도하지만, 양심의 추적자는 가차가 없습니다. 우리 양심이 우리를 붙잡습니다. 우리는 그런 의무감을 느낄 뿐 아니라, 우리 마음으로 이해하기도 합니다. 사람들은 종종 의무감을 느낀다고 말합니다. 우리는 끊임없이 다른 사람들은 "마땅히" 어떤 일을 했어야 한다거나 혹은 전혀 하지 말았어야 한다고 말합니다. 본능적으로 해야 할 일과 하지 말아야 할 일을 안다는 것입니다. 우리가 마땅히 무엇을 해야 할 지를 우리가 알 수 있는 유일한 이유는 우리 양심이 그렇다고 우리에게 말하기 때문입니다!

만일 우리가 무엇이 옳은지를 알지 못했다면 어떤 일을 마땅히 행해야 하는지도 결코 알 수 없었을 것입니다. 그밖에 어떤 일을 반드시 해야 한다는 의무감을 가질 이유가 또 어디 있겠습니까? 그것이 아니라면 어떻게 어떤 일은 바르고 어떤 일은 그르다고 말할 수 있겠습니까? 간혹 옳음과 그름에 관하여 우리에게는 아무런 객관적인 기준도 없으며, 우리 모두는 다만 우리가 하고 싶은 일들을 할 뿐이라고 주장하는 사람들이 있습니다. 그렇지만 그런 식의 주관적인 도덕성으로는 결코 일관된 삶을 살 수 없습니다. 현대인은 "무엇이든 너 자신이 좋다고 느끼는 그 일을 행하라!"고 말하지만, 만일 그런 주장을 하는 사람 자신이 어떤 사고를 당하거나 불의한 고통을 당하게 된다면, 그때는 전혀 그런 주장을 하지 않을 것입니다. 사고를 당하면 누구나 공의가 행해져야 한다고 소리 높여 요구합니다. 이런 도덕적 의무감은 인류에게 너무나 보편적이어서 우리는 흔히 그것을 도덕법칙 또는 자연법칙이라고 부릅니다. 아마 그런 법칙이 없이 태어나는 사람은 없을 것입니다. 바로 그런 능력이 있기 때문에 우리의 법률 체계와 법원이 존재할 수 있습니다. 남자든 여자든 그 능력을 억누르고 어기는 사람이 있다면 그 사람 때문에 전 사회가 고통을 받게 됩니다.

작가 C.S. 루이스는 그의 책 『인간의 폐지』에서 역사상 존재했던 여러 문화들과 지역들에서 발견된 다양한 실례들을 인용하면서 도덕 법칙의 보편성에 관한 예증을 들고 있습니다.[10] 이집트인, 바빌론인, 인도인, 유대인, 중국인, 로마인, 노스 족, 아메리칸 인디안, 앵글로 색슨족, 헬라인과 호주 원주민들의 자료들을 보면, 그 '자연법칙' 혹은 도덕적 의무감이 일관되게 또 보편적으로 전 인류를 사로잡고 있다는 사실이 분명히 드러납니다.

현대인들은 이런 불편함을 벗어 던지고자 상당한 노력을 기울였지만, 그럼에도 불구하고—그 노력 중에서 유명한 형태를 몇 가지 들면, 물질 지상주의, 무신론적 진화론, 독재적 국가사회주의(파시즘), 프로이드 심리학 등을 들 수 있습니다—어떤 것도 영혼 안에서 들리는 이 하나님의 목소리를 없애거나 잠재우는 일에 성공하지 못했습니다. 지금도 우리는 살인은 잘못이고 거짓말이나 도적질이나 서로를 배반하거나 이기적인 생활을 해서는 안 되는 것으로 알고 있는 것입니다.

이런 일차적인 진리들은 우리 양심에 기록되어 언제까지나 강력한 강제력을 갖습니다. 우리 모두에게 요구되는 이 도덕적 의무감을 생각할 때 우리는, 우리 안에 있는 이 법칙은 우리 밖에 있는 어떤 법칙을 암시한다는 하나의 필연적인 결론이자 불가피한 추론을 내릴 수밖에 없게 됩니다. 우리의 도덕적 본성과 이런 도덕 법칙의 존재가 어떤 법제정자와 심판자가 있다는 사실을 암시한다는 말입니다. 따라서 우리 본성의 창조자 역시 반드시 도덕적인 존재이어야 합니다. 그 존재는 바로 창조자이시고 심판자이신 하나님이십니다.

또한 우리는 우리가 모든 우리의 행위에 대해서 책임을 진다는 확신을 생각하지 않을 수 없습니다. 우리는 우리의 양심에 대해서 우리가 어떤 반응을 보이는지가 매우 중요하다는 사실을 인식합니다. 언젠가는 그에 대해서 우리 각자가 해명을 해야 할 것이기 때문입니다. 이것은 결코 마음 편한 생각은 아니지만, 늘 따라오는 느낌이기 때문에 어쩔 도리가 없습니다. 우리가 책임을 져야 한다는 사실이 암시하는 것은, 책임을 감당하는 것은 우리 본성의 일부라는 사실과, 누군가 통치자가 있어서 우리에게 궁극적인 책임을 물으실 것임을 암시합니다.

이제까지 한 말을 요약해 보면, 우리에게 도덕적 의무감이 있다는 것은 무엇을 지시합니까? 단순히 이 한 가지 사실 즉, 우리 모두는 양심을 가진 도덕적 존재라는 것을 지시합니다. 이것은 무신론자들에게도 해당되는 사실이며, 그렇지 않은 척하는 것은 정직하지 못한 태도입니다. 양심이 우리에게, 도덕적 의무감에 순종해야 할지, 말아야 할지를 각 상황에 따라 결정하도록 요구합니다. 우리는 우리가 말하고 행한 모든 것에 대해서 궁극적인 책임을 져야 한다는 부담감을 느낍니다. 양심을 어길 경우 죄책감이 들고, 양심에 순종하면 종종 기쁘거나 행복한 느낌이 드는 것은 바로 그런 이유 때문입니다. 이 모든 것은 우리에게 도덕 법칙을 주신 도덕적 통치자를 암시하는데, 그 통치자는 바로 하나님이십니다! 그러므로 우리의 도덕적 본성은 하나님이 반드시 계셔야 한다고 요구할 뿐 아니라 또한 그가 계신 것을 암시합니다. 영혼에 울리는 하나님의 음성은 하나님이 계신다는 사실에 대한 메아리인 셈입니다.

이것은 사실 오랜 세월 동안 여러 형태로 사용되어 온, 면밀하게 사유된 논증으로써, 어떤 학문적이거나 이론적인 지식과 무관하게, 하나님의 존재는 우리가 우리 자신에 대하여 아는 것에 의해 우리 모두에게 자명한 것임을 증명하는 논증입니다. 저에게는 이 논증이 성경의 역사와 더불어 하나님께 대한 가장 설득력 있는 논증이고, 이성적인 회의 너머로 우리를 이끌어 주는 논증이라고 생각됩니다.

춤의 왕

어렸을 때, '존재'에 관한, 너무나 큰 질문들을 골똘히 생각하던 기억이 생생합니다. 때로는 한 자리에 앉아, 어떻게 해서 내가 존재하게 되었는지 생각하고 또 생각하다가 결국 아무 생각도 없어지고 멍해지는 것을 경험하곤 했습니다. 나는 누구였는가? 생이란 무엇인가? 어떻게 시작되었는가? 만일 사후에도 삶이 계속된다면, 영원은 또 무엇인가? 영원도 끝이 있어야 하는 것 아닐까? 등등.

그러나 아이들도 받아들이지 못하고, 어른이라도 합리화할 수 없는 한 가지 유명한 명제는 "만물은 그냥 저절로 생겨났다"는 주장입니다. 다른 집들에서도 그랬겠지만, 우리 집에서는 설명할 수 없는 일들이 수없이 일어났었습니다. 선반에 둔 음식은 계속 없어졌고, 방은 저절로 어질러졌고, 아무도 먼저 싸움을 걸지 않았는데 싸움은 늘 벌어졌고, 흙 발자국이 저절로 카펫 위에 찍혀 있었고, 깨진 것들은 다 그 투명인간이 한 짓이었습니다! 아버지나 어머니가 누가 그랬냐고 물으시면, 우리는 언제나 이구동성으로 우리 책임이 아니라고 했습니다 '저는 몰라요. 제가 한

짓이 아니예요!'

그렇습니다. 이런 다툼들이 끝없이 계속되는 데에는 분명한 이유가 있습니다. 왜냐하면 사람은 사건이 저절로 일어났다는 설명을 받아들이지 못하기 때문입니다. 모든 사건에는 원인이 있습니다. 방이 저절로 더러워질 수는 없지요. 분명히 무엇인가 또는 누군가가 방을 그렇게 만들었습니다. 모든 사건에는 반드시 원인이 있다는 것은 상식이고 일반 법칙입니다. 이성을 가진 사람이라면 아무도 거기에 이의를 제기하지 않을 것입니다. 아이가 계속해서 지겨울 정도로 왜? 라고 묻는 것은 바로 이런 인간의 근본적인 성향 때문입니다. 이처럼 왜? 라는 질문을 연속적으로 몇 번 묻게 되면, 결국 그 대답은 '하나님이 그렇게 되게 했다' 는 대답에 이르거나, 혹은 그저 그것은 내 확신이라는 식의 '그건 그냥 그거야. 더 이상의 왜는 없어' 또는 '왜냐하면 내가 그렇게 생각하니까!' 라는 대답을 듣게 됩니다. 후자의 대답은 별로 만족스럽지 못한 것이고, 전자의 하나님 대답에 대해서는 의례 '그럼 그 하나님은 누가 만들었는데?' 라는 질문이 따라옵니다.

이 사실이 우리에게 의미하는 것이 있습니다. 그것은 인간의 마음은 흔히 '원인과 결과' 라고 부르는 하나의 법칙을 요구한다는 것입니다. 철학자들은 그 법칙을 '유효한 인과관계' 라고 부릅니다. 우리 모두가 인정하듯이, 어떤 일들은 다른 일들이 시작되게 하거나, 계속 존재하게 하거나, 혹은 시작도 시키고 계속 존재하게도 합니다. 한 여성이 바이올린을 집어 들고 연주하는 경우를 생각해 봅시다. 그녀는 우리가 듣는 음악의 원인 제공자입니다. 그녀가 연주를 멈추면, 음악도 멈춥니다. 이 법칙은 우리가 행하는 모든 일에 적용될 수 있습니다. 모든 사건에는 나름의 원인이 있습니다. 예를 들어 봅시다.

명제: 나는 방금 찻잔을 엎질렀다.

질문: 왜?

대답: 왜냐하면 내 팔이 잔을 건드렸기 때문이다.

질문: 왜?

대답: 왜냐하면 팔을 움직이려는 의지에 의해 전기 자극이 가해져 근육이 움직였기 때문이다.

질문: 왜?

대답: 왜냐하면 신체는 원래 그렇게 작동하기 때문이다.

질문: 왜?

계속 그렇게 질문과 대답을 하게 되면, 결국 하나님에게로 소급되지 않으면 어떤 비이성적인 대상에 호소하기에 이릅니다. 이것은 우리 논의에 어떤 의미를 갖습니까?

앞에서도 말씀드렸지만, 우리는 감각적으로, 우주가 실재한다는 것과 우리 세계가 여러 가지의 사건들과 변화들로 이루어진 하나의 체계라고 이해합니다. 그 사건들은, 바이올린 연주나 엎질러진 찻잔처럼 , 결코 그 자체로 발생할 수 없습니다. 만일 그랬다면 그것은 불합리한 일이 될 것입니다. 무엇인가가 그 사건들을 발생하게 했습니다. 잠깐 이 점을 잘 생각해 봅시다. 현재 있는 모든 것은 그 자체가 아닌 다른 것에 의해 '존재하도록' 인과된 것입니다. 다른 것들을 존재하게 한 그 모든 일들 역시 원인이 필요합니다. 그렇다면, 어떤 주어진 순간에 존재하는 모든 것들이 원인을 필요로 한다면, 그 모든 것들을 있게 하는 것은 무엇일까요? 그에 대한 유일한 이성적인 해결책은 '원인이 없는' 자존적이고, 독립적이고 영원한 최초의 원인이 있어야만 한다는 것입니다. 다른 어떤 것에도 의존하지 않는 하나의 원인이 그 자체의 원인이 되어야 합니다. 그 원인은 신이어야 합니다. 신은 다른 것의 결과가 아니라, 오히려 다른 모든 결과들의 궁극적인 원인입니다. 신은 다른 모든 것처럼 어떤 주어진 시간에 발생하는 사건이 아닙니다. 신은 언제나 계셨고 (존재하셨고) 언제나 계실 (존재하실) 분입니다.

한번 이렇게 상상해 봅시다. 원인(Mr. Cause) 씨가 결과(Miss Effect) 양에게 준 선물이 존재이며, 그 선물이 계속해서 수신자들에게 전달되어 왔다고 상상해 봅시다. 그것이 '선물 전달하기' 게임처럼 음악이 멈출 때까지 계속됩니다. 그러나 누군가 애초에 전달할 선물을 가진 사람이 없었다면, 계속해서 전달할 선물 자체도 없었겠지요. 만일 스스로 존재하는 영원한 본질을 가진 신이 (즉 선물을 가진 자가) 없었다면, 존재라는 선물은 피조물들에게 계속해서 전달되어 내려올 수 없을 것이며, 우리도 그 선물을 받지 못했을 것입니다.

그러나 물론 우리는 지금 여기 살아서 그 선물을 받아 존재합니다. 그것은 신이 존재해야만 한다는 말입니다. 신은 언제나 선물을 가지고 계신 유일한 분이며, 누구에게서도 그 선물을 받지 않았습니다. 이것이 어린이 같은 질문, '누가 하나님을 만드셨어요?' 에 대한 대답입니다. 어린 아이도 생명의 선물은 누군가로부터 받은 것, 어딘가에서부터 모든 사람에게 전달된 것이라고 알고 있기 때문에, 하나님은 왜 거기에 포함되지 않느냐고 묻습니다. 그러나 하나님은 정의상(by definition) 선물의 수여자입니다. 신을 만든 자가 없는 이유는, 신은 그 이름 자체가 그저 존재하시는 유일하신 한 분을 의미하기 때문입니다. 그러므로 신은 가장 위대한 존재 선언이시고, 진실로 '왜냐하면 내가 그렇게 말하였기 때문이다' 라고 말씀하실 수 있는 유일한 분이십니다.

성경은 바로 그 선언, "태초에 하나님이" 라고 시작합니다. 성경은 하나님의 존재에 관하여 논증하거나 명석한 주장으로 그 문장의 참됨을 독자들에게 설득하려고 하지 않습니다. 성경은 단순히 선언합니다. 인간 양심은 하나님이 계시다는 사실을 인정합니다. 성경의 언제나 동일한 주제는 그것입니다. 성경은 사람들이 영원하신 생명의 수여자에게서 생명의 선물을 받았다는 사실을 직관적으로 안다고 말씀합니다. 지혜자로 유명한 솔로몬 왕은 이렇게 썼습니다. "하나님이 사람에게 영원을 사모하는 마음을 주셨으나 하나님의 하시는 일의 시종을 사람으로 측량할 수 없게 하셨느니라" (전 3:11).

만물에게 생명을 주시고 만물을 유지하시는 춤의 왕께서 인간의 마음에 불멸성에 관한 어떤 감각을 주셨습니다. 비록 무한하고 자존적인 그 하나님을 이해하거나 설명할 수는 없지만, 그럼에도 불구하고 우리에게는 인간 존재됨을 의미하는 그 핵심에, 하나님이 모든 생명의 근원이시라는 어떤 영속적인 의식이 깔려 있는 것입니다.

어느 쪽에 도박을 걸겠습니까?

이 장을 시작하면서 저는 신의 존재에 관한 질문에 대해서는 결론적인 철학적 증명을 제시하는 일이 가능하지 않다고 말했습니다. 그러나 그 말은 신의 존재를 부정하는 것이 완벽하게 이성적이라는 말은 아닙니다. 중력 법칙 역시 그렇게는 증명될 수 없습니다. 그러나 중력 법칙이 증명될 수 없다 하여 탑 위에서 날기를 기대하며 뛰어내리는 일이 이성적인 일이 되는 것은 아닙니다. 앞에서 논의한 두 가지 분명하고 논리적인 논증을 통하여, 하나님의 존재라는 주제를, 성경 계시나 그리스도의 생애의 독특성(유일성)과는 매우 다르게, 이성적인 회의를 초월한 주제로 생각할 수 있을 것입니다.

여태까지 읽은 것만으로는 별로 확신이 들지 않는 독자들도 분명히 있을 것입니다. 그런 것은 물론 괜찮고, 저의 능력이 모자라는 소치입니다마는, 그렇다고 하여 그것이 하나님의 존재에 대한 증거 부족이 되는 것은 결코 아닙니다. 그러나 더 나아가기 전에 최종적인 판단을 내리는 일은 좀더 숙고하는 것이 좋겠습니다. 우리 사람들은 종종 결정을 내릴 때 서로 경합하는 여러 가지 가능성을 놓고 저울질합니다. 예를 들어, 외출을 생각해 봅시다. 구름이 몰려오고 곧 비가 올 것 같지만, 우산을 들고 나가기는 싫습니다. 귀찮기도 하고, 어딘가 버려두고 오기 일쑤이니까요. 혹시 비가 오지 않는다면 쓸데없는 고생이 될 것이라 생각해서, 우산 없이 그냥 나갔습니다. 그런데 하늘이 열려 쫄딱 비를 맞았습니다. 차라리 좀 불편해도 우산을 들고 가는 편이 낫지 않았을까요? 대비를 했다면 손해가 없었을 것입니다.

그와 유사하게 파스칼은 신 존재 논증을 확신하지 못하는 사람들에게 그 '대가'를 생각해 보라고 제안했습니다. 많은 사람들은 그의 제안을 듣고 이 중요한 주제에 관하여 게으르지 않고 계속 탐구하겠다고 결심하였습니다. 파스칼은 이렇게 요청했습니다.

"여러분은 어느 편에 여러분의 운명을 걸겠는가?" 만일 하나님이 존재하신다는 편에 걸고 계속해서 그를 찾기로 결심한다면, 설사 하나님이 존재하지 않고 사후의 삶 같은 것은 없다고 판명이 날지라도, 여러분이 잃을 것은 하나도 없다. 그러나 만일 여러분이 하나님은 없다는 편에 걸고 그를 찾는 일을 포기하였는데, 그가 존재하시고 자기를 찾는 자들에게 상을 주신다면, 여러분은 모든 것을 잃게 된다.

파스칼의 해법은 단순합니다. 하나님 편에 걸라!

어차피 한쪽을 선택해야 한다면 우리는 최소악을 선택해야 한다. 어차피 우리는 진리와 행복 둘 중 하나를 버려야 한다. 지금 걸려 있는 것은 두 가지, 우리의 이성과 우리의 행복이다. 또 두 가지 피해야 할 것이 있는데, 그것은 실수와 비참이다. 어차피 둘 중 하나를 선택해야 하므로, 저쪽을 버리고 이쪽을 택했다 해서 우리 이성을 비난할 사람은 아무도 없다…. 행복은 어떤가? 하나님이 존재한다고 택했을 경우의 득실을 한번 따져 보자. 만일 그것이 맞으면 모든 것을 얻는다. 틀려도 잃는 것은 없다. 그러니 망설일 이유가 어디 있는가? 하나님이 존재하신다

는 쪽에 걸라.[11]

언뜻 보면 상당히 냉정하다고 생각되지만, 이것은 이렇게 보아야 합니다. 만일 하나님이 존재하시고, 그가 우주의 창조자, 무한히 선하고 진실하신 분이시라면, 나는 마땅히 하나님께 사랑과 순종과 믿음을 드려야 합니다. 그런 하나님을 거부하고, 거절하고, 마치 하나님이 없는 것처럼 산다면, 그것은 하나님과 전체 우주에 대하여 상상할 수 없이 불공평한 짓을 범하는 것이 됩니다. 이것은 하나님의 존재 논증 문제가 아니고, 사람들에게 믿으라고 강요하려는 시도도 아니고, 다만 우리가 지금 진리를 추구하는 일을 좀 멈추고 싶다고 유혹을 받는다면 결코 그래서는 안 된다는 권유를 드리는 것입니다. 찾지 않는 자는 결코 찾지 못합니다! 그런다면 이 세상은 비이성적인 곳, 불행한 곳이 될 뿐입니다. 성경은 오히려 이렇게 말씀합니다: "하나님께 나아오는 자는 반드시 하나님이 존재하신다는 것과 그가 진지하게 자기를 찾는 자들에게 상 주시는 분이심을 믿어야 한다" (히 11:6).

누구든지 하나님께 기도할 수 있습니다. 만일 우리가 이렇게 진지하게 기도할 수 있다면, "하나님, 만일 당신이 실재하신다면 당신이 누구신지 저에게 보여주시기 바랍니다," 그것은 바로 성경이 말씀하는 바, 하나님께서 들으시고 거기 응답하시겠다는 그 내기에 응하는 것입니다. 여러분, 하나님을 찾는 일은 결코 시간 낭비가 아닙니다. 오히려 우리를 이성적인 회의 저 너머로 인도해 줄 수 있습니다!

3. 신념 과학

기대하지 않았던 사건에 관한 이야기

우선 한 가지 이야기를 하면서 이 장을 시작합니다. 편안히 앉으셨지요?

어떤 무한한 밀도를 가졌던 한 지점에서 존재였던 무(Nothing)가 폭발을 했습니다. 그러자 만물(Everything)이 생겨났습니다. 만물은 결국 우리 이야기의 비극적 주인공인 존재를 '물질'(Matter)이라 이름하였습니다. 슬프게도 물질에게는 마음(mind)이 없었습니다. 그러나 덕분에 우리 이야기는 더 놀라운 이야기가 됩니다!

이제 이야기의 주인공 물질에게는 오직 하나의 동반자가 있었는데, 그는 근원을 알 수 없는 신비한 이방인으로서 그 이름은 '우연'(Chance)이었습니다. 우연은 비록 맹목적인 장님이었지만 뛰어난 예술가였습니다. 우연이 마음 없는 물질에게 그림을 가르치자, 물질이 정말로 그림을 그려냈습니다. 진공이라는 화폭에 우주의 중심에서부터 가장자리에 이르기까지를 그린 것입니다. 그러자 놀랍게도, 무한한 경이와 미와 질서와 생명으로 충만한 헤아릴 수 없이 많은 은하가 출현하였습니다. 맹목적인 우연의 손의 인도와 무지한 물질이 휘두르는 영감된 붓질이 함께 하여 하나의 우주적인 걸작품을 창조한 것입니다.

그러나 물질과 우연은 일을 하면서 또 다른 등장인물, 시간(Time)이라고 부르는 이 이야기의 악당이 있음을 알지 못했습니다. 시간은 알지 못하는 사이에 그 '폭발'의 배후로 기어들어가, 극도로 '흥분된' 상태가 되어 잠에서 깨어날 준비를 하고 있었습니다. 시간은 그때 거기서 다시 '풀려 내려와' 결국 그가 우연을 잡는 순간에 그 걸작품을 지워버리기로 결심합니다. 우연은 장님이라 시간이 다가오는 것을 보지 못했고, 물질은 마음이 없었기 때문에 어찌 할 도리가 없었습니다. 이제 시간은 조금씩 그 그림을 망쳐가면서 자랑하기를, 바로 그 우연에 의하여 이 화폭은 텅 비게 될 것이며 폭발의 효과가 희미해질 것이며, 존재하던 만물은 다시 무가 될 것이라고 장담했습니다. 다시 한번 무한한 무존재라는 시점 없는 시점, 우연과 물질이 더 이상 존재하지 않는 무시간이 된 것입니다.

독자 여러분, 이 이야기가 우리에게 주는 교훈은 아무 교훈도 없다는 것입니다. 결국 만물은 완전 무이기 때문에, 아무런 도덕이 있을 수 없기 때문입니다. 이 이야기의 메시지는, 궁극적인 의미나 가치나 목적은 한낱 꿈에 불과하다는 것입니다. 제가 만든 이 이야기는 물질의 마음만큼이나 공허합니다. 그러나 슬프게도 우리 중 누구도 우리 신화 속에 나오는 무언의 존재들을 이해하거나 교통할 수가 없었습니다. 왜냐하면 그들은 우선 주관적인 언어의 구성물이었기 때문입니다. 그럼에도 불구하고 만일 그 이야기에 어떤 의미가 있다면, '그들은' 결코 우리에게 말할 수 없고 우리는 곧 더 이상 묻지 않을 수 있게 될 것입니다. 일찌기 셰익스피어가 갈파한 것처럼, "인생이란…어떤 멍청이가 말한 아무 의미 없는 한낱 이야기일 뿐이기" 때문입니다.

사실 점검

상당히 우울한 전망을 보여주는 이 이야기는 결코 냉소적인 말장난이 아닙니다. 만일 우리 우주가 참으로 하나님 없는 우주라면 우리에게 무엇이 남을 것인지를 시사하는 이야기입니다. 사실 이 이야기는 많은 무신론자들이, 자기들이 보기에 믿을 만하고 '사실' 이라고 믿는 실재관의 한 사례를 든 것입니다.

앞 장에서 우리는 신 존재에 관한 몇 가지 증거를 살펴보았습니다. 신이 존재한다는 주장은 이성적이고 논리적이고 도덕적으로 바람직한 주장임을 알아보았습니다. 그러므로 그 개념을 거부한다면 반드시 그에 따르는 모든 결과를 직면할 준비가 되어 있어야 할 것입니다. 그뿐 아니라, 무작위한 우연이 만물의 원인이며 그 아이디어가 우리의 실재관과 일상생활의 경험에 부합된다는 주장에 만족해야 합니다.

분명히 이 '무작위한 진화' 교리는 우리 현대인들이 신 존재에 반대하기 위해 내세운 가장 흔한 반대이론 중 하나입니다. 무엇보다도 만일 우리가, '찐득한 것(goo)에서 동물원(zoo)을 거쳐, 당신(you)에 이르렀다'는 표현처럼 순전한 우연으로 우주적인 혼돈에 이르게 되었음이 증명될 수 있다면, 우리는 우리 생각에서 하나님을 완전히 지워버릴 수 있습니다. 그러므로 이 장과 다음 장에서는 그 자연발생적이고 무작위적인 우주 진화에 대한 증거가 과연 만족스러운 증거인지, 또 우리 같은 일반인들에게 그 우연한 진화로 인하여 생긴 우주 관념이 주는 실천적이고 윤리적인 함의들은 어떤 것들인지 자세히 살펴보고자 합니다.

사실과 허구

저는 학교에서 배운 '과학교과' 내용을 잘 기억하고 있습니다. (물고기에서 철학자가 나왔다는 거대한 스케일의 진화를 말하는) 진화론은 확실히 가장 인상적인 교육이자 사람들이 주장하는 '유익한' 과학의 전형이었습니다. 사실 지질학 선생님은 진화와 과학은 불가분리적인 것이라고 가르쳤습니다. 수업시간에 다른 대안적인 가설이 제시된 적도 없었고, 창조자를 언급하기만 해도 경멸적인 시선을 받아야 했습니다.

저는 직업상 많은 사람들에게 강연을 하면서 십대에서부터 노인에 이르기까지 상당히 다양한 그룹의 사람들을 대합니다. 그런데 그런 학교 경험은 저뿐 아니라 모두에게 공통된 경험이었다는 사실을 발견합니다. 심지어 학문적인 사람들 사이에서도, 우리는 상당히 자유로운 교육이라고 자부합니다마는, 너무나 흔하게 자연주의가 옳다는 전제 하에 얘기가 진행되고, 사람들은 자신도 모르는 사이에 하나의 편향된 과학적 이론을 일관되게 지지하고 있는 모습을 봅니다. 그러나 현재 통용되고 있는 모든 형태의 다윈주의 진화론은 하나의 가설에 근거한 것이며, 이제 곧 알아보겠지만, 과학적으로 상당한 문제에 봉착해 있는 이론입니다.

'물고기에서 철학자'로 진화되었다는 가정이 기정 사실로 널리 유포되게 된 데에는 복잡하지만 짐작이 가는 여러 가지 이유들이 있습니다. 역사적으로 보면 수십년 혹은 수백년의 검증을 견디지 못하고 집적된 중대한 반증들로 인하여 폐기된 이론들이 즐비합니다. 그러나 통상적으로, 소위 유행하는 교리를 잘못 이해하고, 그래서 잘못된 성향을 갖고 있는 일반 대중들에게는 그 의심스런 '사실들'(중요한 반증들)이 언제나 가장 늦게 전달됩니다. 대진화에 관한 여러 선언들, 예를 들어, 리차드 도킨스'가 쓴 것처럼 "(진화)이론은 지구가 태양 주위를 돈다는 주장처럼 의심할 수 없다"는 선언이 그 사례입니다. 사실 도킨스의 선언은 명백한 잘못일 뿐 아니라 매우 반과학적이기도 한 선언입니다. 한때는 거의 모든 과학자와 사상가들이 우주의 중심은 확실히 지구라고 믿었고, 거기에 의문을 제기하는 것은 아예 생각 자체를 포기하고 바보가 되는 것과 같다고 여기던 때가 있었습니다. 그 한 가지 잘못된 가정을 돌이키기까지 과학계는 오랜 세월의 어려움을 겪어야 했습니다.

모든 과학 이론은, 정의상, 잠정적이고 따라서 새로운 증거가 나올 경우 언제나 변화할 준비가 되어 있는 이론입니다. 만일 과학계가 어떤 '물질 이론'을 자명한 '진리'라고 선포한다면, 그 타당성을 실험으로 증명할 필요도 없어지는 것이고, 따라서 그 선포된 진리는 오히려 반 과학이 되고 모든 증거를 거기에 억지로 맞추어야 하는 고문틀이 되고 맙니다.

최근의 발견사항 역시 모든 과학적 가설은 잠정적이어야 함을 보여줍니다. 한 일간신문의 과학칼럼 편집자 요나단 리크는 이런 기사를 썼습니다:

빛의 속도는 전과 같지 않다. 과학자들의 발견에 의하면, 빛은 과거 한때 현재 속도보다 수 천 배 빠른 속도로 진행했다고 한다. 이것은 우리의 우주관의 기초를 형성하고 있는 아인쉬타인의 상대성 이론에 새로운 의문을 제기하는 것이다.[2]

이 말은 진공 상태에서 빛의 속도가 (초당 299,798 킬로미터 혹은 186,291 마일) 일정하지 않았을 수 있다는 말입니다. 조나단 리크는 또 이렇게 썼습니다:

만일 이 새 가설이 옳다면, 그 함의에 따라 많은 현대물리학 '법칙' 들이 도전을 받게 될 것이다…그동안 몇몇 천체물리학자들이 이 새로운 이론을 잠정적으로 지지한다고 하였다. 케른 유럽 입자물리학 연구센터의 선임 이론물리학자인 존 엘리스 박사는 이렇게 말했다: "아인쉬타인의 작업은 우리가 우주에서 발견하는 현상들을 좀더 일관되게 설명해주는 이론을 만들기 위한 하나의 디딤돌이었다."[3]

빛의 속도가 일정하다는 것은 자연발생적인 생물 진화보다 훨씬 더 참된 사실이 될 것이라고 주장되었던 것이지만 이제는 그 아인슈타인이 세운 건물마저도 의문시되고 있습니다. 이런 저런 주장을 하는 과학자나 교수나 교사의 말을(가설을) 믿고 그에 근거하여 우리 삶을 영위하는 모험을 해서는 안될 것입니다. 마땅히 각 주장들을 책임 있게 평가하고, 결코 어떤 훌륭한 분이 '그런 말씀을 하셨다'는 맹목적인 신앙을 갖지 말아야 합니다. 왜냐하면 많은 과학자들의 선언들은, 그 타당성을 조사해 보면 최소한으로 말해도, 의심스러운 점이 많기 때문입니다. 사람들이 그런 선언들을 하는 데는 여러 가지 이유가 있기 때문에, 그 선언들을 "편견이 없고 중립적인 과학적 선언"이라고 볼 수 없기 때문입니다. 하버드 대학교의 토마스 드와이트 박사가 지적한 것처럼, (학계에서)"물질 진화론의 독재는 어찌나 큰지, 외부 사람들은 전혀 감도 잡지 못할 정도"[4]인 것입니다.

공룡과 디지탈 전화기

진화 가설 자체가 항상 진화한다는 사실을 생각하면, '도대체 진화에 대해서 우리가 무엇을 믿어야 하는가?' 라는 질문을 갖게 됩니다. 진화는 순수 과학의 다른 표현입니까? 많은 과학자들은 계속해서, 대진화는 과학적 추측으로서 충분히 상상할 수 있는 것이라고 주장하겠지만, 진화를 확립된 과학적 진리 중 하나라고 보는 생각은 (과연 과학에 그런 진리가 있을 수 있는지 모르겠지만) 전혀 옳지 않은 생각입니다.

현대 과학은 일반적으로 작동과학과 역사과학이라는 두 가지 큰 범주로 나눌 수 있습니다. 전자는 우리의 현재 기술 진보에 관심을 갖습니다. 지난 50년 동안 우리는 더 즉각적이고 더 작고 더 빠른 작동 기계를 만들기 위해 가차 없는 노력을 하였습니다. 컴퓨터와 우주 왕복선, 인공위성, 휴대전화 등 모든 것들은, 특정한 물질 요소 (실리콘 칩 같은)를 어떻게 활용할 것인지에 관한 우리 이해를 증대시키는 작동 과학 범주에 듭니다. 그러나 역사 과학은 과거에 대한 가설을 세우는 것으로서 그와 아주 다릅니다. 이 두 가지 과학 범주는 결코 동일한 방식으로 간주될 수 없습니다.

한 가지 예를 들면, 우리는 결코 로케트가 잘 작동할 것이라는 '의심스런 가설' 에 근거하여 바로 사람을 우주로 날려 보내지 않고, 우선 그 로케트 기술을 광범위하게 시험하고 검증합니다. 그러나 우주가 어떻게 시작되었는지, 우리 시공간 연속체의 기원, 어떻게 사람들이 행성 지구에 오게 되었는지 등은 그와 동일한 방식으로 시험할 수 없습니다. '과학' 과 관련하여 대중들이 가장 많이 혼동하는 것은 바로 이 두 개의 탐구 영역을 혼동하고 두 영역을 동등하게 생각하는 데서 기인합니다. 우리는 내 휴대전화가 이메일이나 팜탑 컴퓨터처럼 (거의 모든 시간에!) 아주 똑똑하게 '작동한다' 고 말합니다. 그러므로 BBC 방송에서 "공룡과 함께" 프로그램을 방영하면, 지구가 수십 억 년 되었고 그 기간에 태고적인 유기 혼합물에서부터 자연발생적으로 생명이 진화되어 나왔다는 주장이 마치 이미 알려진 사실인 것처럼 생각되고, 그런 확언들은 기계들이 작동하는 것처럼 아주 과학적으로 '작동해야 한다' 고 가정하지만, 사실 그것들은 전혀 그렇게 작동하지 않습니다! 그런 가정들은 너무 자주 들리기 때문에, 마치 권위를 가진 것처럼 보입니다. 해설가의 낮은 목소리가 더해진 매우 인상적인 컴퓨터 그래픽을 보면 누구나 그런 확신이 들 것입니다. 그러나 그런 주장들은 대게 약하고 불분명한 증거에 근거하여 각색된 주장들입니다.

원칙에 의하면

과학 지식은 몇 가지 한계를 갖고 있습니다. 오늘은 인정을 받고 확신 있게 옳다고 선언될 수 있는 지식도 내일은 폐기될 수 있습니다. 과학은 근본적으로 실재에 관한 지식을 획득하는 하나의 수단입니다. 과학이 추구하는 것은 존재하는 것에 대하여 최대한 탐구하고 기술하여 관찰에 근거한 객관적인 사실에 이르는 것입니다.

(앞 장에서 논의한 것처럼) 모든 과학 이론은 증명될 수 없는 기본 가정들을 요구하며, 모든 조사는 그런 가정들로부터 시작합니다. 그것들은 (물리학을 넘어서는) 형이상학적 가정들이며, 우리 각자는 이런 저런 형태로 그 가정들을 우리 안에 키우고 있습니다. 따라서 '신념'을 갖기 위해 과학을 배척할 필요는 없습니다. 오히려 우리는 과학을 말할 수 있기 전에 먼저 특정한 일들을 '믿어야' 합니다. 예를 들면, "우주는 이해될 수 있으며 우리 마음은 우리에게 믿을 만한 지식을 준다"는 '신념'을 먼저 가져야 과학을 말할 수 있습니다.

자연을 분석하는 경우에도, 우리는 우리 자신에게 일종의 초자연적 신분을 부여합니다. 만일 우리가 자연의 일부에 불과하다면, 어떻게 우리가 자연을 분류하기 위해 자연에서 떨어져 있을 수 있겠습니까? 만일 우리가 단지 '자연 타피스트리의 한 부분'에 불과했다면, 자연을 알지 못했을 것입니다! 마치 개가 왜 자신이 곰이나 벽돌이 아닌지 알지 못하는 것처럼, 우리도 인간됨의 의미는 무엇이고, 무엇이 옳고 무엇이 그른지, 우리가 어디서 와서 어디로 가는지 등을 묻지 않았을 것입니다. 해 뜨면 노래하는 종달새처럼 아무 질문도 하지 않았을 것입니다.

  모든 인간 '과학' 은 우리에게 그럴 듯하게 보이는 가정들로부터 시작됩니다. 그러므로 경험 과학은 무엇에 관한 '절대적인' 지식을 갖고 있지 않습니다. 일찌기 칼 포퍼는 이렇게 설파했습니다.:

이 이론들이 구축한 대담한 구조물은, 말하자면, 늪지 위에 세워진 것이다. 그것은 마치 말뚝 위에 세운 빌딩과 같다. 그 말뚝들을 위에서부터 박고 있는데, 자연적인 기초나 기형성된 기초 위로가 아니라, 늪 속으로 박고 있다. 만일 우리가 더 깊은 층에다 말뚝을 박으려는 시도를 중지했다면, 그것은 드디어 굳건한 땅에 도달했기 때문이 아니다. 단지 박아놓은 말뚝들이 그 구조물을, 최소한 현재로서는, 지탱할 수 있을 만큼 충분히 굳건하다고 만족했기 때문에 중지한 것이다.[5]

  그런 관점에서 보면, 자연주의적 진화론 추측과 진짜 과학을 혼동하신 우리 지질학 선생님은 심각하게 자연과학 지식의 본질을 오해하셨던 것입니다.

조용한 증언

물리적 증거가 그 자체를 대변한다는 생각은 잘못입니다. 물리적 증거는 반드시 어떤 사고틀 혹은 세계관에 따라 해석되어야 합니다. 우리는 언제나 그런 사고틀 안에서 과거 일에 관한 이론을 세우고, 주어진 가설을 지지할 것 같은 증거를 수집합니다. 그러므로 무작위적인 진화를 주장하는 자들과 창조를 주장하는 자들 사이의 논쟁은 일차적으로 두 세계관 사이의 논쟁입니다. 자연주의자들은 한 세트의 해석적 안경을 썼고, 창조론자들은 다른 세트의 안경을 쓴 것입니다. 자연주의자들은 만물이 스스로 존재한다는 것, 신의 간섭은 없었다는 것, 또한 신은 본래 없기 때문에 과거의 일들에 관하여 아무런 지식을 준 적이 없었다는 것을 '믿습니다'. 우리는 통상 그것을 '자연주의' 라고 부릅니다. 달리 말하면, 자연주의자들의 세계관은, 창조자를 언급하지 않고도, 폐쇄적인 물질적인 인과관계로 우주의 모든 것을 설명할 수 있다고 가정합니다. 그러므로 과학 탐구를 통하여 수집된 데이타를 다 이 렌즈로 필터링합니다. 노벨 물리학 상 수상자 아르노 펜지아스 박사는 그런 세계관에 대하여 이렇게 썼습니다:

오늘날의 교의(도그마)는 물질은 영원하다는 것이다. 그 교의는, 현재까지 산출된 모든 관측가능한 천체물리학적 데이타가 우주 창조를 지지한다는 사실에도 불구하고, 우주가 창조되었다는 그 관찰된 증거를 받아들이지 않는 사람들의 직관적인 신념에서 기인한 것이다. 그렇기 때문에 우리가 그 데이타를 부인하는 사람들을 '물질은 영원해야 한다고 믿는 종교적인 신념을 가진 자들' 이라고 묘사하는 것은 결코 지나친 것이 아니다…. 과학자들은 우주가 틀림없이 무의미하다고 믿는 신념, 즉 실재는 세계의 촉지할 수 있는 구성 요소들의 합으로 구성되어 있다고 믿는 신념을 가지고 작업하기를 좋아하기 때문에, 창조라는 개념을 신중하게 고려하지 못하고 가볍게 생각하기가 쉽다.[6]

반면, 창조론자들은 자기 직관과 관찰가능한 증거에 근거하여 우주 배후에 창조자를 두는 것이 가장 논리적이라고 주장합니다. 무는 '그 자체를 창조'할 수 없기 때문에, 반드시 최초의 원인이 있어야 한다고 주장하며, 그렇게 증거들을 해석하고자 합니다. 뿐만 아니라 그런 창조자는, 만일 선택해야만 한다면, 과거의 사건들을 계시할 수 있었다고 가정하는 것이 합리적이라고 주장합니다. 그러므로 무작위적 진화라는 교의 밑에 그런 철학적인 '신념'이 있다는 것이 우선 인정되어야 합니다.

여러 가지 무작위적인 추측들

어떻게 하면 과학적 용어라는 늪에 빠지지 않고 거대한 스케일의 진화 가설 요점을 요약할 수 있을까요? 자연주의 사고틀에서 보는 생명의 기원은 어떤 것일까요? 일반인의 용어로 보면, 진화는 사물이 그 자신을 만든다는 선언입니다.

진화에는 이하와 같은 많은 증명되지 않은 아이디어들이 들어 있다. 가상적인 빅뱅 시점에 무에서 존재가 생겨났다. 무생물 물질이 생명이 되었다. 단세포 생물이 다세포 생물이 되었다. 무척추동물이 척추동물이 되었다. 원숭이 같은 존재가 사람이 되었다. 지능도 없고 도덕성도 없는 물질이 지능과 도덕성을 가진 존재가

되었다. 인간의 간절한 바램에서 종교가 생겼다.[7]

진화는 이처럼, 증명되지는 않았으나 전 영역에 영향을 미치는 아이디어입니다. 그것을 과연 믿을 수 있을까요? 이것은 신의 존재나 성경의 주장을 강력하게 반대하는 설명이 아닙니까? 이것이 과연 만물의 존재에 적합하고 우리가 개인으로서 또 공동체로서 영위할 삶을 건설할 기초로 적합한 사고틀입니까? 진화론을 더 자세히 논의하기 전에, 과연 우리 대중들에게 해당 정보가 가용하게 제공되고 있는지를 물어보는 것이 중요하다고 생각됩니다. 과연 우리는 이 두 가지 사고틀을 검토하기 위해 그 증거를 믿을 만하게 평가하고 있습니까? 과연 비진화론적 모델들에 대한 증거가 우리에게 공평하게 제시되고 있습니까? 창조론자가 아닌 과학 저술가 보이스 렌스버거는 이렇게 시인하였습니다:

과학자들이 자기들이 생각하는 것과 달리 실제로는 객관적이지 않고 그 작업에 있어서 공평하지 않다는 것은 사실이다. 대부분의 과학자들은 세상이 어떻게 작용하는지에 대해서, 방대한 논리적 과정이 아니라 육감이나 제멋대로 하는 추측에서 얻은 아이디어를 갖고 있다.[8]

물론 이것은 예상한 바입니다. 과학자들 역시 인간이며, 때로 육감도 제 구실을 할 때가 있기 때문입니다. 그러나 과학계가 자신들이 그렇게 옹호하는 대진화 가설에 대해서 질문할 때에도 그런 '육감'을 과연 인정할까요? 일반적으로 말하면, 절대로 그렇지 않습니다! 진화는 종종, 그 많은 문제들에 관한 각주도 하나 없는 그렇게 자명한 사실로 간주됩니다. 그러나 참신한 지적 정직성을 보여주듯이, 유전학자 리차드 레온틴 교수는 이렇게 썼습니다:

우리는 (자연주의) 과학의 구성물이 가진 몇 가지 분명한 부조리들에도 불구하고, 그 건강과 생명에 관련된 터무니 없이 비싼 약속들을 성취하지 못한 실패들에도 불구하고, 그저 그렇다는 입증되지 않은 이야기들을 지지하는 과학계의 관용에도 불구하고, (자연주의 과학의) 물질주의적 측면을 인정하는데, 왜냐하면 우리는 물질주의에 대하여 선험적으로 헌신하는 태도를 갖고 있기 때문이다. 과학 방법론이나 과학적 직관 때문에 현상 세계에 대한 물질적 설명을 수용하게 되는 것이 아니라, 오히려 그 반대로, 조사의 도구가 되는 물질적 원인들에 대한 우리의 선험적인 정신적 집착으로 인하여 또 물질적 설명을 산출하는 한 세트의 개념들로 인하여, 시작이 없는 것에 대해서 아무리 반직관적이고 아무리 신비화하는 것이라도 그 물질적 측면을 인정할 수밖에 없는 것이다. 더구나 여하한 신적인 존재도 (과학의) 문 안에 들여 놓는 것을 허락할 수 없는 우리에게는 물질주의가 무조건적인 선택일 수밖에 없는 것이다.[9]

이것은 참으로 엄청난 고백입니다. 지도적인 진화론자 과학자가 많은 철학자들, 과학자들, 일반인들이 오랫 동안 말해 온 바, 진화는 실제로 과학적이든 무엇이든 모든 비평에서 자유로운, 열심히 방어되어 온 굳어진 교의라는 사실을 이토록 분명하게 밝힌 것입니다. 인간성과 우주의 기원에 관한 소위 과학적인 열쇠 자체가 반 과학이 되어 있다는 말입니다.

열 권이나 되는 "도어웨이 논문들"의 저자이고 왕립인류학회 회원이자 뉴욕 과학 아카데미 회원인 A. 커스탄스 박사의 말을 깊이 생각해 봅니다:

실질적으로 모든 정통 진화론 신앙의 근본사항들은 스스로 그 타당성이 극도로 의심스러운 것 아니면 단순히 사실과 다른 것으로 판명이 되었다…. 그런 기초적인 가정들이 너무나 잘못되었기 때문에 지금은 진화이론 전체가 대부분, 증거들에 의해서가 아니라, 증거들에도 불구하고 주장되고 있다.

그 결과, 학생들 절대다수와 너무나 잘못 정의된 그룹인 '대중들'에게는 진화론이 더 이상 논쟁의 주제가 되지 못한다. 왜냐하면 그 이론은 증명이 불가하기 때문이고, 또한 질문도 할 수 없고, 거기에 대해서 어떤 식으로든 도전이 되는 데이타는 실질적으로 전혀 건드려지지 않기 때문이다. 진화론은 가장 엄격한 의미에서 몰이성적인 것이 되어 버렸다…. 그 이론에 도전하는 정보나 개념들은 아예 정당한 청취 기회도 얻지 못한다. 진화 철학은 일종의 마음의 상태가 되어서, 과학적인 태도라기보다 정신적인 감옥이라고 말할 수 있을 정도이다…. 데이타에 대한 특정한 해석을 데이타 자체와 동일시하는 것은 정신적 혼란의 증거이다.[10]

독자들 가운데 혹시 이 주제에 관하여 조사할 시간을 가진 분이 있다면, 금방 '과학적 자연주의'는 다른 어떤 종교와 같은 하나의 '신앙'임을 발견하게 될 것입니다. 그러나 과연 진화론이 합리적인 신앙일까요?

 청년들아 무엇을 위해 살 것인가?

4. 물고기와 철학자들

[다윈의 이론은] 가장 뚜렷하고 전체를 꿰뚫는 특징,
즉 자연을 관통하여 흐르는 놓칠 수 없는 사고의 증거이자,
우리 인간 마음의 정신적 작용에 상응하며, 따라서 사고하는 존재인
우리 인간에게는 감지될 수 있으나, 지성의 활동에 그 존재 근거를 갖는다는
말 외에 다른 어떤 말로도 설명이 불가능한 중요한 특징을 놓쳤기 때문에,
이 중요 요소를 간과한 이론은 결코 자연에 대한 바른 이론이 될 수 없다.[1]

엉터리 주장들이 뭉쳐서

백 년 전에 사람들이 매우 폭 넓은 대진화 개념을 용인했던 결과, 생활의 거의 모든 측면과 우리 자신에 대한 사고방식에 지대한 영향을 미치는 하나의 지적 혁명이 촉발되었고, 그 결과 지금은 인류학에서 심리학, 그리고 윤리학에 이르기까지, 진화론적 사고방식이 퍼지지 않은 학문 영역이 없게끔 되었습니다. 그러나 최근에 이르러서는 정통 진화론 이론이 가진 심각한 문제점들에 대한 인식이 점차 확산되면서 일부 선진 과학자들은 그 이론을 철저한 비판의 대상으로 여기게 되었습니다. 그 동안 끈질기게 비판을 거부하던 과학적 구조물의 거의 전 측면을 문제 삼는 격렬한 논쟁이 드디어 시작된 것입니다.

『맹목적인 시계공』이란 책에서 다윈을 평가하여, "충분히 지적인 무신론자가 될 수 있는 새로운 길을 열었다"[2]고 말한 무신론적 생물학자 리처드 도킨스는 많은 사람들의 의견을 대변하고 있습니다. 그러나 저는 그 말을 차라리, "무작위적인 대 진화(random macro-evolution)라는 기초석을 빼낸다면 무신론은 그 지성적 신뢰 근거를 상실한 사상누각이 되고 만다" 라고 번역하고 싶습니다. 진화론이 오류라거나 또는 극히 의심스러운 이론이라고 판명된다면, 무신론자들은 그 세계관의 기초를 잃어버리게 되는 것입니다. 그런 관점에서 보면, 다윈주의 신자들이 진화 교리의 증거가 심각하게 일관성을 결여하고 있음에도 불구하고 어째서 현재까지 그 교리를 주장해 왔고 또 지금도 그렇게 광적인 열성을 가지고 그 교리를 주장하고 있는지가 쉽게 이해됩니다.

그런데 참으로 흥미로운 사실은, 오늘날의 과학계에서 도그마를 전하고 있다고 지탄 받는 쪽은 진화론자들이 아니라 도리어 기독교인들이라는 사실입니다! 기독교와 기독교의 주장은 여태까지 2000년 가까이 수많은 검토를 받았고, 그 세세한 사실들에 이르기까지 수많은 비난과 중상을 받아왔지만, 아직도 건재하고, 조사결과에 의하면 현재 기독교인은 그 수가 16억에 달합니다. 2세기 이래로 많은 기독교 변증가들이 나와 기독교의 참됨을 공중 앞에서 여러 반대자들과 더불어 논쟁하였고, 특히 지난 150년 동안에는 현대주의자들의 모든 공격을 물리쳐 왔습니다. 과학 이론의 평균 수명은 20년이라고 하지만, 성경 메시지는 이천년 전부터 현재까지 없어지지 않고 건재합니다. 이것은 개인이 기독교의 메시지를 어떻게 평가하든지 간에, 한 가지 분명한 사실은, 기독교 신앙은 이미 그 신뢰성에 대하여 끊임없는 검증을 통과했다는 의미입니다. 다른 거대 종교들은 이런 수준까지 면밀한 검토의 대상이 되거나 공적인 검증을 받도록 스스로 요구한 적이 없었습니다.

그렇지만 진화론의 경우는 전혀 경우가 다릅니다. 진화론에는 매우 많은 지나친 주장들이 있지만, 만일 누가 그 주장들이나 선언들을 현미경 아래 놓고 검토하겠다고 하면, 그 순간 그 사람은 학계의 이단아로 치부되는 것입니다!

그러나 다윈 시대의 과학자들은 다윈의 저술을 순전히 추측으로 이루어진, 확실한 증거가 적은 책으로 여겼다는 사실을 알아야 합니다. 1872년에 프랑스 학술회에서 다윈을 동물학 분야의 정회원으로 선출하려는 시도가 있었습니다. 그렇지만 그는 48표 중에서 15표를 얻어서 정회원이 되지 못했습니다. 학회의 어떤 저명한 회원은 그 이유를 이렇게 기록하였습니다:

본 학회가 나윈 씨에게 회원권을 주지 않은 이유는, 다윈 씨에게 명예를 안겨 준 그의 저술들, 즉 『종의 기원』과 그보다 후에 출간된 『인류의 혈통』에 표명된 과학은 과학적이라기 보다 자기 주장이며 비논리적인 가설과 몇가지 명백한 오류를 가졌기 때문이다. 이런 종류의 출판물과 이론은, 스스로를 존중하는 집단으로서는 결코 권장할 수 없는 아주 좋지 않은 사례에 해당된다고 본다.[3]

다윈은 6년 후에야 그 학회술의 식물학 분야 교신회원으로 선출되었는데, 그 분야는 다윈도 자인하듯이, 자신은 아는 것이 전혀 없는 분야였습니다!

다윈주의가 현대에 흥행한 이유는, 하나님을 우리 우주에서 완전히 배제시키는 그 주된 매력 요인이 휴머니스트 철학, 논리 실증주의 및 실존주의 등과 결합되어 일종의 무신론적 사고라는 칵테일(혼합물)을 산출하였고, 그것이 마침 과거의 전통에 대하여 환멸을 느끼는 20세기의 정신적 풍토에서 꽃을 피우게 된 것입니다. 참으로 아이러니인 것은, 올더스 헉슬리가 한 말, "사실은 아무리 무시하려 해도 언제나 남아 있다"[4]는 것입니다. 진화론적 사고가 아무리 유행해도 사실들은 변하지 않았습니다. 다윈 시대에 동료 과학자들이 내린 다윈의 저술들에 대한 평가가 이제는 바뀌었을까요? 그런 것 같지 않습니다. 호주 출신 분자생물학자 마이클 덴턴은 널리 알려진 다윈주의에 비판자인데, 이렇게 기록하였습니다:

[진화 이론은] 다윈 시대와 마찬가지로, 직접적인 사실의 지지도 얻지 못하고, 일부 그 열심 있는 옹호자들이 우리로 하여금 믿게 하려는 그 자명한 전제와도 거리가 매우 먼 이론으로서, 전체적으로 볼 때 아직도 매우 사변적인 가설로 남아 있다.[5]

이제 그 진화론적 사고의 몇 가지 문제점을 간략히 살펴보겠습니다.

무로부터

대부분의 사람들은 진화라고 하면, 원숭이가 사람이 되었다는 것이나 퍼즐의 '마지막 조각' 즉 '잃어버린 연결고리' 를 찾을 가능성 등을 연상합니다. 이것은 이 전체 주제에 대하여 우리 대중들이 얼마나 무지한지를 드러내 주는 사례입니다. 진짜 문제는 우리가 학생 때 본 생물학 교과서에 나온 그 '원숭이 인간' (원인) 그림보다 훨씬 더 뒤로 거슬러 올라갑니다.

첫번째 문제는 우주의 기원 문제입니다. 어떻게 해서 무기물질이 그 모든 복잡한 구조를 갖는 생명체를 이루게 되었는지를 생각하기 전에, 우리는 먼저 그 모든 '원료 물질' (raw material)은 도대체 어디서 온 것인지를 물어야 합니다. (자연주의자들이 우리에게 믿으라고 요구하는 주장은 대체 무엇인지, 무슨 근거로 그렇게 믿으라고 하는지를 이해하는 것이 매우 중요합니다.) 과학의 기본원칙 중 하나는 인과원칙입니다. 만물에는 반드시 그 결과를 산출한 원인이 있어야 한다는 원칙입니다. 그러나 물질주의적 우주의 기원 설명은 "무에서는 아무 것도 나오지 않는다"는 상식적인 신념을 (아무 설명 없이) 포기합니다.

열역학 제1법칙은 우주의 전체 에너지 양은 일정하다는 것입니다. 아이작 아시모프는 이것을 "우주에 관하여 과학자들이 만든 것 중에서 가장 강력하고 가장 기초적인 보편개념"[6]이라고 불렀습니다. 만일 우주가 물질적 원인들의 폐쇄 체계라면 (반드시 원인에 따라 결과가 생기는 시스템이라면), '창조적인 폭발' 의 근원이라고 추정되는 그 '어떤 것' 은 결코 무로부터 나온 것일 수 없습니다!

과거의 우주 모델은 '정상 상태' (일정한 상태를 유지하는 것) 및 '진동하는 모델들' 이었지만, 현재는 '빅뱅' 이라는 널리 알려진 가설이 가장 인기를 얻고 있는데, 그 가설은 최소한 우주에 하나의 시작이 있었음을 인정합니다. 그 이야기에 따르면, 수십 억 년 전에 모든 우주의 물질과 에너지는 아원자 입자 및 방사물로 이루어진, (하루핀의 머리보다 더 작은) 전자 한 개의 직경보다 더 작은 공 크기로 압축되어 있었다고 합니다. 그 열과 밀도는 상상할 수 없이 컸습니다. 그것이 어떻게 존재하게 되었는지에 대해서는 아는 사람이 없지만, 어떤 이유에서 그 공이 폭발을 하였습니다. 그것이 팽창하면서 식게 되자 수소와 헬륨 가스가 형성되었습니다. 그것들이 계속해서 외부를 향해 우주의 광대한 주변으로 팽창된 결과 압력과 온도가 충분히 떨어졌습니다. 결국, 어떤 힘들이 어떻게 작용하였는지는 알지 못하지만, 여하튼 별들과 은하들이 형성되었고, 우리 태양계가 나타났고, 나머지는 고생물학이 말하는 것처럼 되었다는 것입니다!

프린스턴 대학교의 수학 교수 에드워드 넬슨은 이렇게 말합니다. "내가 보기에 빅뱅 이론은 그 불충분한 증거에 비하여 너무 광범위하게 인정을 받아 온 것 같다."[7] 그는 우리에게는, 우주의 기원에 관한 시종일관된 견해는 커녕, 아직 충분히 확립된 우주론조차 없다고 믿는 사람입니다. 로버트 올더쇼는 이렇게 말합니다. "이런 문제들을 고려하면, 빅뱅 가설이 물리학자들이 진지하게 고려하는 유일한 우주론 모델이라는 것은 정말 놀랄 만한 일이 아닐 수 없습니다."[8] 물론 놀랄 만한 일이고, 사실상 우주의 시초에 어떤 일이 발생했는지에 관하여 아무런 일관된 아이디어도 없고 그 순간에 물리 법칙이 작용될 것인지 아닌지도 전혀 알 수 없는 상황이지만, 너무나 많은 사람들이 빅뱅 이론이 옳다고 여기고 있습니다. 그러나 열역학 제1법칙에 의하면 '물질을 창조해 내는' 빅뱅은 에너지 보존 법칙에 어긋나기 때문에 가능하지 않습니다. 일부 과학자들은 이런 물리법칙들이, 어떻게 해서인지는 모르나 여하튼, 빅뱅 순간 즉 물리법칙들이 붕괴되는 사건인 빅뱅에는 적용될 수 없다고 말함으로써 그 근거를 마련하고자 시도하기도 했습니다. 그러나 왜 물리법칙이 적용되지 않는가? 그 질문에는 어떤 과학자도 우리에게 대답을 줄 수 없습니다.

물론 이 물질-에너지 공이 어떻게 생겨났고 폭발에 이르렀는지에 대하여 많은 추론들이 제시되었습니다. 한 가지 추론은 빅뱅은 원래 '진공의 양자적 동요'에서 생겨났다고 합니다. 저를 포함하여 우리 모두가 로케트 과학자들인 것은 아니지만, 이것은 최근의 인기 있는 견해이기 때문에, 충분히 언급할 만한 가치가 있다고 생각됩니다. 혹시 일부 과학에 관심 있는 독자들이 있어서, 제가 너무 사실을 얼렁뚱땅 설명한다고 생각하지 않도록, 그에 대한 설명을 캘리포니아 주립대학교 물리학 교수인 원서 박사에게 넘기겠습니다. 원서 박사는 30개 이상의 학술논문을 발표하였고, 7개의 미국 특허를 갖고 있습니다. 그는 1996년에 자연과학 및 수학 분야에서 탁월한 연구자 상을 수상하였습니다. 그는 그런 추론을 이렇게 반박하였습니다:

기초적인 입자와 핵 반응을 포괄하여 모든 실험적인 관찰 과정들에 있어서는 바리온 숫자라고 하는 것이 보존된다. 바리온 숫자 보존은 에너지가 입자가 될 때 물질과 반물질이 반드시 같은 숫자로 생기게 한다. 따라서 그처럼 쌍으로 생산되기 때문에, 전자와 양전자가 형성되고, 마찬가지로, 양성자와 반양성자가 생산된다.

그러나 우리의 관찰 한도 내에서 판단할 때, 우리 우주는 물질이 반물질에 비해 극도로 다수를 차지하고 있는 것으로 관측되는데, 이것은 하나의 빅뱅에서 우리가 현재 보고 있는 모든 물질이 나왔다는 개념과는 전혀 맞지 않는다는 것이다.[9]

이 점에 대하여 일부 입자물리학자들은 '대통합이론'을 주장하였는데, 그것은 바이론 숫자 보존 법칙에는 어긋나지만 물질/반물질 문제에 합치되는 가설 방정식을 세우자는 것이었습니다. 그렇지만 모든 그런 실험 노력은 그 주장을 지지하는 데 실패하였습니다. "바이론 숫자 보존 법칙에 어긋나는 실험적 증거가 하나도 없다는 사실로 볼 때, 우리는 우주의 물질적 기원에 대한 빅뱅 시나리오에 대하여 매우 강한 의문을 제기하지 않을 수 없다."[10]

정말 놀라운 폭발

전문용어 때문에 물리학에서 제기된 일부 이슈들과 씨름하는 것이 쉽지는 않지만, 그렇다고 과학을 맹목적으로 신뢰하게 되어서는 곤란합니다. 이 영역에는 소위 '과학 지식'을 자처하며 실제로 사실인 것처럼 대중에게 판매되는 주장들이 많아서 기초가 없는 사람들이 속는 경우가 많습니다. 빅뱅은 매우 사변적인 이론 물리학의 영역에 속하며, 물리 법칙들을 잘 알고 천문학의 관찰 데이타를 잘 아는 사람들에게는 많은 지지를 받지 못하는 가설입니다. 제가 보기엔, 무작위적인 폭발이 일어나 우주를 창조했다는 설은 여전히 물질주의자들의 동화에 불과합니다.

한번 생각해 보십시오. 어떻게 한번의 폭발로 정교하게 조정되고 질서 잡힌 은하들과 태양계, 달과 행성들이 생겨날 수 있었겠습니까? 폭발을 통하여 수학적으로 완벽한 정확성을 얻은 적이 과거에 있었습니까? 빅 뱅 가설이 가진 가장 큰 약점은 단순히 그것으로는 우주 안에 있는 저 엄 청나게 많은 복잡하게 압축된 은하들과 별들의 동기를 설명하거나 해명 하지 못한다는 것입니다. 폭발이란 본래 물질을 흩어버리는 것인데, 우 리에게는 그런 폭발이 폭발과 정반대의 효과를 내었다는 것과, 그로 인 하여 물질이 은하의 형태로 뭉쳐졌다는 것을 믿으라고 말하는 것입니 다. 은하들은 얼마나 빠르게 돌고 있는지, 우리는 사실 왜 그것들이 그냥 떨어져 나가지 않는지도 이해하지 못합니다. 은하들의 초성단은 수 억 광년 거리로 펼쳐진 중력 패턴에 따라 서로 연결되어 있다고 생각됩니 다. 엠 구상 성운에는 약 백 만 개의 태양이 들어있다고 합니다. 자연주 의자들은 단순히 어떻게 빅뱅으로 인하여 우리가 지금 관찰하는 이처럼 복잡한 시스템들이 만들어졌는지 설명할 수 없습니다. 더구나 천문학자 들의 추산에 의하면, 우주의 90% 정도는 알 수 없는 구성을 가진 보이지 않는 '암흑 물질'로 이루어져 있을 것이라고 합니다. 영국 천체물리학자 데이빗 윌킨슨은 이렇게 말합니다. "모든 우리의 발견을 가지고도 우주 의 90%가 무엇으로 이루어져 있는지를 모른다는 사실을 생각하면 어쩐 지 겸손해지지 않을 수 없다."[11]

이 모든 것을 보면서 우리는 존재하는 것 앞에서 어느 정도 겸손해야 할 필요를 느낍니다. 우리가 더 많은 것을 발견하면 할수록 완전히 새로운 미해결된 질문들의 변경이 우리 앞에 나타나기 때문에 우리는 불가피 더 적은 것을 알고 있다는 사실을 인식하게 됩니다. 우리 인간의 자만심은, 거대한 망원경과 강력한 현미경을 만들었으니 이제는 하나님을 우주 밖으로 던져버리자고 합니다. 비록 한때 보물 같이 여겨지던 많은 이론들이 지금은 과거의 패션 그대로 방기되어 있음에도 불구하고, 여전히 우리가 현재의 의뭉스런 이론들을 사실로 제시하는 이유는 하나님을 '비과학적'이라고 치부하는 것이 우리의 정서에 맞기 때문입니다. 그러나 만일 이 우주가 우리의 아이디어에 맞지 않는다는 사실, 즉 우리가 우주적 오케스트라의 지휘자가 아니라는 사실을 인정하게 되면 어떤 일이 일어날까요?

스티븐 호킹은 이렇게 썼습니다:

오늘날 과학자들은 두 가지 기본적인 부분 이론, 즉 일반상대성 이론과 양자역학 두 이론을 사용하여 묘사합니다. 그 두 가지는 이 세기가 이룬 참으로 위대한 지적 업적입니다.

일반상대성 이론은 중력과 우주의 거대 스케일 구조를 묘사하는데, 몇 마일 되는 것부터 우주의 관측가능한 크기인 수백만배의 백만배의 백만배 마일에 해당하는 거대한 스케일을 묘사합니다. 한편 양자역학은 극도의 미세 스케일, 예를 들어, 일 인치의 수백만분의 백만분의 일 되는 크기를 묘사합니다. 그러나 안타깝게도 이 두 이론은 서로 모순적인 것으로, 두 가지가 다 동시에 옳을 수는 없는 것으로 알려져 있습니다.[12]

 청년들아 무엇을 위해 살 것인가?

무엇보다 우리는 아직 모든 것을 다 설명해 낸 것은 아닌 것 같습니다. 서로 모순적인 위대한 이론들이란 말은 20세기에 인류가 이룩한 두 개의 위대한 지적 업적이 서로 일치하지 않는다는 말입니다! 이것은 결국 무엇을 의미합니까? 한 마디로 여태까지 우리가 다루어 온 것은 다 어림짐작들이었다는 말입니다. 물론 추측은, 그것이 추측에 불과할 뿐이라고 아는 한, 전혀 잘못이 아닙니다!

여기서 다루어질 수 있는, 저의 목적을 좀 벗어나는 이와 관련된 여러 가지 토론거리들도 있습니다. 그러나 제가 지금 강조하고자 하는 것은, 태양계가 빅뱅을 통하여 자연발생적으로 진화하였다는 얘기는 현재까지 논의한 것으로 볼 때, 직접적인 사실 지지가 전혀 없는 하나의 꾸며진 이야기에 불과하다는 것입니다. 제가 보기엔, 그 이야기를 믿으려면 상당한 신앙이 필요합니다. 심지어 광대하고 복잡하고 아름다운 이 우주가 자체적으로 창조된 것이 아니라 하나님이 설계하시고 창조하신 것이라는 논리적이고 직관적인 이해를 포용하는 데 필요한 신앙보다 훨씬 큰 신앙을 필요로 합니다. 그러므로 사실 후자가 더 합리적인 설명입니다. 이 부분의 결론은 파리 과학원의 세포생물학 교수를 역임한 로저 J. 가우더렛의 말로 대신할까 합니다. "나는 무한한 공간, 시간, 물질, 구조, 질서 등 우주에 관계된 모든 개념들은 우주와 그 법칙들을 확립한 한 영을 암시한다고 믿는다. 이런 주제들을 고찰하게 되면 하나님 개념을 배제할 수 없게 된다."[13]

원시적 스프인가, 의도된 요리인가?

최초의 거대한 도약인 분자 진화를 살펴보기 전에는 기원들에 관한 어떤 논의도 정당한 논의가 되기 어렵습니다. 긴 시간의 진화에 있어서 만일 어느 한 시점에서라도 진화가 발생하지 않은 점이 있다면, 어떤 시간에서도 발생하지 않았을 것이라는 점을 기억하는 것이 중요합니다. 진화론은 우리가 현재 존재하는 현상을 설명하기 위해서는 반드시 무수한 사건들이 일어나야 하며, 그 모든 사건들은 반드시 순서대로 연속해서 발생해야 한다고 주장하는 것입니다. 그 연속 사건들은 다 자연발생적이고 무작위적인 우주의 창조로부터 시작되는 것입니다. 우주 창조가 일어나면, 그 다음 단계는 무기질 물질 (무생물)이 '원시적 스프' 안에서 생명을 얻는 것입니다. 제가 지금까지 논의한 것은 진화 과정의 그 첫 단계를 받아들이기 위해서도 상당한 분량의 신앙이 요구된다는 사실을 보여주고자 한 것에 불과합니다. 그렇다면 이 두 번째 단계는 좀더 수월하게 믿어질 수 있을까요?

이 행성에서 최초의 생명이 발생한 것은 어떻게 된 것입니까? 물고기나 포유류, 인간 등은 차치하고, 박테리아는 어떻게 해서 생긴 것일까요? 바다를 가진 지구라는 행성이 있었다 해도 어떻게 무생물에서 생명체가 생겨난 것일까요? 다윈 자신은 분명히, 어떻게 생명이 생겨났는지에 관하여는 (진화 개념과) 조화되는 아이디어가 없다고 밝혔습니다. 그러나 1871년에 쓴 편지에서는 만일 환경이 이랬었더라면 (진화에) 도움이 되었을 것이라는 자신의 상상을 기록해 두었습니다: "어떤 따뜻한 작은 연못을 상정하고, 거기에 모든 종류의 암모니아, 염기, 빛, 열, 전기 등등이 존재하여 단백질 복합체가 화학적으로 조성되어 좀더 복잡한 변화를 수행할 준비가 되어 있었더라면…"14

그 후 그 관념이 유행을 하게 되어 그와 연관된 문제들은 너무나 쉽게 간과되고 말았는데, 거기에는 당시가 '자연발생' (생명은 썩은 음식이 있는 곳에서 발생한다는 생각)이 널리 믿어지던 시기였다는 점도 한몫하였습니다. 나중에 루이 파스퇴르가 실험을 통하여 공기 중의 미생물이 물에서 증식할 수 있음과 거기에서 자연발생이라는 환상이 생겨났음을 증시함으로써 그 자연발생 신앙에 결정타를 날렸습니다. 20세기 초반에는 파스퇴르가 옳았음을 받아들인 다른 과학자들이, 혹시 수 십 억 년의 세월을 더한다면 그 다윈이 상상했던 연못에서 실제로 생명이 발생할 수 있지 않을까? 라는 제안을 하였습니다. 바로 거기서 무생물적 화학물질이 살아 있는 세포가 될 수 있다는 아이디어가 생겨난 것입니다!

아마 독자들 중에는 지금 머리를 긁으면서, '우리 생물 선생님이 옛날에 여기에 대해서 뭐라고 하셨는데!' 하면서 그것을 생각해 내려고 애쓰는 분들이 있을 것입니다. '맞다! 어떤 실험실에서 무슨 원시적인 화학 반응을 일으키니까 생명체가 나왔다고 하지 않았던가?' 불행하게도 그처럼 잘못 입력된 '대중 지식' 은 그런 식으로 선술집 식탁이나 커피 바, 혹은 대학의 카페테리아를 떠돕니다. 하지만 제대로 배운 생물학자들은 그런 지식이 잘못임을 너무나 잘 압니다.

1928년에 영국 생물학자 J.B.S. 할데인은 자외선 빛이 지구의 원시 대기에 영향을 미쳐서 아미노산들과 당(sugars)이 원시 대양에서 농축되게 되었고, 결국, 충분한 시간이 흐르자, 거기서 생명이 산출되었을 것이라고 제안하였습니다. 그리고 시카고 대학의 스탠리 밀러는 그것을 실험적으로 테스트한 사람으로 유명해졌습니다. 그의 실험 결과는 1953년 『사이언스』 지에 출간되었습니다. 메탄과 암모니아, 수소를 끓는 물과 함께 유리 용기에 넣고, 전기 스파크 발생 장치를 통해 원시 대기에서 있었을 것이라 상정되는 번개를 흉내 내어 그 구성요소들에 충격을 가했습니다. 그 결과, 며칠 후에 몇 개의 (단백질과 생명체 유지의 기본 물질의 일부가 되는) 아미노산이 형성되었습니다. 당시는 이것이 중대한 돌파구를 마련한 실험이라고 갈채를 받았지만, 40년 후에 밀러 자신은 『사이언티픽 아메리칸』 지에 이렇게 말하였다고 인용 되었습니다: "생명의 기원 문제는 나 자신이나 대개의 다른 사람들이 상상했던 것보다 훨씬 복잡한 것임이 판명되었다."[15]

마이클 덴턴은 이 점에 대해서 좀더 분명하게 이렇게 말하고 있습니다:

이제 우리는 생물계와 무생물계 사이에 하나의 단절(break)이 있다는 사실을 알 뿐 아니라, 그것이 자연계에 있는 모든 불연속성에 대한 가장 극적이고 근본적인 특징을 대표한다는 사실을 잘 알고 있다. 살아 있는 세포와 가장 고도로 질서 잡힌 무생물 체계 사이에는, 예를 들어 세포와 크리스탈 혹은 세포와 눈송이 같은 무생물 시스템 사이에는 실제로 상상할 수도 없는 거대하고 절대적인 간격이 존재한다.[16]

이 문제는 여러 면에서 문제가 되지만, 아마 이하와 같이 요약할 수 있을 것입니다: 첫째, 밀러를 포함하여 누구도 확실하게 최초의 지구가 어떠했는지는 알 수 없다는 것입니다. 그것은 결정될 수 있는 것이 아니고, 따라서 재현될 수 있는 것이 아닙니다. 둘째, 열역학 제2법칙에 의하면, 모든 유기 물질은 시간의 흐름에 의해 자연발생적으로 퇴화되어, 원시 생명체의 발생과 정반대되는 쪽으로 작용한다는 것입니다. 셋째, 과학자들은 원시 대기에 산소가 존재했다면, 유기화학 법칙에 따라 산소가 있는 곳에서는 생명체 안에서 발견되는 분자들의 구성 물질들이 생기는 것이 불가능하기 때문에, 오히려 진화를 방해했을 것이라는 데 동의합니다. 그러나 만일 산소가 없었다면, 오존층도 있을 수 없고, 오존층이 없었다면 태양의 자외선 때문에 대양에서 발생하는 원시 생명체는 다 파괴되었을 것입니다. 넷째, 그런 모든 실험들은 생명체에 있어서 필수적인, 믿을 수 없이 복잡한 정보를 전달하는 수열을 조성한 것이 아니라, 단순한 화학적 구조물을 생성하는 화학반응만을 일으켰을 뿐이며, 그 둘 사이의 엄청난 간격은 결코 과장될 수가 없다는 것입니다. 마지막으로, 이 실험들은 무작위적이고 자발적인 과정에 불과하다는 것입니다.

여기서 이런 여러 문제들에 대해서 상세히 논의할 수는 없지만, 그 중요성을 생각하여 약간만 더 자세히 살펴보겠습니다.

가능성 있는 아미노산

밀러는 초기의 지구 대기가 암모니아, 메탄, 수소로 구성돼 있었다고 가정했지만, 그것은 사실 근거 없는 생각이었습니다. 적당한 화학 반응을 필요로 했기 때문에, 그런 가스들로 이루어진 대기였다고 제안했던 것뿐입니다. 밀러의 생각과는 달리, 1980년 이래 미국 항공우주국의 과학자들은 원시 지구에는 그런 가스들은 충분히 없었고 오히려 물과 이산화탄소와 질소가 주된 원소였다고 믿습니다. 지금의 전문가들은 밀러의 혼합물로 동일한 결과를 내기가 불가능하다고 생각합니다. 그래도 다른 사람들은, 현재 이해되고 있는 생물학적 진화는 배제한 채, 그 증거가 강력하게 초기의 산화된 지구 대기를 지시한다고 믿고 있습니다. 심지어 헌신된 진화론자들도 밀러의 실험은 오늘날의 생명 기원 논의에 있어서 거의 의의가 없다고 생각합니다. 진화론자가 아닌 과학자였던 고(故) 윌더-스미스 박사의 말을 인용합니다:

말하자면, 이런 아미노산들이 우연히 생겨서 살아 있는 원형질을 이루는 재료로 사용되었다는 말은 분명히 그 원리에 있어서 아주 잘못된 것이다. 왜냐하면 사실 그 아미노산들은 그런 목적에는 전혀 쓸모가 없기 때문이다. 밀러의 아미노산들은 예외 없이 어떠한 자연발생 형태에도 전혀 들어맞지 않는다. 동일한 원리가 라세믹 혼합체를 형성하는, 무작위적으로 형성된 모든 물질이나 각각의 아미노산에 적용된다. 이것은 그 범주에 해당되는 물질에 절대적으로 적용되는 특징을 갖고 있기 때문에, 어떤 특별 조건들을 가한다 하여 영향을 받을 수 있는 것이 아니다.[17]

그러나 아미노산을 합성했다 해서 생명을 창조했다는 말은 아니며, 단세포 생물이 단순하다는 말도 결코 옳은 말이 아닙니다! 이미 언급한 것처럼, 생물 시스템과 무생물 시스템 사이에는 무한한 차이가 있습니다.

생명 시스템이라면 반드시 세 가지 일 즉 에너지 대사, 정보 저장, 그리고 복제를 할 수 있어야 합니다. 인간도 그렇게 하고, 박테리아도 그렇게 하지만 훨씬 더 빨리할 뿐입니다. 그러나 무생물 시스템은 그런 일들을 하지 않습니다. 가장 단순한 단세포 생물이 가진 정교함과 복잡함과 창의성은 우리가 개발한 어떠한 발전된 기술도 흉내 내기 어렵습니다.

하나의 살아 있는 세포를 만들기 위해서는 제대로 된 (생명체에서 발견되는 20개 내지 80개의 타입을 가진) 아미노산을 추출해 내어야 합니다. 그 후에 그것들은 서로 바른 순서로 연결되어 단백질 분자를 형성합니다. 많은 분자들은 일부 아미노산에 대하여 다른 아미노산들보다 쉽게 반응하는 특징을 갖고 있기 때문에 합성 과정에서 그것들을 제거해 주어야만 합니다. 이것은 카이랄 특성 때문에 더 복잡해집니다. 아미노산은 반드시 정확한 '카이랄리티'를 보여야 합니다. 만일 생명체가 과연 진화로 생겼다면, 모든 생명체는 오직 '좌선성'(left-handed)만 갖기 때문에, 생명 진화에 관련된 모든 아미노산은 '좌선성' 형태였어야 합니다. 이것은 생명체가 진화되기 위해서는, 그 원시적 스프에 아무리 작은 양이라도 '우선성'(right-handed) 분자가 존재하지 않았어야 된다는 말입니다. 그러나 현대 과학은 아직도 도대체 어떤 방식을 쓰면 무기적인 무작위 과정들을 통해서 순수한 우선성 혹은 좌선성 형태가 만들어지는지 알지 못합니다. 실험실에서 행하는 실험들에서는 오직 '라세믹 혼합체' 즉 50 대 50으로 좌우선성이 섞인 형태를 만들 뿐입니다. 그런 혼합체로는 우리가 아는 생명체가 결코 나오지 않습니다.

거기 더하여 (최소한 200개의) 단백질 분자들이 반드시 정확하게 바른 순서로, 정확한 펩타이드 결합으로, 살아 있는 세포를 얻기 위해 모든 것이 제대로 기능하도록 연결되어야 한다는 조건이 또 요구되는데, 그렇게 되면 비로소 깜짝 놀랄 수 밖에 없는 생명의 복잡성을 한번 쳐다본 것이 됩니다.

이 모든 것들이 이루어졌다 해도, 그보다 훨씬 복잡한 DNA와 RNA를 만드는 문제는 아직 건드리지도 못한 것입니다. 독일 마인즈 생화학협회의 클라우스 도우즈는 DNA와 RNA 합성에 있어서의 복잡성과 난이성은 "현재 상황에서는 우리의 상상을 초월한다"[18]고 말합니다. 더구나 우리는 그런 생명진화 과정 자체를 가능하게 할 '선생명적 복합체'(prebiotic compound)에 대하여 아무런 증거도 갖고 있지 못합니다. 만일 그 복합체들이 저 광대한 대양의 가용한 침전물 가운데 존재했더라면 분명히 발견되었을 터인데, 그런 복합체들에 관한 기미가 전혀 보이지 않는다는 것입니다!

수학적 마술

이제 무작위적 진화의 수학적 성공 확률을 생각해 보면, 이 모든 일들이 얼마나 어리석은지를 쉽게 이해하게 될 것입니다. 과학자 월터 L. 브래들리 박사는 『생명 기원의 신비』라는 책을 저술한, 이 분야에서 널리 인정받는 학자입니다. 그는 이렇게 썼습니다:

생명체를 조립하는 일은 수학적으로 그 성공 확률이 너무 낮아서 이제는 아무도 무작위적 우연을 생명의 기원이라고 믿지 않는다. 진화는, 아무리 최적조건을 갖추어 주었어도 결코 발생하지 못했을 것이다. 예컨대, 우주의 모든 탄소를 지구에 가져와, 가능한 가장 빠른 속도로 화학반응이 일어나게 하고, 십 억 년을 놓아둔다 할지라도, 하나의 제대로 작동하는 단백질 분자가 우연히 만들어질 성공 확률은 10의 60승 분의 일에 불과하다.[19]

브래들리 박사는 그 말이 의미하는 것을 그림으로 보여주는 한 가지 사례를 마이클 비히의 책에서 이하와 같이 인용하였습니다:

아미노산을 백 개만 연결하여 우연히 하나의 단백질 분자를 만들어 낸다 할 경우, 그것의 성공 확률은, 눈을 가리고 광대한 사하라 사막에 떨어진 표시된 모래알 한 개를 찾아내되 한번이 아니고 잇달아 세 번을 찾아낼 정도의 성공 확률이다.[20]

우리 마음은 그런 정도의 성공 확률을 이해할 능력이 없습니다. 노벨상 수상자이고 DNA 공동발견자인 프랜시스 크릭 경은 이렇게 말합니다: "생명의 기원은 만족되어야 할 조건이 너무 많아서 거의 기적이라고 생각된다."[21]

외계 밖으로

그렇기 때문에 일부 과학자들은 '생화학적 예정' 이라는 가설을 생각했습니다. 어떤 내재적인 매력 요인이 있어서 생명을 구성하는 아미노산들이 바른 순서로 연결될 수 있게 했다는 것입니다. 그러나 그 가설도 별 도움이 못되는 것은, 순서 자체는 화학적 선호도와 아무런 관계가 없다는 결론이 났기 때문입니다. 그리하여 절망이라고밖에 묘사될 수 없는 상태에서 일부 다른 저명한 과학자들은, 생명의 원래 구성 요소는 외계에서 온 것이며 우리 대기권으로 진입할 때 생기는 그 엄청난 고열을 통과하되 아무런 상처를 입지 않고 통과하였다고 제안하게 되었습니다. 존경받는 전문가 집단이, 다른 행성에서 온 진보된 문명을 가진 우주인이 행성 지구에 우주적인 실험의 일환으로 생명의 씨를 심었다는 아이디어를 매우 진지하게 고려하게 된 것입니다. 그러나 이것은, 생명의 시작 질문을 다른 행성들로 옮기는 것밖에 되지 않습니다. 좀더 노골적으로 비판하자면, 그런 제안들은 사실 진화론이 사실 무근임을 보여주는 것이 아니냐 라고 질문할 수도 있는 것입니다.

모든 알려진 사실들이 자연발생적 생명세포의 기원을 용납하지 않음에도 불구하고, 크게 잘못된 정보를 가진 매체들의 잘못된 인도를 받는 대중들은 일반적으로 진화를 확립된 사실이라고 받아들여 왔다는 것은 정말 놀라운 일이 아닐 수 없습니다. 사실 데이터의 직접적인 지지를 받는 관점에서 볼 때, 지구에서의 무작위적인 생명 진화라는 가설은 결국 현대의 가장 커다란 사기극으로 판명날 것이라는 믿음이 점차 커지고 있습니다. 왜냐하면 단백질 합성 기작에서 보듯이, 유전자 코드의 기능은 실제적으로 모든 세포에서 동일하게 작용하기 때문입니다. 마이클 덴턴은 그 점을 이렇게 표현합니다: "그 기본 생화학적 설계라는 관점에서 볼 때… 살아 있는 시스템이라면 그 어떤 시스템도 원시적이라거나 다른 시스템의 조상이 되는 것이라고 생각할 것이 없고, 지구상의 믿을 수 없을 만큼 다양한 모든 세포들 중에서 진화적인 순서를 조금이라도 암시하는 세포는 없다."[22] 클라우스 도우즈는 그 상황을 이렇게 요약해 주었습니다:

지난 30년 동안 화학 및 분자 진화 영역에서 생명 기원을 실험한 결과, 지구상의 생명 기원 문제를 해결한 것이 아니라 도리어 그 문제의 광대성을 더 깊이 인식하게 되었다. 현재로서는, (진화의) 주요 이론들이나 그 분야의 실험들에 관한 모든 논의는 완전교착상태 혹은 우리의 무지를 고백하는 단계에 이르렀다.[23]

일리노이 주 어거스타나 대학의 물리학부장을 지낸 호워드 바인턴 홀로이드 박사는, 자신의 연구 결과로 볼 때, 자신은 "이성적으로 조금도 의심 없이, 이 이론은 물리적, 수학적 넌센스에 불과하다"[24]고 믿는다고 하였습니다.

발견되지 않는 수많은 연결 고리들

모든 자연주의자들의 우주관에 있어서 가장 큰 문제점은 진화 이론의 세 번째 단계에 근거하고 있습니다. 암석에 있는 증거가 틀림없는 증거라면, 전혀 그럴 듯 하지 않은 무작위적인 빅뱅과 무기물이 자연발생적으로 '생명화' 되었다는 억지 개념은 전혀 중요하지 않은 부수적인 증거입니다. 진화 이론의 세 번째 단계란, 단세포 생물이 점차 보다 더 복잡한 생명 형태로 진화되었다는 신념을 말합니다. 이것은 수 백 만 년의 세월에 걸친 연속적인 전이 사슬 안에서 오늘날 살고 있는 각각의 종(species)들이나 (인류를 포함하여) 과거에 멸종된 모든 종들은 다 옛날 바다에서 생겨난 하나의 원형질 덩어리의 후손들이라고 믿는 것입니다. "종의 기원"의 결론부에 나오는 이 교리는 찰스 다윈에게 있어서는 하나의 종교적 신념과 같은 것이었습니다. 그는 자연 선택은 (즉 적자생존과 약자 및 불구자의 도태는) 생명체를 일종의 신체적 정신적 완벽을 향하게 함으로써 존재의 선을 이루는 '도덕적 선'이라고 여겼습니다.

> 모든 생명체의 살아 있는 형태들은 실루리아 기 이전에 오래 살았던 그 생물들의 직계 후손이기 때문에, 우리는 일상적인 세대 계승이 한번도 끊어진 적이 없었다는 것과 전 세계를 황폐케 한 재난은 결코 없었음을 확실히 인정할 수 있다. 때문에 우리는 상당한 확신을 가지고 그와 동등하게 미미한 길이를 갖는 확보된 미래를 바라볼 수 있다. 또한 자연 선택은 오로지 각 존재의 선에 의해, 그 선을 위해서만 작용하기 때문에, 모든 신체적, 정신적 특질들은 완벽을 향한 진보에 기여하게 될 것이다.[25]

저는 여기서 지성과 의지와 도덕적 각성을 명백하게 맹목적이고 무작위적인 진화 과정에 돌리는 이 잘못된 사유를 논의하면서 시간을 허비하지 않겠습니다. 그 대신 '생명체의 단절되지 않은 계승'이라는 개념에만 유의하고자 합니다. 다윈은 자신의 숭고한 추론들에도 불구하고, 자

기 이론에 무엇인가 결정적인 증거 즉 암석상의 화석 증거가 부족함을 깊이 인식하였습니다:

어째서 중간체들이 전체 지질층이나 개별 지층에서 발견되지 않는가? 지질학적으로 볼 때 확실히 그처럼 정교하게 분화된 유기 사슬이 전혀 나타나지 않는다는 것은, 아마 나의 이론에 반대하는 쪽으로 작용할 수 있는 가장 분명하고 중대한 반론일 것이다.[26]

다윈은 진화의 증거가 암석에 있어야 하며, 그렇지 않을 경우 화석 기록에 대한 자신의 견해에 반대하는 사람들이 "자신의 모든 이론을 거부하는 것이 옳음"[27]을 잘 인식하고 있었습니다. 만일 화석 기록이 진화를 의심할 여지없이 증명하지 않는다면? 그렇다면 진화는 발생하지 않은 것이 됩니다!

제가 고등학교 때 배웠던 자세한 지질학적 연대표를 기억해 보면, 한 종이 여러 번의 변화를 거쳐 전혀 다른 종으로 발전해 가는 모습이 분명한 다이어그램으로 멋지게 그려져 있었습니다. 그 모든 창의적인 연대기와 그림들은 과연 사실입니까, 아니면 단지 예술가가 창조한 인상이 우리에게 잘못된 인상을 준 것입니까?

유명한 캐나다 지질학자 월리암 도슨이 "암석 기록은 결정적으로 진화를 반대한다"[28]고 말한 것은 많은 사람들의 주의를 끌지 못했습니다. 도슨은 무슨 근거를 가지고 그렇게 말했을까요? 그가 그렇게 말한 것은 우리가 암석에 대하여 알고 있는 지식에 근거한 것입니다. 화석 기록에는 너무나 불연속적이고 너무나 명백한 간격들이 있는데, 도대체 어떻게 해서 진화가 믿을 만하다고 여겨지게 되었는지 의심할 수밖에 없다는 것입니다. 다윈은 자신의 이론의 근거가 되어 줄 화석 기록은 (현재로서는) 없지만, 더 많이 탐험하고 발굴한다면 반드시 수정될 것이라고 확신했습니다. 그는 좀더 시간을 투자하여 발굴을 계속한다면 결국 자신이 옳았음이 입증될 것이라고 확신했습니다. 다윈은 만일 자신의 가설이 옳다면 "중간종이나 모든 살아 있는 종과 멸종된 종 사이의 전이 형태들이 '상상할 수 없이 많이' 나와야 함"[29]을 잘 알고 있었습니다. 그러나 화석 기록은 지금 정 반대 현상을 보이고 있습니다.

다윈 시대 이래로 그 '없어진 연결고리' 에 대한 탐색이 계속되었지만 현재까지 그것은 하나의 강박관념에 불과하였습니다. 고생물학 영역에서의 활동이 얼마나 광대하게 진행되었는지, 마이클 덴턴의 계산에 의하면, 그런 모든 조사의 99.9%가 1860년 이후에 진행된 것이라고 합니다.

다윈 시대에는 오늘날에 알려진 것의 아주 적은 분량, 한 십만 분의 일 정도 되는 화석 종이 알려져 있었다. 그러나 실제적으로 다윈 시대 이후 발견된 모든 새로운 화석 종은 이미 알려진 형태와 밀접하게 연관된 것이거나, 혹은 포가노포라스의 경우처럼, 전혀 알려지지 않은 친화성을 가진 새로운 독특한 형태에 속하는 것이다.[30]

더 나아가서 덴턴은, 현재 그 '연결고리들' 이 보이지 않는 것은 단순하게 그 중간 종이나 조상 형태가 없었기 때문이라는 것이 널리 인정되는 사실이라고 지적합니다.[31] 그 말에 대한 증거로 진화에 관한 선두적인 전문가들의 말을 여기서 간략하게 인용하겠습니다. 항공공학자였던 고루터 D. 서덜랜드 씨가 지은 책 『다윈의 수수께끼: 화석과 다른 문제들』에는 그가 인터뷰했던 다섯 명의 선두적인 고생물학자들과의 대화가 인용되어 있는데, 그들은 광범위한 화석 수집품을 가진 세계 각지의 유명 자연사 박물관에서 일하는 전문가들이었습니다. 서덜랜드 씨는 "다섯 명의 박물관 직원들 중 누구도, 기본적으로 다른 형태를 가진 전이를 보여주는 화석화된 생물의 전이적 시리즈 사례를 제시하지 못했다"[32]고 기록하였습니다.

그와 마찬가지로, 두 명의 저명한 과학자들 역시 이렇게 말합니다:

알려진 화석 기록들에 의하면, 주요한 형태상의 전이를 성취하는 문(phylum) 수준의 (점진적인) 진화 사례는 단 한 건도 없으며, 따라서 진화론의 점진주의 모델이 타당함을 입증할 증거가 전혀 없다.[33]

고생물학자라면 누구나 알고 있는 것처럼, 종이든 속이든 과이든 새로운 것은 대개 화석 기록상, 여태까지 알려진 점진적이고 완벽하게 연속적인 전이 순서와 다르게, 갑자기 등장한다는 것은 여전히 옳다고 인정된다.[34]

덴턴의 표현을 그대로 인용하면, "(연구자) 심슨은 화석상에는 진화가 요구하는 결정적인 전이 형태가 전혀 없다는 사실을 인정한다."[35] 그 인정이 의미하는 것이 중요합니다. 영국 자연사 박물관의 선임 고생물학자였던 콜린 패터슨 박사는 이렇게 말합니다: "솔직히 말해서, 엄밀한 논증에 사용될 그런 화석은 하나도 없습니다."[36]

『오늘의 진화론: 다윈 이후 백년』이란 책에서, 막스주의 진화론자 스티픈 J. 굴드는 이렇게 사실을 인정합니다:

유기물 디자인에 있어서 매우 중요한 전이형태들 사이의 중간 단계들에 대한 화석상의 증거가 전무하다는 것은, 사실상, 진화에 대한 점진주의적 설명을 불가능하게 하고, 심지어 우리의 상상에 있어서도 많은 경우 기능적인 중간물을 구성하지 못하게 하는, 끊임없이 고민하게 만드는 문제였다.[37]

그러므로 진화론적 전이형태들을 가정하는 것은 모든 신념을 공공연하게 무시하는 일입니다. 예를 들면, 통상적으로 고래는 육지 포유류에서 진화되었다고 말합니다. 그러나 고래에게는 골반이 없습니다. 골반이 움추러드는 상태에 있는 육지 포유류의 경우 도대체 어떻게 보행에 요구되는 뒷다리를 지탱할 수 있었을까요? 그런 전이적인 형태는 아마 뭍이나 바다, 어디에서도 적자가 될 수 없었을 것이고 따라서 극도로 취약한 상태였을 것입니다. 또 그 모습은 어떠했겠습니까? 거기에 대해서는 우리에게 아무런 지식이 없습니다. 화석 기록상 가장 오래된 고래 화석은 나타난 처음부터 완전히 수중 생물이었습니다.

그러나 이미 진화가 발생했다고 결론을 내린 진화론자들은 그런 모든 것들을 하나의 작은 문제에 불과하다고 보기 때문에, 물리적인 증거 부재에 대하여 어떤 희한한 변명을 찾지 않습니다. 마치 그들에게는 대 진화는 발생한 적이 없다는 생각 자체가 결코 상상할 수 없는 생각인 것처럼 보입니다. 그러나 다시 말하지만, 다윈은 화석 기록이 자신의 이론을 세우거나 깰 수 있는 증거임을 분명히 인식하고 있었습니다. 마이클 덴턴은 거기에 대하여 이렇게 기록하였습니다:

화석은 진화 이론이 요구하는 수많은 전이 형태를 산출하는데 실패하였을 뿐 아니라, 고생물학이 밝혀낸 거의 모든 멸종된 종이나 그룹들은 그 기록에 있어서 매우 분명하고 구별되는 모습을 보이고 있기 때문에, 그 다양한 분화 가지들을 이어주는 가설적인 연결 고리들의 숫자를 크게 증가시킬 필요가 있다.[38]

진화를 지지하는 '증명'으로 가장 널리 인용되는 것은 말의 발생도인데, 그것은 이미 명백한 오류로 밝혀졌습니다. 심지어 저명한 고생물학자 심슨도 "모든 말 류의 특징 중 가장 널리 알려진 '점진적인 옆 발가락의 약화'는 명백한 허구"[39]임을 시인할 수밖에 없었습니다. 만일 이런 가짜 사건이 진화론이 아니라 다른 이론에서 생겼었다면, 그 이론은 분명히 오래 전에 폐기되고 말았을 것입니다.

기형적 단속!

화석상의 증거 부재는 황당하고, 아무리 좋게 생각해도 어려운 문제입니다. 가능한 유일한 해결책은 아마도, 어떻게든 전이형태들이 발생했다고, 즉 느린 진보적 변화 없이 갑작스럽게 전이가 발생했다고 말하는 것입니다. 사실 그런 제안은 1970년대에 이미 상당한 지지를 얻은 바 있습니다. 당시 화석 기록상 어디에서나 식물 생명체에서 동물계에 이르기까지 완전히 발전된 생물이 갑작스럽게 등장하는 것에 대한 인기 있는 설명은 '단속 평형설'이었습니다. 이것은 나일스 엘드리지와 스티븐 J. 굴드가 제안한 이론으로서, 여러 시대 여러 장소에서 중요한 창조적인 시기들에 진화가 발생했고 그 사이에는 거대한 안정기로 지냈다는 것입니다. 그러므로 그런 시기 중 수백만 년이 아니라 수천년 만에 새로운 종들이 형성되었다고 봅니다. 사람들은 이 이론을 종종 '운 좋은 괴물' 이론이라고 부릅니다.

굴드와 엘드리지가 제안한 이론의 핵심은 새로운 종이 발생하기 위해서 (종분화가 일어나기 위해서) 진화가 크게 가속화되어 정상적인 평형이 '깨진다'는 것입니다. 그렇지만 이것은 너무 빠르게 일어나기 때문에 그 가설적인 전이형태들은 화석 기록에 보존되지 못합니다. 그러나 독자들도 느끼겠지만, 이 이론은 너무 무리하고 진화론자들에게 대단히 편리한 이론이라는 느낌이 큽니다. 이 이론으로 주어진 종들, 예를 들어 여우와 개 사이의 간격을 그럴 듯하게 설명할 수는 있겠지만, 이 아이디어로 고래가 육지 포유류에서 유래된 것을 설명한다고는 믿기 어렵습니다. 다시 마이클 덴턴이 쓴 말을 인용합니다:

그처럼 주요한 불연속성들은, 우리가 기적을 믿지 않는다면, 그처럼 짧은 지질학적 기간 내에, 하나 혹은 두 개의 전이적인 종들이 점거하고 있는 제한된 지질학적 영역들을 가로지를 수가 없다. 확실히 그런 전이형태들은 수 백 개 혹은 수천 개의 전이종들로 이루어진 병행적인 계대들을 포함하는 장기적인 계보를 포함해야만 한다. 그러나 이 제안이 의미하는 것은, 크게 상이한 형태들 사이의 중간기에 존재해야만 하는 수백, 수천, 혹은 어쩌면 수백만 개의 전이종들이 다 격리된 지역을 점거하여 아주 작은 개체수를 유지하던 종들이었다고, 따라서 매우 성공적이지 못한 종들이었다는 말인데, 이것은 도저히 믿을 수 없는 것이다![40]

이 가설을 인정한다 해도, 전이형태들의 화석 증거에 대한 필요 자체가 없어지는 것은 아니며, 단지 왜 그에 대한 증거가 없는지만 설명할 수 있을 뿐입니다. 이 아이디어가 널리 유행하여 '고생물학의 간판격인 비밀' 즉 암석 기록에 전이 형태들이 전혀 없다는 사실을 드러냄으로써 많은 과학자들은 처음으로 진화에 대한 실제 증거가 박약하다는 사실을 인식하게 되었습니다. 다윈은 새로운 구조나 기관이 그처럼 갑작스럽게 등장한다는 것은 기적이라고 믿었고 대다수의 생물학자들도 그의 견해와 같았습니다. 에른스트 마이어는 이렇게 말합니다:

돌연변이에 의한 유전적 기형 발생은⋯ 많이 보고되는 것이지만, 그것들은 명백한 변종들로서 그런 기형들은 '가망없는' 것으로 여겨질 뿐이다. 그것들은 너무나 철저히 불균형적이기 때문에 선택에 의한 도태를 벗어날 조금의 기회도 갖지 못할 것이다. 지빠귀에게 매의 날개를 달아준다 해서 더 잘 나는 것은 아니다. 사실 날개를 제외한 다른 모든 장기들이 지빠귀의 장기인 상태를 가진 돌연변이 매는 아마 거의 날지도 못했을 것이라고 예상된다⋯. 그처럼 극적인 돌연변이에서 생존가능한, 새로운 적응 지역을 점거할 수 있는, 새로운 형태가 나왔다고 믿으라는 것은 여러 번의 기적을 믿으라는 말과 같다.[41]

사실 이런 것들은 다 진화가 논리적으로 지지될 수 없음을 증거하는 것이라 생각됩니다. 진화 이론을 지지하는 증거를 찾기 위해 40년을 보낸 바 있는 스웨덴 출신의 식물학자이자 유전학자인 D. 닐스 허리버트 닐슨은 진화증거 찾기라는 과제가 불가능하다고 여겼습니다. 그는 1,200페이지에 달하는 대작 『종합적 종분화』에서 그 이론은 "완전히 폐기되어야 할 것"[42]이며 "철저히 검사한 결과 진화라는 아이디어는 근본적으로 경험이 불가능한 것으로 밝혀졌다"[43]고 썼습니다. 결국 그는 진화론을 대체할 가설로서 일종의 세속적 관점의 창조론을 제안하였습니다.

거의 미칠 지경

아마 여러분은 이 장에서 제가 '원숭이가 사람이' 되었다는 주제를 아직 언급하지 않았음을 아실 것입니다. 그 이유는, 첫째, 만일 파충류와 포유류 사이에서 진화가 발생하지 않았다면, 물고기가 결국 철학자가 되었다는 관념은 아예 논의할 필요가 없기 때문입니다. 두 번째 이유는 인간 진화 과정을 증거해 주는 어떠한 관찰이나 실험도 불가능하기 때문에 원인(猿人)이 있었다는 가정 역시 동일한 문제에 봉착합니다. 『골격 화석에 관한 진위논란』이란 책의 저자 마빈 루베나우는 과거에 원인 화석이라고 알려진 (대부분 두개골인) 골격들은 (네안데르탈인처럼) 인류라고 인정되는 다양한 부류에 속한 것이든지 아니면 오스트랄로피테쿠스처럼 인간이 아닌 부류에 속하든지, 둘 중에 하나이고, 그 중간에 속하는 원인 골격은 없다고 지적합니다. 원인에 해당되는 골격으로 가장 강력하게 추천되는 것은 멸종된 오스트랄로피테쿠스(남쪽 원숭이라는 뜻)의 골격입니다. 그러나 최근까지의 연구에 의하면, 그 골격은 인류가 속한 호모(Homo) 속(genus)의 골격과는 분명히 구별되는 것이라고 합니다. 귀에 있는 반원형 관들과 신경을 혀에까지 전달하는 관을 해부해 보면 그것이 증명됩니다. 진화론을 따르는 해부학자 찰스 옥스나드는 그 생물들에 관해서 이렇게 말했습니다:

현재 광범위하게 인정되는 것은, 오스트랄로피테쿠스는 구조적으로 인류와 유사하지 않다는 것, 최소한 부분적으로라도 나무 위 환경에서 생활했어야 한다는 것, 후기의 샘플 중 많은 것들은 초기의 인류 속(genus homo)에 속하는 인류와 거의 동시대 내지는 완전 동시대에 살던 다른생물의 골격이라는 것이다.[44]

원숭이와 인간의 DNA가 유사하다는 것은 종종 너무 과장되고 있습니다. 둘 사이의 유전적 차이는 실제로 굉장히 크며, 유전학 전문가들은 DNA 유사성에 근거한 모든 논증은 순환론적 논증이라는 사실을 누구나 압니다. 인간은 유기적인 존재로서 여타의 유기적 생명체들, 심지어 효모균과도 굉장히 많은 생화학적 유사성을 공유하고 있습니다. 그러므로 어떤 동물들 사이의 DNA 유사성에 근거한 모든 논증은 (특히 원숭이와 인간의 경우), 유기적 생물체가 유사한 기능을 수행하기 위해서는 유사한 구조를 가질 필요가 있기 때문에, 불가피 순환론적 논증이 되는 것입니다. 인간과 원숭이 사이에 있는 2-4%의 유전적 차이는 실제로 매우 방대하여 40권의 큰 책을 채울 수 있을 정도입니다. 진화론자들은 화석상의 증거를 약화시키려고 부단히 애를 쓰지만, 화석상의 기록들이 진화를 현저하게 반대한다는 이 분명한 사실은 지금도 전혀 변하지 않고 남아 있습니다.

떠돌이 DNA인가, 설계인가?

이런 모든 점을 고려할 때면 불가피 하나의 결정적인 질문을 던지게 됩니다: 인간은 지성적 설계의 산물인가, 아니면 맹목적인 DNA 분자들이 떠돌다가 자기원인적인 우주 안에서 우연히 발생한 결과물에 불과한가? 자연주의적 진화에 관한 논의는 어떤 것이든지, 이 핵심 주제를 다루지 않고는 결론이 날 수 없습니다.

물질 구조에 있어서 사활이 되는 요소는 정보입니다. 정보과학이 모든 과학적 탐구에 영향을 미칩니다. 친구와의 대화에서부터 화분을 이 꽃 저 꽃으로 옮겨 주는 벌들에 이르기까지, 끊임없는 정보교환이 이루어지고 있는 것처럼 정보교환은 생명의 기초적인 원리이기 때문에, 정보이론의 기본 가정들을 보면, 인간 상호간 이해력의 기초를 형성하거나 결론을 도출할 수 있습니다.

정보전송에는 이하의 것들이 필요합니다:

* 한 개의 유전자나 인간의 입 같은 물리적 운반체.
* DNA나 인간의 언어 등 상징의 형태로 아이디어를 표현할 수 있는 하나의 규정된 코드 시스템.

(물질적 기원이 없는) 코드는 지성적 관념을 말합니다. 코드로 담긴 정보는 정신적 성격을 가지며, 모든 생명체는 복합적인 코드 시스템에 근거하고 있습니다.

코드의 기원이 진화론자들에게 커다란 문제가 되는 이유는, 물리적 운반체는 정보가 아니라, 분자에 기록된 화학적 코드로서 단지 정보를 운반만 하기 때문입니다. 모든 정보는, 영어 문장을 분해하는 경우처럼, 여러 수준으로 구분됩니다. 코드 문법, 의미, 예시된 행위와 그 결과 등. 이 범주들은 다 비물질적인 범주에 해당됩니다.

여기서 하나의 결론을 도출할 수 있습니다. 첫째, 각 정보 조각은, 이해할 수 있는 언어로 기록된 편지를 받는 것과 마찬가지로, 우선 발송자가 존재해야 합니다. 둘째, 각 정보 조각은 수신자를 위한 것인데, 수신자는 개인적인 편지처럼 단수일 수도 있고, 다수의 친구들에게 보내는 전자우편처럼 복수일 수도 있습니다. 물리적인 케이블 네트워크를 가진 인터넷으로 메시지를 전하든, 종이에 쓴 잉크로 전하든, 인터넷이나 종이는 정보 자체가 아니라 그 정보를 운반하는 수단에 불과합니다. 그 메시지의 코드(언어)에 들어 있는 정보는 기록된 언어가 수신자에게 해석될 경우에 한하여 유용한 메시지가 됩니다. 정보는 본래 물질적인 것(entity)이 아니라, 정신적 혹은 영적인 것입니다. 물질적 과정들은 정보의 원천이 아니기 때문에 그렇게 규정될 수 없습니다. 제가 글을 쓸 때, 컴퓨터 자판이 움직이는 것은 제가 정보를 전달하는데 사용하는 물질적인 과정일 뿐, 그 움직이는 과정은 정보가 아닙니다. 정보는 우리 마음의 행위에서, 해석될 수 있는 코드로 의사소통을 하기를 원하는 우리의 의지에서 나오는 것입니다.

원천이란 측면에서 볼 때, 정보는 언제나 마음의 행위로 이루어집니다. 그러므로 모든 정보는 반드시 정신적 혹은 영적 근원을 갖고 있어야 합니다. 거기서 이어지는 논리는, 정보는 결코 우연한 확률의 결과가 될 수 없다는 것입니다. 돌연변이와 자연선택으로 코드화 된 새로운 정보를 산출한 일은 아직 알려진 바 없습니다. 기존의 정보가 섞이거나, 이동하거나, 없어질 수는 있지만, 정보량이 상향될 수는 없습니다. 가령, 제가 여러분에게 장난감 블럭 50개를 주면서 숫자는 바꾸지 말고 나름대로 자유롭게 구조를 만들라고 했다 합시다. 유전적 복제 실수(돌연변이)로는 정보량이 증대되거나 기능적 복잡성이 증대되지 않습니다. 음악 테이프를 공테이프에 복사할 경우에도 어느 정도의 배경 '잡음' 이 끼어드는 것을 봅니다. 복사본은 원본보다 좋지 않습니다. 유전적 돌연변이체들은 그 '잡음' 처럼 유전정보의 변화에 해당되는 다양한 질병을 산출합니다. 그런 수평적이고 악화적인 정보변화(돌연변이)는, 항생제에 저항력을 가진 박테리아이든지 인류의 질병이든지 간에, 결코 진화를 지지하는 증거가 아닙니다. 재산을 천천히 잃는 비영리 사업으로는, 그 기간을 아무리 오래 늘린다 해도, 결코 이익을 내지 못합니다!

그렇게 이해하면, 이 문제는 진화론에 대한 심각한 이론적 반대를 제기함을 알게 됩니다. 왜냐하면 이 문제는 정보를 생성하는 자연 (물질) 과정이 발생할 가능성에 심각한 의문을 제기하고 따라서 대 진화 이론이 무너질 수 있기 때문입니다. 진화론자들은 기원 과학이 고려하는 것은 오직 '물질적인 원인들' 만이라고 주장하고, 심지어 정보에 있어서도 그렇다고 주장하지만, 사실 그런 주장은 정보 과학의 경험적 법칙에 정면으로 위배되는 주장입니다.

가장 단순한 생명체의 경우에도, 하나의 기능하는 시스템을 이루기 위해서는 '작용적 정보'가 필요하다는 점과, 정보 소통이 되려면 (그 전에 이미) 발신자와 수신자 상호간의 이해와 일치가 존재해야 한다는 점을 고려하게 되면 비로소 우리는 우주 안에 존재하는 지성적 설계가 얼마나 복잡한지, 겨우 감을 잡기 시작합니다. 이렇게 요약할 수 있을 것 같습니다:

* 코드 없이는 정보가 있을 수 없다.

* 발신자 없이는 정보가 있을 수 없다.

* 원래의 정신적 · 영적 원천이 없이는 정보가 있을 수 없다.

* 무작위적 정보란 존재하지 않는다.

이에 대하여는, 세계 제2차 대전에서 미국 해병대가 나바호 원주민을 '암호병'으로 채용하여 연합군이 태평양 전쟁에서 대승을 거두는 데 결정적인 역할을 하였던 일화를 들 수 있습니다.[45]

일본군은 탁월한 암호 해독 능력으로 전쟁 기간 내내 미 육군의 암호를 감지해 내었습니다. 그러나 해병대가 사용한 암호만은 해독되지 않았습니다. 1942년에 해병대 지휘관들은 미국 남서부의 고립된 지역에서 사용되는 나바호 인디안어가 적에게 판독될 수 없는 완벽한 암호의 기초가 될 수 있다는 제안을 받아들였습니다. 나바호어는 알파벳이나 기호가 없는 엄청나게 복잡한 언어이며, 따라서 오직 그 언어에 광범위하게 노출된 사람들에게만 이해되는 언어입니다. 더구나 나바호족이 아닌 사람으로 그 언어를 아는 사람은 세계에서 서른 명 남짓이고 그 중에 일본인은 한 사람도 없었습니다!

현재 나바호 암호로 알려진 그 암호는 나바호 신병들이 만들었습니다. 그들의 임무는 무전기와 전화로 (전투보고서, 전투계획 등) 전투에 관한 정보를 전달하는 것이었습니다. 그 통신은 놀랍게 빠르고 효과적이었습니다. 그 암호는 각개의 영어 철자를 나바호 단어로 전송하고 그것을 받아 다시 영어로 옮기면 그 영어 철자로 시작되게 되어 있었습니다. 그러므로 영어 철자 하나가 한 개 이상의 나바호 단어로 표현되었던 것입니다. 심지어 그 암호체계는 전쟁 후 수 년이 지났어도 해독되지 않고 있었다고 합니다. 덕분에 수 많은 메시지를 한 번의 오류도 없이 전달할 수 있었던 것입니다.

정보는 무작위적인 과정들을 통해서가 아니라, 마음의 행위로 인도를 받아야만 생기는 것입니다.

나바호 암호는 (비록 일본군들은 그렇게 들었겠지만) 결코 무작위한 잡소리 모음집이 아니라, 결정적인 정보를 담고 있는 아주 복잡한 암호였습니다. 무심한 자연 과정에서 생긴 정보가 기록된 사례는 아직 알려진 것이 없습니다. 선도적인 정보과학자 베르너 기트 박사가 말한 것처럼, "물질을 정보로 만들 수 있는 자연 법칙은 알려진 바 없고, 물리적 과정이든 물질적 현상이든, 그렇게 할 수 있다고 알려진 자연 법칙은 전혀 없습니다."[46]

상당히 알려진 물리학자이자 진화론자인 폴 데이비스는 그와 유사하게 이렇게 인정합니다. "물리 법칙 중, 무에서 정보를 창조할 수 있는 법칙은 없다"[47]

여기서 잠시, 진화론자들의 주장대로, '원시 지구' 와 최초의 '원세포' 가 단 한 개의 바르게 기능하는 단백질을 형성하기 위한 정보 코드를 발전시켰다고 상상해 봅시다. 만일 모든 DNA 분자들이 가진 화학적 문자가 이미 체계적으로 (동시에 그 정보를 해독하여 바른 아미노산을 만드는 식으로) 작동하고 있지 않았다면, 그 코드는 일본군에게 나바호 암호로 된 전투 정보가 무용지물이었던 것처럼 생명 생성에 무용지물이었을 것입니다. 나바호 암호를 몰스 부호로 전송하기는 쉽지만, 그 메시지를 어떻게 해독하고 적용하는지를 안다는 것은, 그 언어에 대한 지식이 없다면 암호 자체가 무용지물인 것처럼, 완전히 다른 일입니다. 이것은 유전 정보에 있어서도 동일합니다. 해독 기제 자체가 DNA 안에 암호화 되어 있는 상황은 진화를 일으키기엔 절망적이라고 생각됩니다. 마이클 비히 박사는 그 상황을 이렇게 요약하고 있습니다:

지성적 설계라는 결론은, 성경이나 분파적인 신념에서 나온 것이 아니라, 그 데이타 자체에서 자연히 도출된 것으로서… 과학계가 지성적 설계 결론을 포용하지 않으려고 주저하는 것은… 정당한 근거가 없다…: 다수의 저명하고 존경 받는 과학자들을 포함하여 많은 사람들은 단순히, 자연을 초월하는 어떤 것이 존재함을 원치 않는 것이다.[48]

원숭이 도덕률

이제까지는 자연주의적 과학에 있어서 몇 가지 중요한 이론적 결함 및 증거상의 결함을 살펴보았습니다. 이제는 그와 밀접하게 연관된 또 다른 질문을 생각해 보겠습니다. 진화론적 사고는 어떤 윤리적 함의를 갖고 있는가? 진화 논리를 끝까지 밀고 나갈 경우, 진화적 세계관은 (인류의) 도덕은 어떻게 되는가? 진화론적인 도덕 체계에 따라 활발히 진행되는 일의 사례를 들 수 있는가? 만일 그런 사례가 있다면, '인간은 어떻게 살아야 하는가?' 라는 중요한 질문에 대해서 그 사례는 어떤 대답을 주는가? 이것은 오늘날의 탐구에 있어서 가장 간과되고 무시되고 있는 분야입니다. 그렇지만 이것은 결코 괜한 질문이 아닙니다. 윤리를 생각할 때는, 반드시 역사상 분명하게 증거를 받고 있는 한 가지 아주 단순한 사실, 즉 아이디어는 반드시 결과를 갖는다는 사실이 언급되어야 합니다. 우리가 믿고 있는 것이 결국 우리의 행동을 결정하게 될 것입니다.

만일 우리가 단지 과잉 진화된 원숭이에 불과하다면, 우리 모두는 각자의 도덕체계를 지어내어도 좋을 것입니다. 진화론자들은 통상 휴머니스트들입니다. 이것을 약간 달리 말하면, 모든 휴머니스트들은 진화론이 생물학적으로 옳다고 확신한다는 말입니다. 그들은 무신론과 자연주의와 진화에 근거하여 윤리학을 세우고자 합니다. 반면, 기독교인들은 윤리학의 근거를 성경의 교훈과 성경의 세계관 즉 하나님께서 선과 악을 결정하신다는 세계관에 둡니다. 오늘날의 윤리적 질문들을 볼 때, 가장 중요한 요소가 바로 이 구별이고, 휴머니스트들은 이 구별을 가장 좋아합니다.

제2 휴머니즘 헌장의 저자 폴 크루츠는 이렇게 말합니다: "전통적인 초자연주의적 도덕 계명들은 특히 우리 인간의 필요를 억압하는 계명들이다. 그것은 인간 운명(천국)에 관한 환상을 강조하고 생명 유지에 필수적인 성향들을 억누르기 때문에 부도덕하다."[49]

이 선언에서 저 큰 윤리적 분열을 예증하는 두 가지 점이 주목할 만합니다. 첫째는, 이 선언이 성경과 예수 그리스도의 교훈을 환상으로 전제한다는 점입니다. 이것을 좀 다르게 표현하면, 하나님이란 존재하지 않으며 따라서 명령을 내릴 수 없다는 말입니다. 둘째는, 성경의 계명들은, 생물학적 성향 및 심리학적 성향을 무제한적으로 추구할 수 있다는 인간의 권리를 제한하기 때문에 그 자체로 부도덕한 계명이라고 본다는 점입니다. 그렇게 보면, 이 휴머니즘 헌장은 그 서언에도 있듯이, 휴머니즘은 하나의 "철학적이고 종교적이고 도덕적인 관점"임을 시인한다는 점에서 정직한 선언입니다.

자연주의적 윤리학(휴머니즘)이 가진 문제는 분명히 드러납니다. 이것을 좀더 철학적 질문으로 바꾸면 이렇게 말할 수 있습니다. 생물학적인 현실에서 어떻게 윤리적 타당성이 도출될 수 있느냐? 진화라는 가정된 사실이 어떻게 도덕적 가치 판단들의 근거가 될 수 있느냐? 어떤 것들이 나쁘게 진화되었다고 말할 때, 그것들을 나쁘다고 판단하는 근거는 무엇인가? (무엇인가를 부인하고자 할 때 우리는 그 무엇 외부에 있는 어떤 법칙에 근거할 수밖에 없습니다.) 많은 휴머니스트들은 '타당성' 있음을 지시하는 아무런 근거도 발견할 수 없다고, 즉 실제적인 도덕 명령을 발견할 수 없다고 시인합니다. 그렇지만 만일 옳은 것과 그른 것을 결정할 수 있는 아무런 근거가 없다면, 어떻게 우리가 다른 사람의 행위를 칭찬하거나 비난할 수 있겠습니까?

더 나아가서, 그렇다면 누가 사회를 다스리는 규율을 만들 것이며, 무슨 권위로 사회를 다스리겠습니까? 만일 (마르크스주의나 공산주의) 전체주의 국가에서 보는 '인민'의 정부가 그 대답이라면, 어떻게 우리가 그것을 독재와 억압이라고 판단할 수 있습니까? 어떤 이들은 다른 이들보다 불가피하게 '좀더 평등한' 존재라고 주장하는 인간 정부가 과연 도덕 법칙을 지시할 수 있을까요? 민주주의 세계에 사는 우리가 어떤 법들에 대하여 선하다 하거나 악하다 하거나, 폭군적이라고 하거나 정의롭다고 할 때, 우리는 사실 하나의 외적인 '느껴진' 도덕 법에 근거하여 직관적으로 말하는 것입니다. 어떤 법이 우리가 가진 자연적인 정의감에 위배될 경우, 우리는 그 법을 불의한 법으로 여깁니다. 그러나 만일 진화론자들의 일관된 논리적 주장처럼, 아예 옳다거나 그르다고 결정할 기준 자체가 없다면, 이 세상의 많은 히틀러, 스탈린, 빈 라덴 같은 자들은 아무런 죄도 짓지 않은 자들이 됩니다. 진화론자들이 윤리적 질문들과 진화론을 연관시키고자 할 때 봉착하는 문제의 핵심은 바로 이것입니다. 진화론적 휴머니스트들은 불가피 이런 결론을 내릴 수밖에 없을 것입니다: 절대적인 도덕적 표준이란 존재하지 않으며, 도덕성이란 진화와 전통과 사회 통념들이 함께 작용한 결과에 불과한 것으로서, 상황에 따라, 변화되거나 시대에 맞추거나 달라질 수밖에 없다고.

휴머니스트들은 결국 도덕적 탐구의 거의 모든 점에 있어서 입장이 다릅니다. 휴머니즘 윤리학은 혼돈 덩어리입니다. 여러분이 아무 도서관에나 가서 '윤리학'을 검색해 보면, 쉽게 그 사실을 알 수 있을 것입니다. 휴머니스트들은 이성적으로 하나님 없이는 하나의 절대적인 도덕법칙이 존재할 수 없다고 인정하지만, 그들에게 어려운 점은 하나님과 분리된 도덕성이 실제로 무엇을 의미하는지, 일치된 견해를 제시할 수 없다는 것입니다. 모든 사람들에게 어떤 일을 해야 하고 어떤 일은 하지 말아야 한다고 말할 수 있으려면, 반드시 그 타당성을 지시하는 어떤 도덕 법칙 혹은 도덕 윤리의 존재를 언급해야 합니다. 그렇지 않으면 어떤 근거를 갖고 다른 일이 아니라 어떤 특정한 일을 하기로 선택할 수 있겠습니까?

자연주의자들은 윤리학을 불가분리적으로, 진화론적인 '더 나은 것에 대한 소망' 덕분에, 생물학에 매여 있는 것으로 봅니다. 이 진화 과정을 통해서 사람들은 주관적으로, 자기들의 길이 선하고 휴머니스트의 꿈을 향한 상승곡선 위에 있다고 상상할 수 있습니다. 그러나 그것은 전적으로 사변적인 아이디어, 보장되지 않은 가정들로 가득 찬 아이디어에 불과합니다. 만일 그 가정들이 옳다 치면, 생물학과 윤리학이 그렇게 결합된 결과, 우리에게는 무엇이 주어집니까? 우리는 도덕법칙이 없는 물질적인 세계에 던져진 존재로 남게 됩니다. 따라서 우리는 다윈이 말한 '존재를 향한 투쟁'이라는 관념을 새로운 절대적인 근거로 삼고, 그에 따라 모든 도덕적 결정을 내리게 됩니다. 다윈은 자서전에 이렇게 기록

하였습니다:

내가 아는 한, 여하한 인격적인 신 혹은 벌이나 상급을 내린다는 미래의 존재에 관하여 확고하고 영속적인 신념을 갖고 있지 않은 사람이 자기 삶의 규칙으로 삼는 것은 오직 그런 가장 강력한, 혹은 자신에게 최선이라고 여겨지는 충동들과 본능들을 따르는 길뿐이다.[50]

만일 우리가 무의미한 우연한 돌연변이의 산물이라면, 만일 하나님이 환상에 불과하고 성경의 계명들이 근본적으로 부도덕한 것이라면, 진화라는 밀물과 썰물이 실제성에 관한 유일한 참된 진리가 될 것입니다. 만일 그 모든 우연한 과정들이 우리를 더 나은 곡선의 상층부로 데려간다면 (그 곡선이 하강 곡선이 되지 말라는 이성적인 보증도 없지만), 정직한 자들은 생존 투쟁을 도와 오직 '적자'들이 살아남아 계속적인 자손 생산을 하도록 돕고자 할 것이고, 온유한 자들은 그 진화론 틀 안에서 아무 것도 상속받지 못하게 될 것입니다. 한 유명한 인류학자 겸 진화론자가 한 말처럼, "내가 도달한 결론은 이것이다. 즉 그리스도의 법은 진화의 법과 공존할 수 없다는 것이다…아니, 그 둘은 서로 투쟁한다…. 그리고…산상수훈은 진화론적 사다리에 대한 정죄이다."[51]

이 진화윤리학의 결과, 휴머니스트 세계관이 일반적으로 수용하는 도덕성은 '도덕적 상대주의'입니다. 특정한 행위들은 일부 사람들에게는 도덕적이라고 여겨지지만 다른 사람들에게는 그렇지 않으며, 한 때는 옳지만 다른 때에는 옳지 않다는 것입니다. 모든 윤리는 근본적으로 '실험적인 행위들' 이 되어 결과에 따라 시험을 받습니다. 결국, 바른 도덕은 자기 이익, 자기 주장, 자기 보전이 됩니다. "이 행위가 나에게 좋게 여겨지는 결과를 내는가?" 하는 질문이 유일한 도덕적 판단기준이 됩니다. 모든 교리들은 소위 우리의 자유에 거치는 것이며 (더 높은 법은 없다는 교리를 수용하라!) 따라서 더 높은 법은 억압적이므로 배제됩니다. 덕분에 일부 사람들은 도덕적 제한을 전혀 받지 않거나 괘념치 않게 됩니다.

도덕적 상대주의가 인기 있는 이유는 사람들이 진화론적 윤리학에 비교적 익숙해졌기 때문입니다. 쾌락과 자아에 대한 강박관념은 하나님의 절대적인 도덕 계명을 거부하는 우리 시대의 문화에서 볼 수 있는 전형적인 행태입니다. 대중적인 상대주의는 집단 테러나 살인 강간 등의 악행에 대하여, (진화론 논리에) 맞지 않는 반감을 명백히 간직하고 되어 있습니다. 그러나 진화론적 생물학에 근거한 윤리학의 논리적 귀결에 따르면 그보다 더 이상한 관점이 두 가지 더 있습니다.

내가 아니라 유전자 탓

생물학적 결정론은, 그것이 진화론의 논리적 귀결이기 때문에, 실제로 우리 사회의 지배적인 아이디어가 되어가고 있습니다. 그 이론은, 우리가 한 도덕적 행위들은 우리의 자유로운 의식이 선택한 결과가 아니라 유전적으로 결정된 것이 틀림없다고 보기 때문에 잘못된 행위들을 변명하게 하고 정당화 시키는 경향이 있습니다. 일단 진화를 우리 외부에서 우리의 직접 통제에서 벗어나 항상 저항할 수 없도록 결정론적으로 작용하는 힘이라고 믿게 되자, 현대인들은 윤리적 질문도, "내가 어떻게 내 행위에 대하여 책임을 질 수 있는가?"라고 묻게 되었습니다. 만일 내가 진화에 의해 유전적으로 특정한 범죄 경향을 타고 났다면, 그 죄에 대해서 왜 벌을 받아야 합니까? 내가 성적 욕망을 통제할 수 있을까요? 예를 들어, 일부 사람들은 현재 믿기로, 선천적인 동성애자라고 합니다. 아동도착증 환자들과 근친상간자들에 대한 두 개의 휴머니스트들이 행한 연구 결과에 의하면, 두 경우가 다 '생물학적으로 결정된 것' 이라고 의심된다고 하였습니다.

결국 이것은 이성적인 법률 체계를 해체시키는 결과를 낳을 것입니다. 특정한 심리학 이론들에 근거한 '축소된 책임성' 에 관한 일부 가정된 기초들이란 소리를 들을 때마다 제 마음에는 큰 의문이 듭니다. 잘못된 행위들은 더 이상, 범죄가 아니라 질병이라는 생각이 점차 확산되고 있습니다. 19세기에 횡행했던 진화론적 사고가 이제는, 범죄자들을 그 두개골 형태와 턱뼈선, 코 모양 등으로 판별한 바, 덜 발달된 뇌를 가진 자들이 틀림없다는 아이디어에까지 이른 것입니다. 유전자가 그런 식으로 반응하게 했기 때문에 자신은 어쩔 도리가 없었다는 변명은, 전에는 말도 안 되는 변명이라고 판정되었지만, 현재는 법률 체계에 대한 새로운 위협이 되고 있습니다.

정말 섬뜩한 점은, 옳음과 그름을 구별하는 절대적인 도덕 법칙이 없는데 어떻게 누가 '아픈 자' 이고 누가 그렇지 않은지를 결정할 수 있다는 말입니까? 만일 우리 모든 사람들이 (우리 유전자의 충동을 따라) 우리가 보기에 옳고 최선인 일을 행한다면, 아동도착증이 건강한 것인지

병인지를 과연 누가 자신 있게 말할 수 있겠습니까? 만일 인간이 유전적 충동들을 따르고 있을 뿐이라면, 강간이 병이라고 과연 누가 말할 수 있겠습니까? 무엇보다 짐승들의 경우, 강한 놈이 약한 놈을 잡아먹고 종을 번식시킬 필요가 있습니다. 혹시 일부에선 이미 도덕성을 주장하는 기독교인들은 병든 인간들이라고 선언하지 않았을까요? 십계명과 산상수훈은 부도덕한 윤리라고 선언하지 않았을까요? "성행위와 임신을 평생에 걸친 결혼 관계에 국한시키려고 하는 기독교인들은 다 병들고 억압적인 인간들이다!" 세상에서 도덕성이 금방 머리를 돌리고 더 이상 하나님께 순종하지 않게 될 수 있습니다. 하얀 실험 가운을 입은 인간들은 새로운 계명을 주창합니다: "너희 모두는 유전자를 따를찌니라!"

마지막 해결책

아마 여러분은 제가 앞서 말한 것들이 헛소문 같은 엉뚱한 과장이라고 생각하실지 모르겠습니다. 어떻게 역사상 가장 문명화된 사회가 그런 것을 용납하겠습니까? 설마 계몽된 사람들이 자기 자신을 위한 이기적인 규율을 만드는 일을 지지하겠습니까? 그런데 (놀랍게도) 그렇게 한 결과들이 이미 우리 곁에 있습니다. 휴머니스트 막스 호커트는 하나님의 존재를 부인하고, 그 결과 아무런 도덕 법칙도 없다고 시인하면서 이렇게 주장하였습니다. "더구나 만일 하늘 어딘가에 기록된 도덕률이 있지만 신은 결코 그것을 강요하지 않는다면, 왜 누가 거기에 대해서 어떤 주의를 기울여야 하는지, 또 왜 우리가 그것을 지켜야 하는지, 나는 그럴

이유가 전혀 없다고 본다. 인간은 자기 스스로 규율을 만들 수 있고, 또 만들고 있는 존재이다.[52]

줄리안 헉슬리는 『멋진 신세계』를 쓴 알더스 헉슬리의 형제이고, 다윈의 충실한 후견인이었던 토마스 헉슬리의 손자로서 20세기의 유력한 인물인데, 그 사람만큼 생물학적 진화 윤리에 관하여 분명한 개요를 제시하고 주창한 사람도 또 없을 것입니다. 줄리안 헉슬리는 매우 열성적인 진화론자였습니다. 그는 현대인으로서 진화론적 휴머니즘을, 자신의 저술 중 가장 알려진 책인 『계시 없는 종교』에서, 하나의 완전한 신념 체계로 발전시켰습니다. 그는 동물학으로 옥스포드에서 박사학위를 받았고, 거기서 가르쳤습니다. 1925년에 런던 소재 킹스 칼리지의 동물학 교수가 되었고, 1946년에는 유엔 교육 및 과학 기구의 총재가 되었습니다. 1952년에는 영국 휴머니즘 협회의 회장이 되었고, 1957년에는 왕립협회에서 다윈 메달을 받았습니다. 1962년에는 그 해의 휴머니스트로 선출되었고, 1973년에는 '제2 휴머니즘 헌장'에 서명하였습니다. 많은 저술을 낸 작가이며, 현대의 가장 유력한 진화 사상가 중 한 사람이었습니다.

헉슬리는 스스로 '진화론적 휴머니즘 복음'이라고 이름한 사상을 언급하였습니다. 그의 윤리학의 기초는 단순하고 논리적으로 일관됩니다: 무엇이든 진화과정에 도움되는 것은 선하고, 진화를 방해하는 것은 악하다는 것입니다. 그는 인간의 많은 가능성을 믿었습니다. 헉슬리는 일련의 논문들로 구성된 잘 알려지지 않은 작은 책자를 1926년에 출판하였습니다. 『생명의 흐름』이라고 이름 붙인 그 논문들은 원래 대중 라디오 방송 원고로 집필된 것으로서, 거기서 헉슬리의 유전관과 진화관을 쉬운 말로 요약해 놓은 것을 볼 수 있으며, 책은 '더 나은 것에 대한 희망' 이라 이름 붙인 마지막 장에서 끝납니다. 헉슬리는 존경할 만한, 교육받은 영국인으로서 교육자로서 명예로운 지위를 끝까지 지킨 인물로 기억되고 있습니다.

헉슬리는 인종은 상향적으로 진화하며, 인간의 의무는 그 과정을 도와 인간 혈통이 '개선되게' 하는 것이라고 믿었습니다. 인간은 고도로 진화된 동물로서 인간 존재는 가축들과 마찬가지 방식으로 생각하는 것이 마땅하며, 선택 교배를 채용함으로써 진화 과정을 더럽히는 '결함적인' 가계가 증대되지 않게 해야 한다고 믿었습니다. 그는 개인의 모양 차이뿐 아니라 신체적, 정신적 능력상의 여러 가지 차이들은 환경이나 조건화에 의한 것보다 훨씬 더 유전(즉 유전적 특질)에 의한 것이라고 확신했습니다. 그는 이렇게 썼습니다: "재능 있는 자나 천재들은 평균적으로 낮은 체형이나 간질 같은 특별한 결함과 관계가 없다는 중요한 사실이 밝혀졌다…. 한 방면으로 나타나는 특별한 재능은 평균적으로 일반적으로 전반적 능력이 높은 자들과 상관관계가 있다."[53]

만일 독자 여러분이 이 말에 암시된 의미를 아직 분명히 파악하지 못하였다면, 그가 책의 마지막 장에서 한 다음의 말들을 한번 잘 생각해 보시기 바랍니다:

특정한 단순한 사실들을 인식하게 되면 자연히 우생학적인 아이디어가 떠오른다. 최우선적인 사실은 진화 즉, 인간이 상속한 능력은 야생 [동물]의 능력들에서부터 완만한 상승적 진보를 통하여 발전된 것이며 그 위를 향하여 더욱 계속 되는 진화 과정을 거슬리는 것은 아무 것도 없다는 인식이다…. 마지막으로, 그 민족의 유전적 특질은, 과거에는 자연 선택이라는 가지치기 칼 덕분에 각 혈통의 표준이 유지될 수 있었지만, 현재는 비록 느리긴 해도 (그 특질이) 확실히 계속 낮아지고 있는 것이 사실이다…. 따라서 우리는 마땅히 세상에 올 우리의 자녀들이 가능한 한 최선의 구성을 얻도록 보장해 주고자 노력해야 하며, 그 일은 자녀를 낳으려는 개인들의 권리를 약간만 통제하면 성취할 수 있는 것이다.[54]

헉슬리는 계속해서 책임 있는 우생학자라면 오늘날 어떤 제안을 할 것인지, 그 개요를 이렇게 제시하였습니다:

즉 특정한 타입의 결함을 가진 사람들이 자녀를 갖는 일은, 가능하다면, 막아야 하며, 그럼으로써 그 결함의 전파를 막아야 한다. 정신박약은 성홍열이나 천연두 같은 질병이다. 우리는 천연두 환자가 다른 사람들과 접촉함으로써 질병을 전파시키는 일을 허용하지 않는다…. 이 섬에는 정신적 결함을 가진 사람이 약 40만 명이 있다. 만일 우리가 그 모든 결함자들을 생식불능자로 만들 수 있었다면, 그 결함 퍼센트는 3 내지 5 세대 만에 반으로 줄어들었을 것이다. 생식능력은 결함자들을 특별 기관에 격리시키거나 인공 불임 시술로써 정지시킬 수 있다. 그 수술은 남자들에게는 대수롭지 않고 여자들에게는 다소 심각한 수술이지만, 사실 심리적 효과는, 특히 역시 남자들의 경우, 거의 무시할 수 있을 정도인 것이다.[55]

또한 헉슬리는 장애인을 향한 우리의 동정심은 잘못이라고 주장했습니다:

그러나 고통 받는 자들을 동정하여 그들을 살려줄 뿐 아니라 자녀 생산도 허용하고, 그로 인하여 인종의 질을 저하시키고 또 아직 태어나지 않은 자들의 더 많은 고통을 산출하는 일에 대해서는 어떻게 생각해야 하는가? 최근에 실제로 일어난, 간질병 환자 여인을 병원에 데려가 불임 치료 수술을 받게 한 경우나, 두 귀머거리 벙어리 부부의 결혼으로 인하여 생긴 '행복'이라는 것을 기뻐하는 감상적인 행위들처럼, 잘못 베풀어진 친절에 대해서는 도대체 어떻게 생각해야 하는가?[56]

헉슬리가 생각하는 인류의 소망은 도대체 어떤 소망인지, 그 분명한 그림을 위해서 몇 가지 사례를 더 인용합니다:

정신박약아 자녀를 두었거나 그 아이 자신이 정신이상 기미로 인해 스스로도 마음에 큰 괴로움을 겪는다는 사실을 안다면 얼마나 비통하겠는가! 그 정신박약 아이를 교육하고 돌보는 일에 많은 돈을 쓴다면 그것이 어찌 허비가 아니겠으며, 더욱이 그 결과가 또 다른 세대의 정박아를 돌보고 교육시키는 일이라면![57]

어떤 행위는 필수적으로 이루어져야 한다… 이 사실을 인식할 때, 사람들은 정부에게, 인구조사를 통하든지 혹은 최근 스웨덴에 설립된 것처럼 인종생물학을 위한 특별 부서를 주 정부 안에 두든지 하여, 단계별로 필요한 지식을 획득하라고 요구하게 될 것이다. 그렇게 되면, 일단 드러난 사실들이 있으므로, 그에 관한 지식이 광범위하게 확산될 것이고, 곧 실천이 그 뒤를 따를 것이다.

우리 인간은 진화의 수탁자이고, 이 문제를 직면하지 않는 것은 우주의 권세들

이 우리 손에 맡긴 신뢰를 저버리는 것이라는 사실을 잊지 말도록 하자.[58]

헉슬리의 말이나 제안에 들어 있는 측은지심이나 도덕적 덕목으로 인하여 어리둥절하는 사람은 아마 별로 없을 것입니다. 이런 인용문들을 읽으면 제2차 세계대전을 촉발한 독일의 파시스트 독재자가 그런 아이디어를 주장했던 일이 생각납니다. 또 그와 대조적으로, 예수 그리스도께서 제대로 말도 하지 못하는 귀머거리를 만났을 때 하신 말씀과 고쳐주신 일이 생각납니다:

예수께서 그 사람을 따로 데리고 무리를 떠나사 손가락을 그의 양 귀에 넣고 침 뱉아 그의 혀에 손을 대시며 하늘을 우러러 탄식하시며 그에게 이르시되 "에바다!" 하시니 이는 열리라는 뜻이라. 그의 귀가 열리고 혀의 맺힌 것이 곧 풀려 말이 분명하더라. 예수께서 저희에게 경계하사 "아무에게라도 이르지 말라" 하시되 경계하실수록 저희가 더욱 널리 전파하니 사람들이 심히 놀라 가로되 "그가 다 잘하였도다. 귀머거리도 듣게하고 벙어리도 말하게 한다" 하니라(마가복음 7:33-37).

아이디어는 결과를 낳습니다. 인간의 생명이 신성한 것이 아니라면, 소모품으로 여겨집니다. 우리가 단지 짐승에 불과하다면, 개나 소처럼 더 좋은 새끼를 낳기 위해서 얼마든지 교배를 당할 수 있습니다. 그러나 헉슬리를 극단주의자로 정죄하기 전에 우리는 그가 제안한 우생학 프로그램이 오늘날 우리가 '책임 있다'고 여기는 여러 가지 방식으로 시행되고 있다는 현실을 심각하게 고려해야 합니다. '흠이 있는 개체'의 교배를 허락하지 않는 것이 바로 우생학적 아이디어입니다. 오늘날 우리는 다운 증후군 같은 정신적 장애이든 척추파열 같은 신체적 장애이든, 일부 장애에 걸릴 '높은 위험도'가 있다는 진단 하에 수백만의 태아를 낙태시키고 있습니다. 많은 경우 장애 확률이 훨씬 적은 경우에도, 단지 의심만 들어도 태아를 낙태하고, 실제로 몸이 불편하다는 이유만으로 낙태를 하기도 합니다. 인간은 그 어떤 종류의 장애나 비정상이 있다 해도, 그것이 유전적이든 무엇이든, 어떤 천재보다 조금도 모자라지 않게 만족스럽고 생산적이고 행복한 삶을 살 수 있고 또 살고 있다는 것은 너무나 잘 알려진 사실입니다. 저는 물리학자 스티븐 호킹은 줄리안 헉슬리의 『멋진 신세계』에서는 존재하지 못했을 것이라고 확신합니다. 도대체 누구는 살아야 하고 누구는 죽어야 한다고 결정할 권리는 어디서 오는 것입니까? 진화가 사람들에게 모든 권리를 부여하는 이유는 생물학적 투쟁 안에는 절대적인 옳음과 그름이 존재하지 않기 때문입니다. 오직 적격자와 부적격자, 건강한 자와 병든 자, 그것들이 새로운 윤리적 기준이 됩니다.

오늘날 일부 여성들은, 미국 코미디 시리즈 〈프렌즈〉의 한 에피소드에 나온 것처럼, 마음에 드는 특성과 태도를 지닌 남성 견본을 고르기 위해 정자 은행에서 준 카타로그를 보고 가격대에 맞는 정자를 선택할 수 있다고 합니다. 아마 독자 여러분은 유명한 얘기, 유전공학자들이 미래에는 유전자 조작을 통하여 우리 후손의 성과 체형뿐 아니라 눈 색깔까지 선택할 수 있을 정도로 원하는 유전 특성만 선택적으로 분리하는 일이 현실화될 것이라는 호언장담을 한번쯤은 다 들어보았을 것입니다. 이런 일들은 더 이상 순수 과학소설의 영역에 들지 않습니다. 앞에서 썼지만, 과학자들이 인간의 배아를 복제했다는 뉴스 보도가 있었습니다. 그 일은 분명히 자녀 생산이 아니라 질병 예방 차원에서만 의도된 것이지만, 분명히 일부 과학자들은, 윤리학자들이나 정부에서 무엇이라 말하든지 관계없이, 그 실험을 계속 진행시킬 것입니다. 영화의 세계에서는 〈가타카〉나 〈제6일〉 같은 영화들이 실제로 그리 멀리 있는 일이 아닙니다. 왜냐하면 우리는 헉슬리가 주장한 우생학 아이디어들을 현대 의학이라는 존경할 만한 허울로 덮어 씌워서 여태까지 숨겨왔기 때문입니다. 참으로 제2차 세계대전 이후로는 그 '수퍼맨'이란 관념이 없어졌을까요? 아니요! 진화론적 허구(픽션)이 지배하는 한, 아직 멀었습니다.

현대의 휴머니스트들 중 많은 경우는 (헉슬리의 경우처럼) 아는 체하는 속물들이라고 생각됩니다. 헉슬리가 얼마나 자주 '정신박약'을 언급했는지 유의해 보십시오. 그는 종종 우리들 가운데 몇 사람들에게 인간성 발전의 장애물이라는 꼬리표를 붙였습니다! 평균 이하의 지능을 가진 사람들은, 비록 입으로는 휴머니스트들이 나서서 그들을 기독교인들의 '억압적인 도덕화'로부터 보호하겠다고 주장하였지만, 실제로는 종종 휴머니스트들에게 경멸스런 눈총을 받았습니다. 선도적인 휴머니스트 코를리스 라몽은 이렇게 표현하였습니다. "휴머니스트는 멍청함을 이기심과 같은 정도의 죄로 여긴다. 그리고⋯ 지성적인 계급에 속해야 한다는 도덕적 책임은 언제나 모든 의무들 중에서 가장 높은 의무에 해당된다."[59] 이 말이 암시하는 것은, '지능적인' 존재만이 옳음과 그름을 결정하기에 적합한 존재이고, 따라서 그들만이 사회의 도덕적 안내자가 되어야 한다는 것입니다. 그러나 그 지능적인 자들이 자신들이 싫어하는 것, 즉 사회의 나머지 구성원들이 따라야 할 도덕적 지침을 세웠다는 것은 아이러니가 아닐 수 없습니다. 휴머니스트 철학자가 한번은 대화 중에 저에게 이런 말을 하였습니다. "이제는 하나님이란 개념은 불신을 받고 더 이상 심각하게 여겨지지 않는다. 우리는 지금 신을 언급하지 않고도 말할 수 있는 도덕성 체계를 개발하는 중이다."

마지막으로, 독일에서 진화론적 윤리가 나치 정권의 독재에 영감을 주었다는 사실에 대해서 아무도 이의를 제기하지 않는다는 사실을 들 수 있습니다. 히틀러와 그 수하들은 공개적으로 진화(이론)은 자신들이 저지른 만행을 근본적으로 정당화해 준다고 주장했습니다. 프리드리히 폰 베른하르디는 자기 책 『독일과 그 다음 전쟁』에서, "전쟁은 생물학적 필요이며, 자연의 요소들 사이의 투쟁만큼이나 필요한 것이다. 전쟁은 사물의 본질 자체에 근거한 결정이므로, 전쟁이 주는 결정은 생물학적으로 정의로운 결정이다"[60]라고 했습니다.

저는 앞에서 "진화론 윤리가 국가 윤리로 활약하는 사례를 본 적이 있습니까?"라고 질문했었습니다. 그 대답은, "네, 몇 가지 사례를 본 적이 있습니다." 가장 악명 높은 사례는 아마 나치 독일, 공산 러시아, 그리고 공산 중국일 것입니다. 오래 전, 캠브리지 대학의 지질학자이고 다윈의 동료였던 아담 세즈윅은 다윈의 『종의 기원』을 이렇게 평했습니다. "[종의 기원은] 계급적 물질주의를 솜씨 좋게 접시에 구워낸 것이다…. 왜 그런 일이 생겼을까? 나는 그 이유를, 다른 어떤 이유보다도, 우리를 창조자로부터 독립시키기 위함이었다고 확신한다."[61] 그는 다윈의 아이디어들이 야수성이라는 새로운 시대를 알릴 것이라고 예견하였습니다. 역사를 보면 그가 옳았음이 증명됩니다. 지면이 허락되었다면, 1917년에서 1959년까지 소련 연방에서 막시스트 진화론이라는 지배 이념으로 인하여 1억1천만 명의 목숨이 스러진 것에 대해서 이야기할 수 있었을 것입니다. 공산 중국의 지도자들은 자기 지역에서 3천만 명을 죽였습니다. 캄보디아에서와 다른 동남 아시아 여러 지역에서도 많은 군중이 살륙을 당하였습니다. 막시스트 이데올로기 때문에 약 20억에 달하는 남자와 여자들이 정치적으로 노예생활을 하고, 자유를 누리지 못했습니다. 1861년에 막스는 이렇게 기록한 바 있습니다: "다윈의 책은 매우 중요하다. 나는 자연 선택에서 역사상 존재했던 모든 계급 투쟁의 기초를 발견하였다."[62]

그러나 아서 케이쓰 경을 비롯한 당대의 많은 역사학자들은 다윈의 진화 교리 때문에 유럽에 전쟁이 일어날 것을 확신했습니다. 1935년에 30개국을 대표하는 한 심리학 위원회는 짤막한 선언을 발표하였습니다: "전쟁은 다윈의 이론에서 나오는 필연적인 결과이다."[63] 히틀러는 독일의 모든 관습을 진화론적 이론에 맞추려고 하였습니다. 진화론에서 기독교 가치관에 대항할 수 있는 최대의 무기를 발견한 것입니다. 그는 그것을 이렇게 말했습니다: "나는 기독교를 여태까지 존재했던 것 중 가장 약하고 유혹적인 거짓말이라고 여긴다."[64] 『나의 투쟁』에서 히틀러는 스스로 이렇게 썼습니다: "나는 왜 인간이 자연만큼 그저 잔인하면 안 되는지 그 이유를 알지 못하겠다…. 세상에 있는 인종 중 순수 종족이 아닌 인종은 다 쓰레기에 불과하다."[65] 혹시 독자들 중에서 제가 지금까지 연결시킨 논리가 의심스러운 분이 계시다면, 이 주제를 보다 면밀히 연구해 보시라고 제안하고 싶습니다. 아마 나치 정권이 행한 무서운 독재의 뿌리에 진화론 사상이 놓여 있는 것을 쉽게 발견하게 될 것입니다. 역사 철학자 존 코스터는 한 가지 분명한 경고를 우리에게 줍니다:

다윈과 헉슬리가 그린 우주 내 인간의 위치 그림은 대학살로 가는 길을 예비해 주었다…. 과학자 다윈은 니체의 초인 이론에 직접적인 영감을 주었고, 그 필연적인 결과는 일부 사람들은 인간 이하라는 나치의 주장을 낳았다…인간은 다른 사람들을 기계로 여기는 사고를 중지하는 법과 다른 사람들을 영혼을 소유한 남자와 여자로 생각하는 법을 반드시 배워야 한다…과학적 무신론이 정신병의 한 형태라는 이 분명한 사실을 증명하기 위하여 또 다시 수많은 인명을 앗아가는 역사를 되풀이 할 필요는 전혀 없는 것이다.[66]

확실한 대조

제가 이 말씀을 드린 것은, 진화를 믿는 사람들은 다 그런 윤리를 가졌다는 말이나 혹은 모든 휴머니스트들이 니체나 히틀러의 철학에 동조한다는 말은 아닙니다. 제가 말씀드리려는 것은, 만일 진화론자들이 자신의 실재에 관한 '진리'를 윤리 영역에 적용시키고자 할 경우, 최악의 경우, 줄리안 헉슬리의 우생학이나 히틀러의 초인 이론에 찬성을 해야 할 것이며, 혹은 최선의 경우라 할지라도, 무신론적 진화론자들에게는 결속력 있는 도덕적 법칙이라곤 결코 존재할 수 없기 때문에, 다른 사람들에게 어떤 일을 해야 한다거나 하지 말아야 한다고 주장할 근거가 전혀 없음을 인정해야 한다는 말씀입니다.

우리는 과연 도킨스의 말처럼 "유전자에 맞추어 춤을 추고 있을 뿐"입니까? 아니면 우리 인간이란 존재는 도덕적 능력이 없는 생화학적 기계들과는 다른 존재입니까? 옳음과 그름이 있어서 우리의 행위가 하나의 도덕적 절대 법칙의 안내를 받습니까, 아니면 그런 얘기는 순전히 감상적인 넌센스에 불과합니까? 이런 얘기가 있습니다. 한번은 프랑스 무신론자 볼테르에게 무신론자 친구들이 찾아와 저녁을 먹게 되었는데, 자기가 고용한 하인들 앞에서는 절대로 무신론 얘기를 꺼내지 말라고 했답니다. 왜냐하면 볼테르는 자기 하인들이 그런 불경건한 이야기를 들으면, 나온 말을 곧이듣고 자기 소유를 훔치거나 잠든 사이에 자기를 죽일까봐 두려워했다는 것입니다. 그는 미래에 우리의 모든 행위를 (신 앞에) 고할 것이라는 도덕 법칙과 신념 덕분에 자신이 고용한 하인들이 범죄에 빠지지 않는 것을 알았던 것입니다. 임마누엘 칸트는 일찍이 자신 안에 있는 도덕 법칙 덕분에 자신은 "언제나 새롭게 증가하는 경이감과 경외심"[67]으로 가득하게 된다고 말했습니다.

하나님이 없이는 도덕적인 사회를 세우는 것이 가능하지 않습니다. 역사가 이미 그것을 증명하였습니다. 성경은 우리가 하나님에 의해, 하나님의 형상대로─즉 도덕적이고 영적이고 자유롭게 창조되었고, 하나님의 사랑의 법칙이 우리 양심에 심겨졌다고 말씀합니다. 예수께서는 우리에게, "유전자라는 생물학적 법칙에 따라 춤추는 것"과 정 반대로, 우리에게는 하나님의 사랑의 법칙이 있고, 거기 순종하려면 하나님과 우리 이웃을 향한 사랑이 요구된다는 진리를 가르쳐 주셨습니다. 사도 바울은, "우리가 그를 힘입어 [유전자가 아니라 하나님을 힘입어] 살며 기동하며 있느니라"(사도행전 17:28)라고 가르쳤습니다. 우리는 하나님이 하나님을 알도록 창조하신, 무한한 가치를 지닌 존재인 것입니다.

이제 계속해서 성경과 그 메시지를 살펴보면서 휴머니즘과 생명의 신성함에 관한 기독교적 견해 사이의 대조를 알아봅시다. 어떤 원칙들 위에, 개인으로서 또 가족과 공동체로서, 우리의 삶을 세울 수 있을지를 물어봅시다. 예수 그리스도의 인격을 깊이 생각하면서, 과연 그를 믿어야 하는지, 아니면 다윈이나 헉슬리나 도킨스 같은 다윈의 제자들을 믿어야 하는지를 깊이 생각해 봅시다. 휴머니스트는 결국, "당신 자신이 되시오. 당신을 위해서 무엇이 옳을지를 결정하고, 당신 자신의 본능을 따르시오"라고 조언하는 셈입니다. 그러나 기독교는 그와 정반대로, "하나님께 순종하고 예수 그리스도 안에 나타난 표준을 따르시오"라고 말하고 있습니다. C. S. 루이스는 그것을 이렇게 요약하였습니다: "이쪽 (진화론자의) 천국에서는 말고삐를 말 목 위에 안전하게 둘 만한 곳이 없습니다. 그러므로 '우리 자신들이' 하나님의 자녀들이 되지 않고, 단순히 '우리 자신이 되는 것' 만으로는 결코 옳다할 수 없습니다."[68]

5. 에덴의 메아리

돈을 사랑하는 자는 돈으로 만족하지 못하고 풍요를 사랑하는 자는
소득으로 만족하지 못하니 이것도 헛되도다. (전도서 5:10)

우리가 평생 열망하는 것들은 단지 환상으로 치부되기도 하지만,
사실 그것은 우리가 처한 실제 상황을 드러내 주는 가장 진정한 지표이다.
(C.S. 루이스)

자동차 사건

그 날은 정말 기억에 남을 만한 날이었습니다. 나의 인생에 지울 수 없는 흔적을 남기고, 행복에 겨워 비명을 지르게 할 만한 날, 정말 기념비적인 의의를 가진 날이었습니다. 지난 수 개월 동안 오직 그 날만을 꿈꾸며 살았습니다. 정말 여태까지 했던 어떤 일보다 더 하기 싫은 그 지긋지긋한 일을 오직 그 날만 기대하며 견뎠습니다.

지난 수 주간 동안 수많은 은색 트레이들이 콘베이어 벨트에 실려 내 눈앞을 통과하는 모습을 지켜보았습니다. 내 앞 저쪽, 콘베이어 벨트 건너편에는 이쪽 것보다 더 큰 은색 트레이들이 수두룩하게 쌓여 구역질나는 같은 광경을 연출합니다. 오른쪽에는 껍질이 벗겨져 차갑게 식은

닭 모가지들이 잔뜩 쌓여 있습니다. 중앙부에는 닭 간, 왼쪽에는 껍질이 벗겨진 닭똥집이 작은 산처럼 쌓여 있습니다. 우리 기계는 이 거대한 공장의 ‘E 라인’ (닭똥집 벗기는 라인) 바닥에 설치된 기계이고, 작업 중에는 장갑을 끼지 못하기 때문에 맨손으로 그 더러운 닭들을 헤집어야 합니다. 작은 트레이들이 내 앞을 지나가면, 숙달된 솜씨로 정해진 내장을 정해진 더 작은 트레이에 집어넣어야 합니다. 그러면 그 트레이들은 두 개의 불쾌한 내장덩어리를 싣고 거기에 더 집어넣는 작업을 하는 내 동료를 지나, 마침내 그 작은 장기들을 플라스틱 백에 넣고 묶어 닭 안에 밀어 넣을 준비가 된 기계에 도달하기까지 ‘즐거운’ 여행을 계속합니다. 그렇습니다. 그것은 닭 내장 포장 기계 작업이었습니다.

그 닭 공장에서 하는 일이 얼마나 엄청나게 지루했는지는 도저히 말로 표현할 수가 없습니다. 내가 거기서 일하게 된 계기는, 고등학교를 마치고 대학에 들어가기 전에 잠깐 아르바이트를 좀 해 보자고 생각했기 때문입니다. 그러나 그 일은 정말 엄청나게 인내를 시험하는 일이었습니다. 일곱 시간 동안 한 자세로 서서 로봇처럼 움직여야 했습니다. 나는 정신을 놓치지 않으려고 노래를 흥얼거리거나 책에서 본 내용을 암송하곤 했습니다. 그러나 대개의 작업 시간은, 이제 그토록 고대하는 날이 되면 무엇을 할 것인지, 나의 젊은 시절을 완전히 바꿀 그 날이 되면 드디어 ‘처음으로 내 차를 산다!’ 는 생각을 하며 견뎠습니다. 물론 그것은 내가 거기서 일 하는 유일한 이유였습니다. 십대들 최고의 자랑거리이자 최고의 상징물을 살 수 있을 만큼 충분한 돈을 모으는 것! 나는 일찌감치 결정을 하고 친구의 형과 보수를 담판 지었습니다. 드디어 그 차를 보게 된 날, 저는 그걸 얻을 날이 바로 코 앞에 다가왔음을 알았습니다. 샤시가 얼마나 굽었는지를 보는 순간에 태양은 그 우아한 빨간 보넷을 반짝여 주었고, 1000cc 엔진은 고양이처럼 가르릉 소리를 냈고, 말끔하게 윤을 낸 내부는 마치 자동차 경주에서 우승한 차처럼 보였습니다. 드디어 500파운드짜리 탈봇 삼바의 당당한 주인이 된 것입니다.

닭 공장에서 3개월을 훌륭히 버틴 결과, 결국 그 차를 살 돈과 자동차 보험 및 기타 필요한 것들을 지불할 수 있는 충분한 돈을 모을 수 있었습니다.

드디어 내 꿈을 실현시키는 날이 밝았습니다. 이제 열 아홉 살, 윌트셔의 한 작은 시골 마을에 살던 녀석이 십대에 자기 승용차를 갖는다는 것은 유명한 탈렌트가 되는 것 만큼이나 엄청난 일이었습니다. 차를 얼마나 광나게 닦았는지 거의 페인트가 벗겨질 지경이었습니다. 차를 달리며 우유 배달 수레, 세 발 자전거, 스쿠터, 자전거 등을 추월할 때면 정말 기분이 좋았습니다. 그러나 한 두 달이 지나자, 점차 내가 느낄 것이라고는 상상도 하지 못했던 일들이 경험되기 시작했습니다. 그것은 아픔 같은 실망감이었고, 또한 불현듯 느껴지는 지루함이었습니다. 다른 차들이 눈에 들어오기 시작한 것입니다. 둘러보니 다른 사람들의 차는 다 내 차보다 더 크고, 더 좋고, 더 빠른 것이 아니겠습니까? 사실 내 차가 황당할 정도로 어이없는 차라는 사실을 알게 되기까지는 얼마 걸리지 않았고, 사실이 그러하니 억울해 할 필요도 없다는 생각도 들었습니다. 새 모습은 거의 순식간에 낡은 모습이 되었고, 내 차를 다른 더 좋은 차와 바꾸고 싶다는 생각이 간절해졌습니다. 더 빠른 차를 사면 진정한 차의 즐거움을 맛볼 수 있을 거야! 그래서 나온 해결책은 살롱카의 왕자 복살 카발리에였습니다!

처리 안 된 전염병

"저쪽 풀밭이 늘 더 푸르게 보인다"는 옛 격언은 죽지도 않는 것 같습니다. 사실 트래비스 그룹이 최근 발표한 곡에도 그와 비슷한 가사가 나옵니다. "이상하게 태양은 항상 내가 택하지 않은 쪽만 비춘다." 진정한 행복은 언제나 저 모퉁이를 돌아, 바로 우리가 잡을 수 없는 또 하나의 언덕 너머에 있다거나, 다음 직업 또는 다음 연인이나 새 집에 들어가거나 이 다음 번의 경험에서는 꼭 행복을 발견할 수 있을 것이라고들 말합니다. 우리는 우리의 모든 기대와 열광과 경이감을 너무나 쉽게 사라지게 하는 이 지루한 인생의 고질적인 병폐에 대하여 최종적인 마침표를 찍어 주는 '참신함'을 찾기 위해 그 일을 끝없이 반복하고 있는 셈입니다.

물론 차에 대한 저의 열광은 새 차를 사거나 그 다음에 또 새 차를 산다 해서 없어질 것이 아니었지요. 새 옷이라도 한 번만 입으면 금방 식상해지고, 아무리 최신 차를 샀어도 두 번만 기름을 넣으려고 주유소에 들리면 벌써 새로운 맛이 다 사라집니다. 아무리 엄청난 것도 우리 욕망의 탐닉에는 부족하다는 말은 마치 인생의 불변의 법칙처럼 여겨집니다. 어쩌면 물질로 만족하지 못하는 것은 우리 서구 세계만의 위대한 덕목인지도 모릅니다. 저는 저개발 국가들을 여행하는 동안 한 가지 특이한 사실을 발견했습니다. 소위 '가진 것이 없는 자들'이 서구의 '너무 많이 가져서 어쩔 줄을 모르는 자들' 보다 훨씬 만족지수가 높다는 사실입니다. 어떤 백만장자에게 "얼마나 더 가지면 행복하시겠습니까?"라고 물었더니, "그저, 조금만 더"라고 대답하였다는 유명한 얘기가 있지요? 그 말처럼 우리는 너무나 자주 실망하고, 또 한 해를 지내야만 만족할 수 있고 자족할 수 있겠다고 말들을 합니다. 기독교 사상가인 라비 자카리아스 박사는 이것에 대하여, "인생에서 가장 고독한 순간은, 궁극적인 행복을 줄 것이라고 믿었었는데 그 일을 실제로 경험하니 전혀 행복하지 않았다는 사실을 깨달을 때"[1]라고 갈파했습니다.

도대체 우리 마음을 쉬지 못하게 하는 이 끈질긴 갈망은 어디에서 생기는 것일까요? 도대체 왜, 그 많은 사람들이 모든 것을 가졌음에도 불구하고 스스로를 비참하다고 생각하는 것일까요? 시쳇말로도 "돈으로는 행복을 살 수 없다"는데, 우리들 대부분은 그 말을 도무지 믿지 못하는 것만 같습니다. 대부분의 사람들이 그저 재물이라고 하면 혹해서, 그 기만적인 약속을 보지 못하고, 거기에 목을 매고 있는 모습을 봅니다.

인간은 무엇보다 행복을 동경합니다. 우리는, 어떤 특정한 경험을 하게 되면 이 막연한 무엇에 대한 갈망이 채워질 것이라는 기대를 가지고, 늘 우리가 가진 것보다 더 많은 것을 갖고자 갈망합니다. 그러나 여러분, 어쩌면 지금이야말로, 그 "좀더 가져야만 한다!"는 외침을 잠재우고 우리에게 진정한 평화를 줄 때라고 생각되지 않습니까? 하지만 아쉽게도 이 욕망이라는 사자는 결코 그 입을 다물려고 하지 않습니다. 포식자는 만족할 줄 모르고, 우리는 불행하게도 그 아구에 물려 있는 것입니다.

살아 있기 때문에 겪어야 하는 가장 중요하다 할 수 있는 경험은 말로 형언할 수 없는 걱정과 무료와 슬픔들입니다. 그런 일을 한번도 겪어 보지 못했다는 인간은, 너무 어리고 순진해서 인생의 패턴을 보지 못한 사람이거나, 아니면 차라리 자기 자신을 속임으로써 그 비극을 벗어나 보려고 애쓰는 사람, 둘 중 하나입니다. "큰 집과 훌륭한 가족과 멋진 차를 가졌어도 여전히 비참합니까?"라는 제하에 실린 최근의 신문기사에서, 모든 조건을 갖춘 사람들도 인생을 비참하게 산다는 연구 결과를 잘 드러내는 사례를 봅니다.

데이빗(39세)은 얼마 전에 새 집을 샀다. 옥스퍼드셔 지방의 1에이커 땅에 건축된 집으로 주거공간치고는 아주 깔끔하고 넓은 (3,100 평방 피트) 집이다. 갈색 머리를 길게 늘어뜨린 예쁘고 젊은 아내는 세일 매니저로 일하는데, 그녀가 버는 돈을 합치면 그들의 연봉은 거의 백만 달러에 달한다. 그들은 함께 여행도 자주 한다. 최근 세 번의 휴가 때는 홍콩, 하와이, 캐이만 아일랜드를 여행했다고 한다. 두 부부 사이에는 아빠를 최고라고 믿는 일곱 살, 두 살 된 아들이 있다. 부부가 외출할 때는 전일제 유모가 와서 아이들을 돌본다. 데이빗의 업무 시간은 다른 사람들에 비해 다소 길다 할 수 있지만, 그것 역시 다른 사람을 위한 것이 아니라 자기 자신을 위한 것이다. 그는 배달 회사의 사장이라 자기 일은 스스로 결정한다. 그런 면에서 보면, 데이빗은 모든 것을 가진 사람이다. 그러나 그의 침대 서랍에는 수면제가 통채로 들어 있어서 그가 자살 생각을 아직 버리지 못하고 있음을 보여준다. 아직 그 약을 복용한 적은 없지만, 그는 자살을 고민한 적이 있다고 시인한다. 데이빗은 스스로 이렇게 자문한다. '왜 나는 행복하지 못한가? 겉으로 보기에는 썩 훌륭한 삶인데, 왜 나는 행복하지 못한가? 나는 한번도 행복했던 적이 없다. 게다가 왜 그런지도 이해가 안 된다.' [2]

저는 어느 날 저녁 시간에 〈파킨슨〉을 시청하고 있었습니다. 늘 그렇 듯이 그는 재미있는 게스트들을 모셨는데, 코미디언 빌리 코놀리와 싱 어 겸 뮤지션 스팅이었습니다. 저는 스팅이 자기 삶과 음악에 대해서 얘 기하는 것을 관심 있게 들었습니다. 그런데 그가 한 말 중에 무척 관심을 끄는 말이 있었습니다. 성공해서 부자가 되니 어떻습니까? 라는 질문에 대해 그는, "나는 성공과 행복을 같은 것이라고 생각했었어요. 그런데 정작 가장 성공했을 때가 가장 불행합디다"[3] 라고 대답했습니다. 스팅의 말에서 저는, 그렇게 황당하게 불행한 경우는 데이빗 같은 일반인들에 게만 생기는 일이 아니라, 인류 역사상 최고의 성취를 올린 최고 수준의 유명 인사들에게도 생기는 것을 알 수 있었습니다.

이 불행이란 전염병은 '내재적 우울증' 이라고 부르는 것인데, 그 주된 증상은 아침에 일어나 또 하나의 무의미한 날을 마주 대할 용기가 없는 사람들이 겪는 삶에 대한 무감각증입니다. 일하고 운동하고 소비하고 술 마시고 하는 것들은 다 이 속 깊은 곳에 있는 불안을 감추기 위한 전 형적인 수단입니다. 이 문제를 해결하기 위해 여러 심리학 이론들이 나 왔습니다만, 과연 그 이론들이 이 문제의 핵심을 짚었을까요? 심리학과 교수 데이빗 리켄은, 인류라는 종은 '본성상 행복한 종' 이라고 제안합니 다. 그러나 과연 그 말이 사실일까요? 우리 삶이 리켄 교수가 보는 그런 낙관적인 전망에 부합됩니까? 세계 역사가 리켄 교수의 주장을 지지하고 있습니까? 블레이즈 파스칼은 별로 긍정적이라고 보지 않습니다. "불안, 지루함과 걱정이 인간 본래의 존재 조건이다".[4]

제가 이런 말을 하는 것은 결코 우리 삶을 더 우울하게 만들려는 것이 아닙니다. 오히려 우리가 가진 이 고질적인 병폐의 참된 원인을 찾아보자는 말입니다. 인간 불안의 직접적인 근원은, 우리가 아무리 잘 살아도 결코 우리 마음에서 떠나지 않는 어떤 뿌리 깊은 만족감의 결여입니다. 무엇인가 일상적인 생활이 제공하는 것보다 더 높고 더 큰 어떤 것이 있을 것이라는, 우리 안에 있는 어떤 초월적인 것을 향한 설명할 수 없는 갈망이 그 불안의 원천입니다. 그러나 과연 그런 갈망이 우리를 선동하고 있다면, 그것은 도대체 어디서 유래한 것이고, 또 어떻게 하면 그것을 만족시킬 수 있을까요?

일생에 걸친 갈망

말로 표현하기는 어렵지만, 인간이란 본래 무엇인가 더 많은 것, 무엇인가 우리를 초월하는 것을 갈망하는 존재입니다. 만족과 평화와 행복은 분명한 이유가 없이 우리를 회피하는 것만 같습니다. 우리는 우리가 본래는 행복을 위한 존재, 기쁨을 위한 존재였다고 믿습니다. 고통과 수난은 어떤 실수에서 생긴 것이고 결코 우리 삶의 일부여서는 안 되는 것이라고 믿습니다.

그래도 여전히 질문이 남습니다. 도대체 그 무엇인가를 바라는 이유는 무엇인가? 생물학적 견지에서 말하면, 우리의 욕망이나 깊은 욕구는 다 핵심적인 만족의 근원을 지시한다고 합니다. 목이 마르면 마실 것에 대한 욕망이 생기고, 수도꼭지를 돌려서 컵에 물을 받거나 가판대에 뛰어가 콜라를 사 마십니다. 물로 원기회복을 얻어 만족하게 되면 목마름이 해결된 것이지요! 음식이나 그늘, 온기 등에 대해서도 동일하게 말할 수 있습니다. 그런 모든 자연적인 갈망들은 물질적인 설명으로 해결할 수 있습니다. 그런 물적 자원과 인간관계는 서로 합치되기 때문입니다. 그러나 그보다 더 깊은 갈망들은 여하한 물질적인 수단으로도 채워지지 않습니다. 어떤 모호한 것에 대한 욕구가 좀처럼 사라지지 않고 남아 있는 것입니다. 혹시 폭발적인 감정이나 진한 로맨스를 느낀다면, 혹은 대자연의 웅장한 장관을 볼 수 있는 위치에 서게 되면, 내 안에 있는 그 깊은 갈망이 만족될 것이라고 때로 기대를 하지만 그렇게 고양된 감정들은 지속되지 않는다는 결정적인 단점이 있습니다. C.S. 루이스의 말처럼, "우리의 가장 깊은 갈망을 만족시켜 줄 것이라고 생각하는 것들은 금방 흐려지는 것들이고… 언제나 우리를 비켜 지나간다."[5]

그러나 그런 갈망이 존재한다는 것은 분명한 사실입니다. 그것은 많은 경우, 우리가 하는 많은 행동의 배후에서 존재하는, 보이지 않고 잘 드러나지 않는 힘입니다. 우리는 속으로, 다른 모든 갈망들과 마찬가지로, 그 갈망 역시 어떤 잠재된 만족의 근원이 있어야 한다고 믿습니다. 우리는 노래 가사에서 말하는 것처럼 '무지개 저편 어딘가에서'(somewhere over the rainbow), 혹은 수평선 저 너머에서, 또는 다음 구비를 지나면, 신기루가 아니라 진짜 만족을 주는 오아시스를 만나게 될 것이라고 믿습니다. 사실 '성취를 향한 모색은 인류의 모든 탐구에 대한 근본적인 이유'라는 말은 상당한 설득력이 있습니다. 모든 위대한 문명들 배후의 원동력이 되는 발견과 탐험은 일차적으로 갈망이라는 잠재력에서 그 최초의 동력을 얻습니다. 그러므로 우리나라의 교육 시스템이 전반적으로 그런 본성적인 내면의 소리를 죽이고, 그 대신 우리 자신에 관한 물질주의적 전제를 학생들에게 주입시키려고 줄기차게 시도하고 있다는 것은 매우 놀라운 사실이 아닐 수 없습니다. 그렇지만 (다행하게도) 지난 세기 후반기부터 철학적, 문화적 정신환경이 극적으로 변화되면서 과학 제도의 일부 주장들이 기각되고 그 내적 갈망의 소리가 더 커지고 있습니다.

그렇다면 어째서 그런 갈망이 계속 생기는 것일까요? 이것이 매우 고무적인 질문인 이유는, 모든 인류의 갈망은 자연히 두 가지 이성적 범주로 나눌 수 있기 때문입니다. 첫째는 이미 말한 것처럼, 그것은 어떤 특정한 자연적인 혹은 감정적인 필요를 채우려는 욕망입니다. 이것은 본유적으로 우리 인간 존재됨의 일부에 해당됩니다. 우리 모두는 이 첫 번째 범주에 대한 경험, 배고플 때 좋은 음식을 바랐던 경험이 있습니다. 두 번째 범주는 기억될 만한 경험을 반복하고 싶은 욕구입니다. 저는 해지는 온화한 저녁에 거실에 앉아 좋은 책을 읽거나 핫 초코렛을 마시는 경험이라면 얼마든지 반복할 마음이 있습니다. 우리에게는 다시 경험해 보고 싶은 경험이 참 많습니다. 그러나 만일 하나님을 배제하는 세계관을 일관되게 유지한다면, 그와 같은 영적인 갈망과 결코 떨쳐버릴 수 없는 불만은 어떤 범주에도 넣을 수 없게 됩니다. 진화론으로는 그런 갈망이 생기는 원인에 대한 합당한 사유를 찾을 수 없습니다. 왜냐하면 진화론 체계 안에는 어떠한 목적도 인정되지 않기 때문입니다. 그런 종류의 갈망은 분명히 인종의 전파라는 생물학적인 기능에 해당되는 것은 아닙니다. 왜냐하면 이것은 아무리 가도 채워지지 않는 갈망이기 때문에, 어떤 면에서 그에 대해 절망하고 자살할 수도 있기 때문입니다. 이것은 우리의 과거 경험 범주에도 해당되지 않습니다. 왜냐하면 그것은 여하한 지속적인 방법으로도 채워지지 않았던, 다시 말하면 경험된 적이 없는 경험이기 때문입니다.

그렇다면 이 불만족의 근본 원인은 무엇이라고 할 수 있을까요? 다시 한번 파스칼은 본질을 꿰뚫는 통찰을 보여줍니다. "인간이란 존재는 자신의 자리와 자신의 목적을 모른다. 인간은 자신의 본래 자리에서 떨어져 그 본래 목적을 상실하였다. 그러므로 인간은 크게 염려하며 어디서나 자신의 자리와 목적을 탐구한다. 그러나 인간은 어둠에 싸여 있기 때문에 그 찾는 바를 발견하지 못한다."[6] 그 말처럼 이 세상에서 우리가 찾을 자리와 목적이야말로 우리가 경험하는 그 커다란 열망과 갈망의 참된 근본이라 할 수 있습니다. 이 모든 것에 대한, 일종의 상당히 기술적이고 심리학적이고 또는 유전학적인 설명들도 있지만, 저는 진리는 그보다 훨씬 단순하다는 생각이 듭니다. 우리는 본능적으로, 우리의 깊은 갈망은 우리 존재 외부에서 채워질 것이라는 기대를 합니다. 우리의 욕구들과 감정들이 우리를 밖으로 내 모는 것입니다. 뉴 에이지 구루들이나 대중가요 작사가들은 "행복을 찾으려면 우리 자신 안으로 침잠하고 우리 영혼을 들여다보아야 한다"고들 말합니다. 그러나 이 깊은 갈망은 그것으로는 결코 해결되지 않습니다.

 청년들아 무엇을 위해 살 것인가?

성경에서 솔로몬이 쓴 말씀을 읽으면 전체 그림이 더 분명하게 보입니다:

하나님께서 인간의 마음에 영원성을 심어 놓으셨지만, 그렇다 하여도 사람들로서는 하나님이 하시는 일의 시종을 (전체 조망을) 결코 볼 수 없게 하셨다(전도서 3:11).

솔로몬에 의하면, 우리의 갈망은 만족의 유일한 근원을 지시하는 지표가 되는 것이고, 우리의 영적 갈망 즉 영원에 대한 감각은 하나님이 친히 심으신 것이고 우리 인간됨의 조건입니다. 우리에게 있는 그 본성적인 열망은, 그 갈망이 채움을 입었던 시절, 인류가 지극한 행복을 경험하고 인간 영혼이 그 창조자와의 관계에 있어서 기쁨과 만족을 발견하였던 그 시절에 대한 메아리(에덴의 메아리)이고, 인류 역사에 존재했던 한 시점에 대한 회피할 수 없는 상기물인 것입니다. 그것은 달리 말하면, 우리가 새롭게 하기를 열망하는 한 가지 특별한 경험에 대한 기억, 즉 하나님을 친밀히 하던 시절에 대한 기억입니다.

이야기가 가진 세 가지 측면

2001년 여름에 사람들이 가장 많이 방문했던 인터넷 사이트는 하나님과의 인터뷰를 실은 사이트였다고 합니다. 런던의 한 일간지가 www.reata.org에 '수백만의 네티즌'이 관심을 보였다고 보도한 것입니다. 미국 한 주일학교 교사가 만든 이 웹 사이트에는 일련의 하나님과의 가상적인 질문-대답 방이 있습니다. 한 질문자는, "인류가 하나님을 가장 놀라게 한 일은 무엇입니까?"라고 물었습니다. 그에 대한 대답: "그들이 어린 시절을 지겹게 느끼는 것이다. 사람들은 빨리 어른이 되지 못해 안달하지만, 정작 어른이 되면 어린 시절이 다시 오기를 바란다. 또 돈을 벌다가 건강을 잃고 다시 그 건강을 회복하려고 돈을 펑펑 쓴다." 온라인 조회수 측정 회사 주피터 메디아 메트릭스의 통계에 의하면, 6월에만 2백4십만 명의 네티즌이 그 사이트를 방문했다고 합니다. 그 사이트 운영자는 한번도 광고한 적이 없지만, 지난 2001년 5월 말부터 전 세계에서 6백만 이상의 네티즌이 접속했다고 합니다.

그것을 보면 우리는 지금도 우리의 외침에 대답을 줄 어떤 신적인 대화를 갈망하고 있다는 생각이 듭니다. 인생과 인간의 본성에 대한 기초 질문들에 대한 대답을 아직도 찾고 있다는 말입니다. 우리는 여전히 이야기의 다른 측면을 찾고 있습니다. 우리는 단지 수 십 억 개의 원자로 구성된 생화학적인 기계들이 아닙니다. 각 부분을 더한 것보다 더 큰 것이 우리에게 있고, 우리는 우연히 두 발로 서도록 진화된 포유류에 불과한 것이 결코 아니라는 말입니다. 우리는 우리의 지각 본성이 가진 세 가지 측면을 인식합니다. 인간은 분명히 물리적 존재이고, 물리적 세상이 요구하는, 물리적인 자원으로만 만족될 수 있는 여러 가지 욕구를 느낍니다. 이 욕망은 일찍부터 발휘되고 죽어야 없어집니다.

인간 본성의 두 번째 측면은 지성입니다. 인간은 지식 능력을 가진 지성적 존재로서 사물들을 알고자 하는 강한 욕망을 느낍니다. 인간에게는 탐구 습성이 있어서 '왜' 그런지를 늘 알고자 합니다. 제 막내 동생은 저와 나이 차이가 상당히 나는데, 저는 그 아이가 끊임없이 무엇인가, 모든 것에 대해서 질문하는 것을 보면서 많이 웃습니다. 아이는 대답을 듣기까지 우리를 못 살게 들볶습니다. 한번은 "코뿔소는 얼마나 빨리 달릴까?"라고 질문했을 때, 제가 그 대답을 알았으면 아이를 조용히 하기 위해서라도 허세를 좀 부렸을 텐데, 그렇게 하질 못했습니다. 인간이 코뿔소 종류와 구별되는 것은 그처럼 질문을 던지기 때문입니다. 눈을 맞출 수 있게 되는 순간부터 아기는 아직 한 마디도 할 수 없지만, 마치 수많은 질문을 던지는 듯 엄마를 빤히 쳐다봅니다. 고양이나 잉꼬는 그런 눈빛을 짓지 않습니다. 새끼고양이들은 서로 어울리고 주변 사물로 장난치지만, 애완동물은 다 기본적인 필요만 채워주면 만족해합니다. 제 발치에 있는 우리 개 삼손은 저에게 아무런 질문도 하지 않습니다. 한번도 저를 바라보면서 '나는 누구입니까?' '왜 내가 여기 있지요?' 그런 질문을 던진 적이 없습니다. 그저 따뜻하고, 만져주고, 먹이만 있으면 그만입니다. 추상적인 사고 능력이 없습니다. 그러나 유아는 누구나 타고난 철학자입니다. 우리 본성 안에는 마치 생존 욕구처럼 강력한 지적 욕구가 있어 늘 만족을 추구합니다. 온 우주가 우리의 탐구하는 마음을 채우기 위해 활짝 열려 있습니다. 기록된 역사를 보면, 인간은 언제나 큰 질문들을 던지고 그 대답을 추구해 온 것을 알 수 있습니다. 인간은 그 신체구조나 모양이나 눈의 위치 자체로 볼 때, 바닥을 쿵쿵거리게 되어 있지 않고 위와 밖을 쳐다보게 되어 있습니다. 독자들이 지금 이 책을 읽는 것도 사실은 사물들의 존재 이유를 알고자 그 설명을 찾고 있기 때문입니다.

물리적 욕구들이 있다는 것은 그것을 만족시킬 자원도 있음을 전제합니다. 마찬가지로 지식과 진리에 대한 욕구도 그것을 만족시킬 자원이 있어야 합니다. 사물에는 아무런 참된 존재 이유가 없다고 믿는 사람들이 "사물들은 아무런 존재 이유 없이 그냥 존재한다"고 자체모순적인 단언을 하는 것은 참으로 아이러니가 아닐 수 없습니다. 모든 철학적인 탐문은 '진리는 불가피하며 그것을 부인하는 것 역시 그 진리에 호소하는 것이다' 라는 말을 증명하고 있습니다. 우리에게는 참된 것을 알고자 하는 충동이 있고 그 충동은 결코 사라지지 않습니다. 과학과 철학과 문화에 대한 추구는 그 내적 충동이 드러난 것입니다.

사실 이 장은 우리 본성의 세 번째 측면에 대해서 계속해서 설명해 왔습니다. 우리는 물리적 존재이고, 지성적 존재인 동시에 또한 영적, 도덕적 존재입니다. 인간에게 하나님과 관련된 항거할 수 없는 갈망이 있다는 이 현실은 아무리 벗어나려고 해도 벗어날 수 없습니다. 그것은 인생이 무엇인지, 어떻게 살아야 하고, 무엇을 위해 살아야 하는지를 이해해야 한다는 우리의 절박한 필요에 표현되어 있습니다. 요약하면, 인간은 인생의 의미와 목적, 그리고 행복의 비결을 찾는 존재입니다. 옳음과 그름을 묻는 것도 그 때문입니다. 우리는 우리 자신의 행동이나 타인의 행동으로 인하여 곤란해 하고 불편해 하는 자신을 발견합니다. 때로 이상한 죄책감에 짓눌리는데, 쉽게 그 원인을 발견하지 못합니다. 때로 아무에게도 굳이 설명할 필요 없는 일임에도 불구하고 나 자신의 행위에 대해서는 스스로 책임을 져야 한다는 느낌이 들기도 합니다. 이런 느낌들은 '양심' 이라는 단어로 집약될 수 있는데, 양심은 선과 악, 옳음과 그름

 청년들아 무엇을 위해 살 것인가?

에 대한 자기-지식(self-knowledge)인데, 마치 우리 내부에 우리가 무시하든지 혹은 인정하든지 할 수 있는 경찰관이 있는 것과 같습니다. 성경은 하나님께서 우리 마음에 이 ‘법’ 을 두셨고 그 양심의 음성에 순종하는 것만이 유일한 우리 본성의 도덕적 측면인 ‘영적 갈망들’ 을 언급할 수 있는 길이라고 가르쳐 줍니다.

우리가 우리 자신에 관하여 마음으로 알고 있는 이런 일들을 인정한다면, 하나님의 존재 증명은, 마치 아기에게 음식을 먹이기 전에 그 음식의 유용함을 먼저 증명하거나, 어떤 물건에 관심을 보이는 아이에게 그 물건의 존재를 먼저 증명할 필요가 있다는 말처럼 전혀 불필요한 일이 될 것입니다. 우리 안에 하나님의 존재, 책임감에 대한 인식, 도덕적 의무감 등의 욕구가 있다는 것은 앞에 말한 욕구들처럼 쉽게 인정될 수 있습니다. 이 욕구에서 벗어나고자 시도하거나 그런 욕구는 별로 중요하지 않다고 치부할 수도 있지만 (어떤 이들은 그 말에 포함된 의미 때문에 분개하기도 하지만), 그 욕구는 여전히 우리를 떠나지 않고 있습니다. 우리 양심의 요구나 하나님이 존재한다는 주장을 반대하고자 길게 주장할 사람들이 있겠지만 그것은 오히려 이 욕구가 존재함을 증명하는 결과가 될 것입니다. 스스로를 ‘무의미한 세상 속에 존재하는 무신론자’ 로 자처하는 사람들은, 지성적 확실성 때문이 아니라, 자신의 양심에 어긋난 삶을 살겠다는 도덕적 결단에 근거하여 그렇게 자처하는 것입니다. 알더스 헉슬리는 기꺼이 다음과 같이 시인하였습니다:

나에게는 세상이 어떤 의미도 갖지 않는다고 바랄 만한 충분한 동기(motives)가 있으므로, 따라서 나는 세상에는 어떤 의미도 없다고 가정했고(assumed), 그러자 아무 어려움 없이 그 가정(assumption)을 만족시키는 이유들을 찾아낼 수 있었다. 대개의 무지한 자들은 아무도 그들을 설득할 수 없다. 우리가 모르는 것은 우리가 알기를 원치 않기 때문인 것이다. 세상에는 아무런 의미도 없다고 보는 철학자는, 순수 형이상학적인 문제에만 몰두하지 않고, (현실적인 문제 즉) 누구도 개인적으로 소원하는 일을 해서는 안 된다고 말할 이유나 권력자들이 자신에게 가장 유리한 방식으로 정권을 움켜쥐거나 다스려서는 안 된다고 말할 아무런 타당한 이유가 없음을 증명하는 일에도 관심을 보인다… 다른 동료들에게와 마찬가지로 나 자신에게는 모든 것이 무의미하다는 철학(philosophy of meaninglessness)이야말로 본질적으로 나에게 해방을 가져다 준 도구였다.[7]

그는 계속해서 자신이 의미하는 해방은 경제적이고 정치적이고 성적인 해방이라고 설명하였습니다. 따라서 우리는 우리가 가진 대개의 가정(assumptions)은 도덕적인 가정임을 알게 됩니다.

그러나 이런 아이디어에 대하여 성경과 기독교 신앙은 분명하게, 그런 식으로는 결코 평화를 얻을 수 없고, 시도할 수는 있지만 결국엔 실패할 것이라고 가르칩니다. 이런 식의 해방은 자유라고 할 수 없습니다. 인생을 '네 맘대로 하라' 는 윤리를 가지고 사는 것은 타락한 도덕에 갇혀 살기를 자청하는 것입니다. 그것은 죄책감으로 고민하는 삶, 양심이 요구하는 것과 어긋나게 산다는 모순 때문에 정신적 고통을 당하는 삶입니다. 우리 본성의 일부를 의도적으로 무시하면서 만족스런 삶을 살 수는 없기 때문입니다. 성 어거스틴은 이렇게 기록 했습니다: "주여, 주께서 우리를 주님을 향하도록 만드셨으므로, 주님 안에 들어가 정해진 안식을 얻기 전까지는 우리 마음이 늘 불안하나이다.”[8]

성경에 기록된 예수님의 가르침은 우리가 가진 갈등을 정확히 지적하고 있습니다. 예수님은 선을 향하는 우리 마음의 소원(도덕적 본성)에 행복의 비결이 있다고 말씀합니다. 예수님은 성경이 거룩함이라고 칭하는 그 순결과 도덕적 의가 없이는 누구도 행복이나 만족을 발견할 수 없다고 말씀합니다. 그리고 이 도덕적 의에 이르는 길은 하나님과의 관계를 통하는 길이며 하나님께 순종하는 길이라고 설명합니다. “의에 주리고 목마른 자는 복이 있나니 그들이 배부를 것임이요… 마음이 청결한 자는 복이 있나니 그들이 하나님을 볼 것임이요” (마태복음 5:6, 8). 이것을 현대적으로 좀 바꾸어 보면, “도덕적 의를 고대하고 갈망하는 사람들이 행복한 이유는 그들이 만족을 얻을 것이기 때문이며… 마음이 순수한 사람들이 행복한 이유는 그들이 하나님을 알게 될 것이기 때문이다” (내 나름의 번역).

예수님은 모든 지속적인 기쁨과 행복과 만족은 하나님 안에 있다고 가르치셨습니다. 행복을 추구하면 발견할 수 있다는 것은 하나님의 성품과 도덕 법칙을 따라 사는 삶, 즉 우리의 양심과 하나님의 계명에 기록된 삶 속에 행복이 있다는 말씀입니다. 우리는 이 삶의 능력과 실재성을 아주 작은 일에서 경험합니다. 예를 들면, 다른 사람을 격려할 때, 누구에게 선물을 줄 때, 혹은 잘못 계산된 잔돈을 카운터에 돌려줄 때나 다른 사람의 기운을 북돋아 줄 때 등. 그러나 분개심을 일으키는 반대의 경우도 종종 경험합니다. 예를 들면, 사랑하는 사람을 속일 때, 모르는 사람

이라고 함부로 대할 때, 내 것이라고 이기적인 태도를 취할 때 등. 우리
는 하루 동안에 이런 순간을 많이 겪으며 돌이켜 보고 후회하곤 합니다.

사실 우리의 존재가 겪는 그런 문제들을 추적해 보면, 언제나 각 사건
의 모퉁이에 우리의 창조자가 서 계시는 것을 보게 됩니다. 하나님을 발
견하기 전까지는 우리 자신도 발견하지 못합니다. 우리 자신을 분명하
게 보게 되면, 다른 무엇보다 하나님이 우리의 영적이고 도덕적인 필요
들을 공급하신다는 사실을 보게 됩니다. 하나님 없이는 아무리 열심히
노력해도 더 행복해지지 않습니다. 파스칼은 그런 절망에 대해서 이렇
게 기록하였습니다:

인간은 진리를 보고자 소원하나 인간 안에서는 불확실성이 발견될 뿐이다. 행복
을 찾지만 비극만 발견한다. 진리와 행복을 향한 소원을 억누를 길이 없지만, 진
리와 행복을 알 능력이 인간에게는 없다. 이런 절망, 모든 욕구 불만은 인간이 참
된 상태에서 얼마나 멀리 타락해 왔는지를 상기시켜 준다.[9]

영혼의 기근

우리 신체가 요구하는 음식을 계속해서 먹지 않는다면, 몸에 병이 들
고 결국엔 죽게 됩니다. 학습, 상상, 탐구, 질문 및 발견이라는 본성의 정
신적 측면을 완전히 배제하고 지성적인 요구를 무시한다면, 절망하여
결국 미치게 될 것입니다. 그렇다면 마찬가지로, 인간 본성이 가진 도덕
적이고 영적인 측면을 계속해서 경시하고 무시한다면, 당연히 도덕적이

고 영적으로 병이 들고 결국 도덕적이고 영적인 죽음에 이르게 됩니다. 병의 증세는 앞에서 설명한 바와 같습니다. 도덕적 영적 질병의 한 사례는 저 원인을 모르는 '내재적 우울증'을 들 수 있습니다.

배가 고프면 배에서 꼬르륵 소리가 나고, 마음이 진리를 찾아 질문을 던지는 것처럼, 영혼은 하나님과 덕을 갈망합니다. 인간의 열망은 하나님을 향한 욕구입니다. 이것을 인식하지 못하면, 불행하게 되고 무엇인가에 대한 상실감이 커지고 결국엔 죄책감, 두려움, 절망, 도덕적 혼란에 빠지게 됩니다. 그런 느낌은 점점 그 강도가 더해지거나 혹은 갑자기 한꺼번에 사라져서 공허감을 남기고, 마치 오래 동안 먹지 못한 위장이 음식을 받아들이지 못하는 것처럼, 하나님이나 도덕적 진리에 대하여 아무런 소원도 못 느끼게 됩니다.

대개 20대 후반이나 30대 초반에 그런 문제를 처음 직면하는 많은 사람들에게는 그것이 큰 충격입니다. 우리는 태어나는 순간부터 몸과 마음을 만족시키지만, 도덕적이고 영적인 본성은 종종 무시하면서, 우리가 언제나 바라던 것이라 여겼던 모든 물질적인 것들을 가졌는데 어째서 우리 속이 이렇게 공허한지 의아해합니다. 우리는 도덕적으로 단절되어 절박하게 삶의 의미와 절대적인 기준을 찾는 문화 속에 살고 있습니다.

예수 그리스도는 이런 상황을 고칠 유일한 분이십니다. 성경에 보면 영혼을 위한 잔치가 그리스도의 인격 안에 베풀어져 있습니다. 예수님은 "나는 생명의 떡이니 내게 오는 자는 결코 주리지 아니할 터이요, 나를 믿는 자는 영원히 목마르지 아니하리라"(요한복음 6:35)라고 말씀하셨습니다. 예수께서 이 말씀을 하신 때는, 한 어린 소년의 도시락인 빵

다섯 개와 작은 물고기 두 마리를 가지고 (약 1만 5천 내지 2만 명이나 되는) 남자만 세어도 5천 명이나 되는 군중을 먹이신 기적 바로 다음입니다. 비록 그 배고픈 사람들을 물질적으로 먹이셨지만, 예수님은 그것이 인간 문제의 뿌리가 아님을 잘 아셨습니다. 요한복음 6:35에 기록된 놀라운 말씀에서 예수님은 몸의 생명이 육적인 양식을 먹고 건강을 얻는 것처럼, 영적인 생명은 자신 안에서 발견된다고 말씀하셨습니다. 예수님의 이 말씀은 나에게 오면 다시는 시장에 갈 필요가 없다는 의미가 아니었습니다. 예수님은 지금 과일이나 채소를 말씀하시는 것이 아닙니다. 참된 영혼의 음식의 근원 되는 예수께 나아와 인간의 마음 속에 있는 그 갈망들을 채우라고 사람들을 초청하고 계시는 것입니다. 빵과 음료는 몸의 생명을 일시적으로 유지합니다. 예수님은 모든 하나님과 의에 대하여 주리고 목 마른 자들에게 자기 자신을 참되고 영원하고 영적인 빵으로 제공하십니다.

예수님의 이 말씀은 영혼의 기근으로 고통하는 세상 사람들에게 주는 유일하고 능력 있는 말씀, 커다란 위로와 소망을 담고 있는 말씀입니다. 인간 사회는 많은 약속들을 하지만 실제로 주는 것은 너무 적어서 쉽게 환멸을 느끼게 합니다. 그러나 만일 우리가 잠깐만이라도 우리가 추구하는 많은 환상들과 허황된 것들을 포기한다면, 예수께서 2000년 전에 갈망하고 탐구하던 사람들에게 하신 "내가 온 것은 양으로 생명을 얻게 하고 더 풍성히 얻게 하려는 것이라"(요한복음 10:10)는 말씀을, 그 음성으로 우리 귀에 속삭이시는 것을 들을 수 있을 것입니다.

다음 장에서는 예수 그리스도의 주장과 약속들을 좀더 자세히 살펴보겠습니다. 여기서 이 말씀만 드리는 이유는, 그 말씀들이 우리에게 우리 삶에는 물질적 세계와 그에 대한 추구를 초월하는, 영혼의 질병의 영속적인 치유에 대한 유일한 소망이신 하나님 자신에 대한 필요가 있음을 강조해 주기 때문입니다.

눈을 감으면 아무 것도 보이지 않음

지금까지 저는 우리가 세계관을 신중하게 고려하여 우리가 무엇을 믿고 왜 믿는지에 대하여 중요한 질문을 던지는 것이 중요하다는 것을 강조하여 말씀드렸습니다. 인간됨의 핵심에는 의미와 신념과 진리에 관한 질문들이 연관되어 있음을 알아보았습니다. 하나님은 실재적이실 뿐 아니라 우리 삶에 중요한 분이시라고 믿을 이유들에 대해서 살펴보았고, 기원들에 관련하여서 이런 일들에 관한 논의가 시작되기도 전에 침묵시키려는 몇 가지 대중적인 오류들을 조사해 보았습니다. 이 장에서 우리는 우리 모두에게 공통된 필요가 무엇인지를 여러 다른 방식을 통하여 확인하였고, 계속해서 그것은 하나님이 우리의 모든 열망에 대한 유일한 해답이라고 지시한다는 결론을 도출하였습니다.

그러나 아직 저는 여러분에게 하나님을 명확하게 보여드렸다고는 생각하지 않습니다. 그런 주장은 가능하지 않습니다. 사실 성경은 이렇게 말씀합니다. "어느 때에도 하나님을 본 사람은 없다"(요한일서 4:12). 성경은 하나님께서 친히 자신을 어느 정도 사람들에게 감추셨기 때문에 인간은 무지라는 어두움에 싸여 있다고 말씀합니다. 그러나 성경이 두

가지 사실을 밝히고 있기 때문에 저는 그 두 가지를 세우고자 노력해 왔습니다.

첫째는, 하나님께서 자신에 관한 여러 표적을 우리 안에 또 우리 밖에 남겨 두셨고, 그것이 하나님을 구하는 자들에게 발견될 수 있다는 것입니다(로마서 1:19-20). 두 번째는, 그 표적들이 인간의 경험에 있어서 구하지 않는 자들은 그것을 보지도 못하고 혹은 보아도 이해하지 못하도록 감추어져 있다는 것입니다(요한복음 1:10-13). 구하지 않으면 볼 수 없으므로, 결국 보지 못하게 됩니다. 그러나 예수님은 너희가 전심으로 구하면, 구하면 찾으리라고 가르쳐 주셨습니다. 그러므로 우리가 이 탐색에서 성공할 수 있는 유일한 길은, "하나님께 나아오기를 원하는 자는 반드시, 그가 계신 것과 또한 그가 참되게 자기를 구하는 자들에게 상 주시는 분이심을 믿어야 한다"(히브리서 11:6)는 성경의 권고를 따르는 것입니다.

6. 성경 비판자들

영혼의 양식

호워드 러틀리지 대위가 몰던 전투기가 베트콩의 총격을 받고 격추되었습니다. 그는 가까스로 낙하산 탈출에 성공하였지만, 하필 떨어진 곳이 베트콩 마을입니다. 거기서 잡혀서 흠씬 두들겨 맞고 발가벗겨져 감옥에 던져졌습니다. 짐승 같은 수감생활이 시작되었고, 생지옥이라고밖에 표현할 수 없는 곳, 어른 손바닥 만한 거미들과 고양이 만한 쥐들이 득실거리는 감옥에서 썩은 기름국을 마시며 7년을 보냈습니다. 춥고 외롭고 고문 당하고, 자기 똥 오줌 위에 누워 지내고, 차인 쇠고랑이 너무 아파 이리저리 몸을 굴리는 와중에, 상처 난 곳에는 벌레들이 몰려들었습니다. 그는 나중에 그때의 경험을 『적군 앞에서』(*In the Presence of*

Mine Enemies)라는 책으로 출판했는데, 거기 보면 그가 어떻게 그 오랜 세월 동안 온전한 정신으로 죽음의 공포를 견뎌냈는지 이렇게 기록하였습니다:

당시 내 주위에는 온통 죽음의 모습, 죽음의 소리와 죽음의 냄새뿐이었다. 그러나 금방 영적인 양식에 대한 주림이 스테이크에 대한 주림보다 더 커졌다. 그때 나는 내 안에 있다는 소위, 그 결코 죽지 않는다는 부분에 대해 너무나 알고 싶었고, 하나님에 대해서, 그리스도에 대해서, 또 교회에 대해서 말을 듣고 싶었다. 그러나 그 억장이 무너지는 독방에는 목사도, 주일학교 교사도, 성경책이나 찬송가도, 나를 지도하고 도와줄 교인도 없었다. 나는 평생 영적인 차원과는 담을 쌓고 지내던 사람이었다. 그런데 놀랍게도 그 감옥에 갇혀 있는 동안, 하나님 없는 삶이 얼마나 공허한 삶인지를 깨닫게 되었다. 그러나 거기서 할 수 있는 일이라곤 옛날 오클라호마 털사에서 다녔던 주일학교 기억을 떠올리는 것밖에 없었다. 성경과 찬송가를 볼 수 없으니 내가 마음으로 만들어낼 수밖에… 다른 포로들 역시 나처럼 신앙을 재발견하거나 쓸 만한 가치관을 재건하고자 필사적인 노력을 하고 있었다…. 주기도문과 시편 23편은 누구나 암송하는 성경이었다. 그러나 우리 수용소에서 가장 널리 애송되고, 모든 사람이 가장 먼저 기억하고 인용하는 성구는 무엇보다 요한복음 3장 16절이었다. "하나님이 세상을 이처럼 사랑하사 독생자를 주셨으니 이는 저를 믿는 자마다 멸망치 않고 영생을 얻게 하려 하심이니라." 그때 나는 얼마나 열심히 성경구절과 찬송가 가사를 기억해 내려고 애썼는지 모른다…. 그때 우리가 하던 노력은 결코 심심풀이 삼아 하는 일이 아니었다. 우리의 적은 인간의 저항심을 분쇄하기에는 독방에 가두는 것보다 좋은 것이 없다는 사실을 너무나 잘 알고 있었다. 이것을 좀 다르게 표현하면, 독방에 수감되었다가 나온 포로들 중에는 (정신이 완전히 망가져서) 태아처럼 웅크린 모습으로 죽어가는 자들이 있었다. 그렇게 성경구절이나 찬송가만 얘기하면 너무 지루하지 않았겠느냐고 물을 사람도 혹시 있을 터이지만, 당시의 우리에게는 그것이 우리의 적군을 이기고 우리 주위에 널린 죽음의 세력을 극복하는 유일한 길이었다.[1]

여러분, 성경은 그저 또 하나의 책에 불과한 것이 아닙니다. 세익스피어나 밀턴, 디킨스, 그밖에 다른 어떤 종교 서적도 성경에는 미치지 못합니다. 그 병사들 중에는 동요나 톨스토이의 책, 혹은 블레이크의 글을 기억하려고 애쓴 사람이 한 명도 없었다고 합니다. 다들 성경 말씀을 기억해 내기 위해 필사적인 노력을 기울였다는 말입니다.

그 말은 성경이 오늘날까지 매년, 베스트셀러 목록의 맨 위에 올라와 있다는 데는 무엇인가 우리가 중요하게 생각해야 할 점이 있다는 말씀입니다. 무엇이 성경을 그렇게 특별한 책이 되게 하는 것일까요? '성경'이란 단어는 말 그대로 '그 책'이라는 뜻입니다. 현대인들은 성경에 대해서 어떻게 생각할 지 모르지만, 성경이 온 세상에 끼친 선한 영향력은 한 마디로, 이루 헤아릴 수 없이 막대합니다.

시대를 초월하는 영감의 원천

(영국과 북미의) 법률 체계상의 기본 원칙들은 다 직접적인 성경의 가

르침을 따랐습니다. 영국 순회형사법원의 한쪽 벽에는 십계명 복사본이 걸려 있습니다. 오늘날 우리 사회에서 향유하고 있는 자유 역시 성경의 교훈이 바르게 적용된 결과라고 할 수 있습니다. 1960년대와 1970년대에 선진 시민법률가로 활약한 바 있는 로드 데닝은, 우리의 시민법은 성경을 믿는 가정에서 자란 판사들이 그 틀을 잡은 법이라고 주장하였습니다. 그는 결론적으로, "만일 이 땅에서 기독교가 무너진다면, 진리와 정의도 따라서 무너질 것이다"[2]라고 말했습니다.

성경적인 기독교가 현대 과학에 끼친 영향 역시 지대합니다. 로버트 보일, 마이클 파라데이, (현대 물리학의 창시자) 로드 켈빈, 제임스 맥스웰, 암브로스 플레밍 경 등은 다 과학계의 전설적인 인물들로서 왕립 학회의 회원들입니다. 그들은 성경의 메시지를 믿었고, 그 메시지가 자기들 업무의 핵심이었다고 고백했습니다. 성경에 깊이 헌신했던 위대한 의사들도 많이 있었습니다. 몇 사람만 거론하면, (소독 외과학의) 조셉 리스터 경, (마취제를 발견한) 제임스 심슨 경, 그리고 (혈액 수혈의 개척자) 아더 렌들 쇼트 등을 들 수 있습니다. 또 역사상 최초의 병원 개념을 생각하게 만든 것도 성경의 메시지였습니다. 사실 교회는 수백년간 병자들과 임종 환자들을 돌보아 준 유일한 기관이었습니다. 기독교인들은 기금을 모아 각처에 최초의 병원들을 세웠는데, 예를 들면, 1123년에 세운 런던의 세인트 바돌로뮤스 병원, 1741년에 세운 가이스 병원 등이 그것입니다.

현대 교육도 기독교회가 만든 것이나 다름없습니다. 특히 16세기 종교개혁 후에 많은 학교들이 세워졌습니다. 잉글랜드와 스코틀랜드에서는 각 교구마다 한 개씩 학교를 배정하고 교장을 모셨습니다. 국가교육은 1870년부터 시작되었지만, 그 훨씬 전부터 그런 방식으로 수 백만의 사람들이 교회를 통하여 교육을 받았습니다. 윌리암 틴데일 시대부터는 성경 보급을 통해서 일반 백성들의 문맹률이 결정적으로 낮아졌습니다. 북미에서는 예일이나 프린스턴 같은 커다란 교육 기관들이 기독교 목회자를 양성하는 기독교 대학으로 시작되었습니다.

성경은 예술 분야에도 괄목할 만한 영향을 끼쳤습니다. 언뜻 보아도, 밀턴, 블레이크, 세익스피어, 브론테, 오스틴 등의 이름이 보이고, 요한 세바스찬 바하, 헨델, 멘델스존 등 당시 성경에서 영감을 얻어 작곡된 음악들은 아마 현재까지 작곡된 모든 곡들 중에서 가장 아름다운 곡에 꼽힐 수 있을 것입니다.

18세기 초엽의 잉글랜드는 성경을 무시하는 나라, 잔인하고 폭력이 난무하는 나라였습니다. 그러나 존 웨슬리와 조지 휫필드라는 두 명의 기독교 설교자가 거리와 들판에서 예수 그리스도를 설교하면서부터 상황이 극적으로 변하였습니다. 많은 역사가들은 그 당시의 기독교 부흥 덕분에 영국 사람들은 프랑스와 달리 유혈 혁명을 피할 수 있었다고 말합니다. 교도소 개혁이 존 호워드를 통해서 일어나기 시작했고, (독실한 기독교인인) 윌리엄 윌버포스의 헌신을 통하여 노예 무역이 1833년에 폐지되었습니다. 윌버포스의 기독교 친구들로 이루어진 '클랩햄 일당들'은 시에라리온 식민지를 도망친 노예들을 위한 가정을 세우고 재정을 지원하였고, 그 주요 도시 이름을 프리타운(자유마을)이라고 지었습니다. 다른 기독교인들은 성경에서 감동을 받아 제임스 톨투들처럼, 잉글랜드의 직종별 노동조합을 개척하여 일반 남자와 여자의 근로조건을 개선하고자 노력하였습니다. 로드 세프스베리는 청결한 물, 적절한 위생, 어린이 노동 금지 운동을 벌인 것으로 유명합니다. 그는 여러 고아원을 후원하였고, 여성들과 정신병에 걸린 사람들의 근로조건을 개선하기 위해 일했습니다. 그는 공개적으로, 자신의 사역은 자기가 예수 그리스도께 연합하였기 때문에 불가피하게 행할 수밖에 없는 사역이라고 고백하였습니다. 그의 장례식이 열렸던 1885년 아침에는 윌버포스가 돕고자 노력했던 마을 주민들이 거리로 다 몰려 나와서 복음서의 한 구절을 들고 서서 존경을 표했다고 합니다: "내가 나그네 되었을 때에 네가 나를 영접하였느니라"(마25:35).

이 모든 것은 빙산의 일각에 불과합니다. 19세기 후반에 모든 자선기관의 3/4은 기독교인이 운영하는 기관이었습니다. 바나도스(가난한 어린이와 아이들을 위한 자선단체), NSPCC(국제아동학대 방지협회), 옥스팸(옥스포드 소재 극빈자 구제기관), 크리스천 에이드, 문둥병자 선교회, 엘리자베스 프라이의 여성교도소 개혁운동 등은 18세기에 있었던 기독교의 부흥과 더불어 성경의 교훈이 널리 퍼짐으로 인하여 생긴 많은 자선단체 중 일부에 불과합니다. 이것은 그 기관들이 아무 잘못도 범하지 않았다거나 늘 그렇게 주장했다는 말이 아니라, 단지 그들은 자기들의 선한 행위가 어디서 비롯된 것인지, 그 선한 동기의 원천을 기록에 남겨 두었다는 말입니다. 성경이 사회를 변화시켜 온 것은, 수많은 규칙들 때문이 아니라, 사람들을 변화시키는 성경의 메시지 때문이었습니다. 무엇보다도 사회란, 함께 사는 것을 배우는 개인들의 집합체입니다.

그러므로 개인을 바꾸면 세계를 바꿀 수 있습니다.

쳐다보기만 함

슬프게도 이 놀라운 책 성경을 그저 쳐다보기만 하는 많은 사람들은, 성경을 순전히 이론적인 방식으로, 마치 음악이나 패션 잡지처럼 또 하나의 흥미로운 대화거리를 찾듯이 대하고 있습니다. 그래서 성경을 깊이 논의하자고 하면, 그런 일은 성경에서 약간의 지식을 얻어 보겠다는 생각을 가진 '그저 그런 일을 좋아하는 사람들'에게나 해당되는 것이 아니냐는 대답을 듣습니다. 그러나 성경은 그저 연구하고 분석하라고 주어진 책이 아닙니다. 베트남에서 전쟁포로로 잡힌 사람들이 성경 구절을 기억해 내려고 그토록 애썼던 이유는, 그 구절들이 아름답거나 해체주의자들의 게임에 적합했기 때문이 아니라, 그런 처절한 시간에도 자기들의 영혼을 지탱해 줄 수 있는 능력 있는 말씀이 성경에 있다고 굳게 믿었기 때문입니다.

실제로 성경에는 중요한 역사, 정치, 운문과 철학 등이 들어 있어서 그것들을 연구하면서 많은 유익을 얻을 수도 있지만, 성경에서 얻는 진짜 중요한 유익은 그것보다 훨씬 큽니다. 성경은 본래 인간 즉 우리 자신에 관한 책이기 때문입니다. 우리는 성경에서 인류 전체와 우리 개인이 가진 문제들에 대한 해답을 발견합니다. 성경은 인생의 비극 이야기를 통하여 어떻게 하면 우리가 인생의 고독과 비애를 벗어나 더 나은 삶을 위한 변화를 일으킬 수 있는지를 알려줍니다. 그렇지만 무엇보다 놀라운 것은 아마도, 성경이 우리 각자에게 성경의 교훈이 과연 옳은 교훈인지 각자의 삶을 걸고 시험해 보라고 도전한다는 사실일 것입니다. 성경은 단순히 옳다고 주장할 뿐 아니라, 과연 옳은지 독자 스스로 철저히 점검해 보라고 말씀하며 그 교훈을 시험하는 이들에게 그 교훈의 진실함을 보여주겠다고 약속합니다.

사실적인 토대

성경은 여러 면에서 독특한 책입니다. 다른 모든 종교와 달리 기독교는 역사적인 행위와 사실에 근거한 종교입니다. 다른 모든 종교적 신앙은 그 종교 창시자의 주관적인 도덕적 가르침을 중심으로 한 신앙이지만, 기독교 신앙은 성경 역사상에 있었던 큰 사건들, 예를 들면, 창조, 타락, 홍수, 십계명, 동정녀 탄생, 십자가 처형, 부활 등에 근거한 신앙입니다. 실제 사건에 결부된 실제 인물들의 이야기입니다. 여기저기서 연결되지 않는 이야기들이나 신비한 이야기들을 모았다거나 어떤 한 사람의 선지자나 현인의 가르침을 모아 놓은 책이 아닙니다. 예수님이 가르치신 것이 매우 중요한 것은 사실이지만, 기독교는 그의 교훈뿐 아니라 그가 어떤 분이셨고 어떤 일을 하셨는지도 매우 중요하게 봅니다. 성경을 아는 사람은 예수님이 역사상 가장 위대한 선생이시라는 데 의문을 제기하지 않겠지만, 예수님 자신은 자신의 교훈뿐 아니라 자기가 누구인지를 아는 것도 매우 중요하다고 가르치셨습니다.

그렇게 보면, 성경은 높은 도덕 철학이나 유려한 산문을 전해 주는 책이 아니라, 입증될 수 있는 객관적인 사실들에 근거한 책입니다. 성경은 "여기에 윤리적 교훈이 적혀 있으니 그대로 믿으라"고 말씀하지 않습니다. 오히려 독자들 스스로 그 교훈의 타당성을 시험해 보라고 말씀합니다. 성경은 하나님께서 우리 인류를 위해 역사상 어떤 일을 행하셨는지, 인류가 사는 세상에서 어떻게 말씀하시고 활동하셨는지를 설명해 놓았기 때문에, 우리는 과연 그 설명이 참인지 아닌지, 그 여부를 얼마든지 시험해 볼 수 있습니다. 다른 모든 종교의 경전들은 그런 시험을 통과하지 못하지만, 우리가 이제 살펴볼 것처럼, 성경만은 진리의 표지로 당당히 서 있습니다.

반대가 인정되는가?

자, 그렇다면 성경의 주장이 신뢰와 인정을 받을 수 있겠습니까? 어떤 내적, 외적 증거가 있습니까? 이제부터 성경의 주장을 뒷받침할 증거가 얼마나 많은지 살펴보겠습니다. 성경을 다른 종교 경전들, 예를 들어 코란과 비교해 봅시다. 무슬림들은 코란은 하나님께서 위대한 예언자 모하메드에게 주신 계시라고 말합니다. 그러나 그 주장을 변호하는 유일한 증거로 제시된 것은, 일종의 순환 논증으로서, 코란이 존재한다는 사실밖에 없습니다! 코란에는 예언자 모하메드의 주장들이나 부활을 입증할 기적이 하나도 기록되어 있지 않습니다. 사실 모하메드 자신은, 자기가 코란을 기록한 것 외에는 어떤 기적도 행한 바 없다고 했습니다. 예언자가 여러 가지 기적을 행하셨다는 기록은 후대의 전통인 (예언자의 언행을 기록한) 하딧에서부터 나옵니다. 예를 들면, 메카 사람들이 모하메드에게 알라의 예언자임을 증명하는 기적을 행해 보라고 요청하였습니다. 그러자 그는 칼을 빼어 단칼에 달을 두 쪽으로 갈랐다고 합니다.[3] 그 외에도 코란에는 역사적, 지정학적, 사실적 측면에서 잘못된 기록이 많이 있습니다. 예를 들면, 성경에 나오는 인물들을 다양하게 묘사하는 중에 시대적으로 수백년이나 차이가 나는 사람들, 즉 예수님의 어머니 마리아와 모세와 아브라함이 모두 함께 살면서 일하고 있다고 합니다. 또한 알렉산더 대왕(줄 카르나인)이 무슬림이었고 장수했다는 기록도 있습니다(수라 18:8-98). 그러나 역사적으로 보면, 알렉산더 대왕은 무슬림도 아니었고, 장수하지도 않았습니다. (브리태니카 백과사전에 의하면, 모하메드는 기원후 7세기에 알렉산더 대왕에 관한 소설에 쓰인 이야기를 사실로 착각했다고 합니다.) 코란은 한 걸음 더 나아가서 알렉산더 대왕은 태양이 진흙 샘의 물 속으로 떨어지는 것을 따랐다고(수라18:85, 86) 합니다. 그런 구절들을 볼 때 우리는, 그런 동화같은 이야기들에 근거한 삶을 살 것인지 아니면 역사에 뿌리 내린 책의 교훈을 따를 것인지 결정하지 않을 수 없습니다.

성경의 현실성과 하나님의 감동을 받았다는 주장을 시험하게 되면 여러 가지 측면을 생각하게 됩니다. 성경은 과연 인간 조건을 정확하게 묘사하고 있는가? 고고학이나 다른 역사적 문헌들이 성경의 역사를 지지하는가? 성경의 예언들 중에 성취된 것이 있는가? 수 천 년 동안 기록되었다고 하는데, 성경에 어떤 일관된 논리나 구조가 있는가? 목격자들의 증언이 있는가? 수기 사본들은 얼마나 믿을 만한가? 복음서들은 누가,

언제 기록한 것인가? 성경 덕분에 삶이 더 좋게 변화된 사람들이 있는가? 성경을 자세히 읽어 보면, 그런 질문들과 또 다른 많은 질문들에 대해서 만족스럽고 긍정적인 대답을 찾을 수 있습니다. 성경은 특히 19세기 이래로 끊임없는 도전에 맞서서 그 저자들의 자세한 기록이 신뢰할 만한 기록이었음을 스스로 증명해 왔습니다.

성경 기록을 부정하고자 하는 사람은 그 성경 기록이 비현실적이고 저자들도 부적합했다는 것을 증명해 내거나, 성경의 주장이 역사적으로 오류이었음을 증명해 내어야만 한다는 사실을 반드시 기억해야 합니다.

말씀하시는 하나님

앞 장에서 우리는 하나님이 위대한 목적과 솜씨를 가지고, 우리가 살고 있는 이 복잡하고 아름답고 놀라운 세계를 조성하심으로써 우주를 창조하셨다는 이성적인 결론에 대해서 평가를 내린 바 있습니다. 그런데 그것이 바로 하나님이 우리에게 주신 계시의 한 형태입니다. 하나님은 중요한 내용을 자신의 창조물을 통하여 말씀하십니다. 이 세상을 창조하신 하나님이 계시다면, 마치 그림이 화가의 상상력과 마음을 드러내듯이, 창조계도 하나님의 성품과 본성에 해당되는 어떤 것을 드러낼 것입니다. 천체들이나 동물들 같은 자연 세계의 장엄한 아름다움을 통해서 뿐 아니라, 우리 안에 심겨진 도덕 법칙의 존재와 인간 의식(意識)의 독특한 경이로움을 통해서도 그것이 드러날 것입니다.

플라톤, 아리스토텔레스, 소크라테스 등 고대로부터 유명한 위대한 철학자들은 하나의 신적인 절대자가 계시다는 것은 다들 인정하였지만, 그가 어떤 형태로 계시는지, 혹은 그가 무엇을 요구하시는지에 대해서는 거의 알지 못한다고 고백하였습니다. 예컨대, 신학과 철학에 가장 자주 등장하는 질문은, 하나님이 잘못된 일들을 용서하실 수 있는가? 하는 것이었습니다.

만일 하나님이 이 세상을 만드셨고 특정한 대상들에게 자연계와 인간의 양심을 통하여 당신의 본성을 계시하셨다면, 그 말은 곧 하나님이 당신의 성품과 의지와 우리와의 관계 등에 관하여 우리에게 알려 주실 수도 있다는 말입니다. 만일, 우리 양심이 가르치는 대로 사랑과 선함이 우리가 바랄 만한 덕목이라면, 그것들은 우리 창조자의 성품을 반영하는 것이라고 말할 수 있습니다. 그런 하나님은 결코 우리를 하나님이 누구이신지, 우리가 누구인지, 우리가 어떻게 연계되어 있는지도 모르는 그런 어두움에 버려두지 않으실 것입니다. 만일 하나님이 참으로 자신이 창조해 놓고 그 피조물들을 침묵 가운데 방치해 두고 우리의 존재나 실제 세계 외에 아무런 지시물도 두지 않으셨다면 너무 이상할 것입니다. 아이들을 낳고, 그 아이들을 안에 가둬 놓고, 다시 아무런 말도 안하는 그런 부모가 과연 있을까요?

침묵하면서 사랑하시는 그런 하나님은 우리가 기대하는 하나님이 아니며, 그런 말 자체가 모순적인 표현입니다. 우리는 우리의 행위들에 대해서 일말의 책임감을 느낍니다. 그러나 그 책임감을 이해하기 위해서는, 자연과 그 책임성의 결과에 대한 더 깊은 계시(이해)가 필요합니다. 잘못된 일을 하면 일말의 죄책감이 듭니다. 그 죄가 용서받을 수 있는 죄인지를 알기 위해서도 우리에게 더 깊은 계시가 필요합니다. 우리는 우리가 불멸의 존재라고 가정합니다. 따라서 사후에 우리가 어디로 가는지, 그 마지막 여행을 떠났을 경우 누구를 만나게 될 것인지를 알기 위해서 더 깊은 계시가 필요합니다. 우리는 우리 주위가 온통 악과 고통과 고난이라는 비극으로 둘러 있는 것을 발견합니다. 그러므로 어떻게 세계가 지금처럼 되었는지, 그것이 변할 수 있는지를 알기 위해서 더 깊은 계시가 필요합니다. 따라서 하나님께로부터 온 계시는, 만일 하나님이 선하고 공의로운 분이시라면, 가능할 뿐 아니라 필요한 것입니다. 이것을 달리 말하면, 하나님께서 말씀하시고 자신에 대해서 더 자세하게 알리실 것이라고 기대하는 것은 합리적이라는 말입니다.

성경 위에 성경

기독교인들은 사랑하시는 창조자 하나님의 계시가 성경이라고 믿습니다. 기독교 신앙은 정확히 그 책의 권위와 진정성에 근거한 신앙입니다. 성경은 우리 자신의 삶과 우리 창조자와의 관계에 관한 궁극적인 질문들에 대하여 분명한 대답을 해 줍니다. 그러므로 성경이 성경 자체에 대하여 무엇이라고 하는지를 알아보는 것은 좋은 출발점이라 생각됩니다. 쉽게 말하면, 성경에는 성경 저자들이 성경에 관하여 기록한 네 개의 주요 구절이 있습니다.

디모데후서3:16-17 말씀에서 사도 바울은 이렇게 분명히 기록하였습니다:

모든 성경은 하나님의 영감으로 된 것으로, 교훈과 책망과 바르게 함과 의로 교육하기에 유익합니다. 그것은 하나님의 사람으로 하여금 유능하게 하고, 온갖 선한 일을 할 준비를 갖추게 하려는 것입니다. (표준새번역)

여기 사용된 헬라어가 암시하는 것은, 모든 기록된 성경 문서들은 하나님으로부터 온 것이며 하나님의 영감을 받은 것이라는 뜻입니다. 바울 사도가 말하는 성경은 정경의 일부였던 구약 문서들과 당시 이미 회람 중이던 신약 문서들을 지칭하는 것입니다. 구전 전통이나 당대의 개념들을 말하는 것이 아니었습니다.

베드로후서 1:20-21에서는 사도 베드로가 성경의 기원을 지적합니다. 그는 이렇게 말씀합니다: "어떤 예언이든지 사람의 뜻에서 나온 것이 아니라, 사람들이 성령에 이끌려서, 하나님께로부터 오는 말씀을 받아서 한 것입니다"(표준새번역). 베드로 사도는 성경의 기원을 신적인 것으로 설명하는 동시에, 성경이 하나님께서 쓰시고자 선택한 사람들을 "통하여" 주어졌다고 합니다. 성경 저자들이 성경을 기록할 때, "하나님께 이끌림"을 받았기 때문에 그 메시지는 그들의 것이 아니라 하나님의 것이라는 말입니다. 그들은 자신들이 발명한 것이 아니라 하나님께로부터 주어진 것을 기록하였다는 말입니다. 하나님이 우주의 창조자이시고 보전자이심을 고려한다면, 하나님께서 인간 저자들을 지도하셔서 무엇을 말해야 할지를 알려 주실 수 있었다고 믿는 것은 그리 어려운 일이 아닙니다. 만일 하나님께서 인간 저자들을 사용하지 않으셨다면, 우리가 어떻게 신적인 메시지를 납득할 수 있겠습니까?

또 하나의 주요 구절은 디모데전서 5:18인데, 이것은 바울이 두 성경 본문 즉 구약의 다섯번째 성경(신명기 25:4)과 누가복음(10:7)에 나온 예수의 말씀에서 인용한 것입니다. "성경에 이르기를 '타작 마당에서 낟알을 밟아 떠는 소의 입에 망을 씌우지 말아라' 하였고, '일꾼이 자기 삯을 받는 것은 마땅하다' 하였습니다." 이 구절은 몇 가지 이유에서 중요한 구절입니다. 첫째, 이 구절은 바울이 구약과 신약이 (비록 신약은 아직 완결되기 이전이지만) 모두 하나님으로부터 온 것이라고 인정함으로써, 양자에 동등한 권위를 부여했음을 보여줍니다. 둘째, 이 구절은 아주 초기 시대부터 (즉 예수님의 제자들 시대부터) 복음서가 '성경'이라고 불리었고 초대 교회 시대까지 계속해서 그렇게 여겨졌음을 보여줍니다. 교회가 성경의 권위라는 아이디어를 창안해 낸 것이 아니며, 영감이라는 아이디어가 나중에 발전된 것도 아닙니다. 그런 아이디어들은 원래부터 당연한 것으로 여겨졌습니다.

마지막으로 베드로후서 3:16에서 베드로 사도는 바울의 글을 '성경'이라고 부릅니다. "바울은 모든 편지에서 이런 것에 관하여 말하고 있는데, 그 가운데는 알기 어려운 것이 더러 있어서, 무식하거나 믿음이 굳세지 못한 사람은, 다른 성경을 잘못 해석하듯이 그것을 잘못 해석해서, 마침내 스스로 파멸에 이르고 말 것입니다." 이 구절이 중요한 이유는, 그렇게 함으로써 베드로는 바울의 말을 모세나 다윗 왕, 심지어 예수님 자신의 말씀과 동등하게 두었다는 것입니다. 그러므로 신약의 대부분을 기록한 바울에 대한 베드로 사도의 이 선언은 중대한 의의를 갖습니다.

다른 많은 성경의 구절들도 성경이 신적인 영감을 받았다고 선언합니다. 이런 주장들은 결코 가볍게 다루거나 쉽게 무시할 수 없습니다. 이런 성경 자체의 성경관을 생각할 때 우리에게는 두 가지 선택안이 주어집니다. 고대 유대인들과 초기 제자들이 진실을 말하고 있거나, 성경 저자들이 수백 년에 걸친 협력을 필요로 하는 엄청난 사기극을 꾸몄거나, 둘 중에 하나입니다. 그러나 성경은 거룩한 교훈을 말씀하는 위대한 책이지만 하나님의 영감을 받은 것은 아니라고 말하는 것은 말이 되지 않습니다. 둘 다 옳은 말은 될 수가 없기 때문입니다. 성경은 그 주장대로 참이든지, 아니면 정직한 사람들의 관심을 받을 가치가 없는 거짓이든지 둘 중 하나일 수밖에 없습니다. 성경 자체의 증언을 거부하기 위해서는 그 기소를 뒷받침할 증거가 있어야 합니다. 성경의 주장이 사실일 수 없음을 보여주는 물적 증거, 예를 들어, 성경의 주장을 논박하는 고고학적 증거 등을 제출할 필요가 있는 것입니다. 또한 그런 사기극을 왜 벌였는지 그 합리적인 동기를 제공할 수 있는 다량의 정황적 증거들을 제출할 필요가 있습니다. 사실, 그 기소가 성립하기 위해서는, 반드시 성경의 증언이 잘못임을 이성적인 회의를 넘어서는 정도로 보여주어야 합니다.

성경에 나온 예수님

예수님은 친히 거듭하여 성경의 절대적인 권위와 신적 기원을 확언하셨습니다. 이것이 중요한 이유는 이것이 예수님 자신의 성품과 신뢰성과 연관되기 때문입니다. 예수님은 언제나 현재의 구약 39권과 동일한 당시의 히브리 성경을 언급하셨고 거기에 호소하시고, 그 말씀을 천명하셨습니다. 예수님은 종교 지도자들이 덧붙인 전통이나 (최종 정경에서 제외된) 위경들을 성경의 일부로 인정하지 않으셨습니다. 예수님은 분명하게, 성경은 하나님께로부터 나온 것이며, 인간의 발명에 의한 것이 아니라고 가르치셨고, 그 성경을 자주 '하나님의 말씀'이라고 부르셨습니다.

예수님은 또한 성경에 나온 역사를, 기적적인 사건들 기록을 포함하여, 사실로 받으셨고, 따라서 정확한 것으로 받으셨습니다. 거기에는 남자들과 여자들의 창조에 관한 예수님의 언급, 노아 시대에 있었던 세계를 뒤덮은 홍수, 모세와 십계명을 주신 이야기, 불타는 가시 덤불과 엘리야 선지자의 사역 (마 15:3-6; 19:4; 24:37-39; 막 12:26; 눅 4:25 등을 보시오) 이야기 등이 포함됩니다. 예수님은 그 모든 성경 내용에 대한 영감과 권위와 의존성을 분명하게 확언하셨습니다.

요한복음에서(10:34-38) 예수님은 자신이 하나님이심을 직접 주장하시고, 그렇게 말씀하시면서, 또한 성경은 폐하지 못한다고 말씀하십니다. 예수님은 그 주장이 옳음을 입증하시기 위해 시편 82:6을 인용하십니다. "너희의 율법에 '내가 너희를 신들이라고 하였다' 하는 말이 기록되어 있지 않으냐?"(요 10:34). 따라서 성경은 그리스도의 인격에 따라 성립되거나 무너지거나 하게 됩니다. 왜냐하면 그리스도는 성경의 정당성을 확언하셨을 뿐 아니라, 자신이 참으로 하나님의 아들이심을 보이면서 그 성경이 자신을 증거한다고 주장하셨기 때문입니다. 그러므로 성경의 진리라는 주제는 그리스도의 신뢰성과 분리될 수 없는 것입니다. 따라서 우리는 또 한번의 선택에 놓이게 됩니다. 예수께서 진리를 말씀하셨거나, 그 경우 성경은 하나님께로부터 온 계시이고, 아니면 예수가 거짓말쟁이여서 (혹은 환상에 잡혔거나 미쳐서) 성경이 하나님께로부터 온 것이 아니거나, 둘 중에 하나입니다. 다른 선택안은 있을 수 없습니다.

진정한 기독교는 성경을 진리로 받습니다. 그러므로 성경을 읽는 일은 기독교인에게 너무나 중요합니다. 거기엔 예수께서 장차 오실 것이라는 약속과 하나님께서 영감을 주시되 제자들을 통하여 주신 신약이 포함됩니다(요 14:26; 15:26-27을 보시오). 그러므로 성경 자체의 성경관과 예수께서 성경에 관하여 하신 말씀은 우리가 성경의 중요성을 이해하고 성경의 신뢰성을 고려하고자 할 때 반드시 취해야 하는 바른 출발점이 됩니다.

세상 밖으로

이런 말이 있습니다. "촛불과 성경을 주고 나를 어두운 감옥에 가두어 둔다 해도 나는 세계가 무슨 일을 하고 있는지 다 말할 수 있다."[4] 성경에는 어떤 신비한 진리가 있어서 시대를 초월하여 모든 문화에 적응될 수 있는 것처럼 보입니다. 많은 사람들이 그것을 발견하고 놀라운 선언을 하였습니다. 미국의 제16대 대통령 에이브라함 링컨은 이렇게 선언하였습니다: "인간이 바라는 모든 좋은 것은 성경에 들어 있다."[5]

우리 시대의 위대한 석학 중 한 분인 로버트 딕 윌슨은 이렇게 기록하였습니다. "내가 얻은 결론은, 구약의 진리됨을 논박할 수 있는 사람은 없다는 것이다."[6]

이런 책을 어떻게 설명할 수 있겠습니까? 예수님과 성경 자체의 성경관을 다 부인한다면, 그에 대한 타당한 이유가 있어야 합니다. 실제로 성경의 존재에 관한 변호될 만한 어떤 설명이 있어야 하는데, 그것이 문제입니다!

만일 성경이 하나님께로부터 온 것이 아니라면, 성경과 그 교훈의 기원을 어떻게 달리 설명할 수 있습니까? 초기 영국 개혁자 겸 설교자인 토마스 왓슨은 이 주제를 이렇게 기록하였습니다:

만일 성경이 하나님께로부터 온 것이 아니라면 도대체 어디서 왔을지 나는 도무지 알 길이 없다. 악한 자들은 성경의 저자가 될 수 없었을 것이다. 어찌 그런 자들의 마음이 그처럼 거룩한 말씀들을 기록하는 데 사용될 수 있었겠는가? 그들이 그렇게 자유롭게 죄를 악하다고 선언할 수 있었겠는가? 그렇다면 선한 자들이 성경의 저자가 될 수 있을까? 그들이 그처럼 부담되는 글을 쓸 수 있었을까? 큰 은혜를 받은 자들이 자기들이 고안한 책에다, 하나님의 이름을 위조하여 '여호와께서 이처럼 말씀하시기를' 이라고 쓰는 죄를 과연 참아낼 수 있었을까?

왓슨은 한 가지 문제를 부각시키고 있습니다. 즉 선한 사람이든 악한 사람이든 인간은 성경의 저자라고 믿기 어렵다는 것입니다. 선한 사람이 거짓말을 하겠습니까? 악한 자들이 그리스도의 말씀을 견딜 수 있겠습니까? 이것은 사실 성경이 하나님께로부터 왔고, 하나님께서 인간 저자들을 감동하셨다는 설명이 가장 가능성 있는 설명이 아니냐고 묻는 것입니다. 심지어 기독교를 싫어한다고 알려진 사람들도 성경이 존재한다는 사실에 대해서는 할 말이 없었습니다. 장 자끄 루소는 이렇게 말했습니다:

독자들에게 꼭 고백해야 할 말은, 성경의 장엄함이 얼마나 압도적이었는지, 내가 복음서 저자들의 거룩함을, 그 진리의 놀라움과 더 나아가 어디 비길 데 없는 완벽함을 내 가슴으로 알게 되었을 때, 만일 이 성경을 누가 창안했더라면, 그 창안자들은 역사상 가장 위대했던 영웅들보다 더 위대한 인물들이었을 것이라는 생각이 저절로 들었다.[8]

찰스 디킨스는 성경을 "과거에도 그랬고 미래에도 전무후무할 최고의 책"[9]이라고 묘사하였습니다.

만일 영감 받은 그리스도 사건의 목격자들과 그리스도의 제자들이 아니라면 도대체 누가 신약을 기록했겠습니까? 만일 다른 저자들이 존재했다면, 역사에 아무 흔적도 남기지 않고 도대체 어디로 다 사라졌겠습니까? 왜 그들은 그 위대한 작품을 자기들의 작품이라고 주장하지 않았겠습니까? 왜 역사에는 그들에 대한 기록이 하나도 없으며, 알려진 모든 자료들은 성경이 주장하는 저자들을 저자로 지칭합니까? 성경을 거부하기 위해서는 그런 모든 질문들에 대한 확증할 만한 설명이 있어야 합니다.

성경은 문학적 형태에 있어서도 매우 놀라운 책입니다. 성경은 수백년 동안 세계적인 베스트셀러였고, 현재 2,000개 이상의 언어본이 판매되고 있습니다. 역사상 가장 많이 인용되고, 논쟁되고 영향을 미친 책입니다. 그러나 대중성에 호소하는 것으로는 성경의 의의를 증명하지 못합니다. 다이애나 왕세자비의 삶과 죽음에 관한 모든 종류의 아이디어를 다루는 책들은 과거 몇 년 동안 수백만 권씩 팔렸습니다. 그렇지만 그 내용의 진실성을 말하려면 판매수량만 가지고는 부족합니다. 성경이 그런

소위 말하는 성경의 모순

성경에 관하여 가장 인상적인 것은, 농부에서 왕에 이르기까지 44명의 저자들이 66권의 책을 수천년에 걸쳐 기록하였음에도 불구하고, 성경이 하나의 일관된 모습을 이루고 있다는 점입니다. 역사와 논리와 사상의 흐름이 놀랍고, 하나가 넘어지면 모든 것이 넘어지고, 일어나면 다 같이 일어나게 되어 있습니다. 그런데 놀랍게도 아무런 공모나 위조의 증거가 없습니다. 각 저자는 나름의 스타일과 강조점을 가진 개인들로서, 종종 수백년의 시대적 차이가 나는 역사적 정황 가운데 산 사람들입니다. 그럼에도 불구하고 성경에 '모순'이 있다는 비난을 필연적인 결론으로 받아들이는 사람들도 일부 존재합니다.

제 경험에 의하면, 성경을 스스로 한번도 연구해 보지 않은 사람들이 그런 비난을 가장 크게 외칩니다. 오늘날의 성경에 관한 '대중적' 지식은 많은 부분이 개그쇼, TV나 라디오의 논쟁 프로, 선술집에서 술꾼들이 지껄이는 소리, 혹은 편견에 사로잡혀서 잘못된 정보를 전파하는 고등학교나 대학의 강사들에게서 나온 지식들입니다. 성경을 모순으로 가득 찬 책이라고 그저 주장하기는 쉽지만, 그것을 증명하는 일은 그것과 전혀 다른 일입니다.

논리적 모순이란 서로 반대되는 두 개의 진리를 동시에 주장하는 것을 말합니다. 예를 들면, 제가 입고 있는 잠바가 빨간 잠바라고 하면서 또

파란 잠바라고 말하는 것이 모순입니다. 그러나 만일 제가, 우리 아버지 성함은 마이클이시지만 그 심정은 화란 사람이라고 하고, 제 아내가 자기 시아버지는 부트 씨이고 웨일즈 분이시라고 할 경우, 표면적으로는 모순처럼 들릴 것입니다. 그러나 그 문맥을 이해하면, 일견 불일치하게 보이는 것이 정리됩니다. 우리 아버지의 성은 부트이고, 화란계이십니다. 그러나 이름은 마이클이고, 할아버지가 웨일즈에서 해군으로 복무하실 때 거기서 태어나셨습니다.

'빨간 잠바' 명제와 '가족 기원' 명제 사이의 차이점을 이해하는 것이 중요합니다. 앞의 경우는 실제적인 모순이지만, 뒤의 경우는 설명을 보충해 주는 차이입니다. 모순임을 증명하기 위해서는 모순된 사실이나 주장을 보여주어야 하지만, 보충 설명의 경우는 그렇지 않습니다.

한번 독자가 회사에서 두 명의 젊은 친구와 더불어 오늘 사무실에서 일어난 일을 기술하라는 명령을 받았다고 생각해 봅시다. 같은 방에서 같은 회의에 참석했고, 같은 사건을 목격했지만, 여러분의 보고서는 그 문체, 강조점, 관찰한 세부 사실 같은 점에 있어서 다른 사람들의 보고서와 다를 것입니다. 독자는 다른 친구들은 기억하지 못하는 사실을 기억하고 쓸 것입니다. 독자는 스스로 중요하다고 판단한 특정한 사실들을 포함시키겠지만, 다른 친구들은 그렇지 않을 것입니다. 그러나 세 명 모두가 진실한 보고서를 쓰고자 노력했다면, 제출된 각각의 보고서들은 나름의 강조점을 가지고, 그 날에 일어난 사건들에 관하여 몇 가지 관점에서 표현된, 그래서 사실을 보다 넓게 볼 수 있는 그림을 제시하게 될 것입니다. 그것이 바로 재판정에서 증인이 담당하는 역할입니다.

그렇다면 신약을 읽을 때, 우리는 반드시 특정한 일들에 주의를 기울여야 합니다. 예를 들면, 복음서 기록자들은 예수님의 모든 행위를 동일한 순서로 배열하지 않았습니다. 당시의 기록자들은 사건을 정확한 연대순으로 기록하는 일을 중요하게 여기지 않았습니다. 무슨 일이 일어났는가를 정확히 언제 일어났는가보다 중요하게 여겼습니다. 때로 성경은 절대적인 정확성을 목표하지 않습니다. 그러므로 목표되지 않은 문맥에서 그런 정확성을 찾을 것이라고 기대하면 오산입니다. 어떤 주요 증인이, "내가 길을 따라 걸어 내려가는데 밤 11시 경에 큰 비명소리가 들렸습니다" 라고 증언했을 경우, 그 옆에 있었던 사람이 시계탑 시간을 보니까 정확히 11:03이었다 하여 그 증인이 거짓 증언을 한 것은 아닙니다.

피상적으로 보면 모순된 것처럼 보이지만 실제로는 서로를 보완하는 경우, 전체 메시지는 바뀌지 않습니다. 그러므로 소위 모순된 본문을 조사할 때는 그 원래의 언어를 검토해야 하고, 문화와 역사를 고려하고, 저자의 의도를 감정해 보면, 불일치라고 여겨졌던 문제가 사라질 수 있습니다. 학문은 본래 그런 것입니다. 그리고 공정한 마음으로 학문하는 사람들은 일관되게 성경이 옳다고 선언하였음을 봅니다.

진리를 찾기 위하여 우리는 본문을 문자적으로 읽는 법을 추구합니다. 그 말은 우리가 저자가 말하려고 의도한 것을 말했다고 믿고, 그 본문에 다른 아이디어를 강제로 주입하지 않는다는 말입니다. 그 저자의 의도를 찾는 것이 관건입니다. 다윗 왕이 시편 23:1을 쓰면서 "여호와는 나의 목자시니"라고 했을 경우, 그것은 하나님이 실제로 목자시라는 의미는 아닙니다. 그것은 하나님의 성품을 묘사하는 수사법으로서, 하나님께서 자기를 돌보시고 인도하시고 섭리하신다고 표현한 것입니다. 제가 그렇게 말하면 사람들은 종종 이렇게 말합니다. "오, 당신은 성경을 문자적으로 받지 않는군요. 그렇지요?" 거기서 혼란된 모습이 드러납니다. 아니요, 우리는 성경을 문자적으로 받고, 그 안에서 저자들이 말하고자 의도한 것을 수용합니다. 요한이 예수께서 천국을 실제하는 장소로 말씀하고 자기가 돌아와 믿는 자들을 그리로 데려 가겠다고 말씀하신 것을 기록한 경우, 우리는 그 구절이 예수께서 말씀하고자 하신 것으로 받으며, 예수께서 의미하신 것은 단지 우리가 지상과 우리 가슴에 천국을 창조하실 수 있다는 뜻이라고 받지 않습니다.

일생토록 성경 연구에 헌신한 많은 명석한 학자들 중 성경의 신뢰성에 대하여 과거 어느 때보다 더 큰 확신을 가진 학자들이 나왔습니다. 구약 교수이자 셈어 연구학과 교수인 글레아슨 아처는 이렇게 썼습니다:

나는 성경의 불일치에 관하여 여태까지 하나하나 다루어왔고, 소위 성경 기록과 언어학적, 고고학적 혹은 과학적 증거 사이의 모순을 연구하였다. 내가 성경의 신뢰성에 대하여 거듭 증명하고 더욱 결론적인 확신을 갖게 된 것은 고대로부터 현재에 이르기까지 사람이 발견한 거의 모든 성경 기록상의 문제점은 성경 본문 자체에서 완전히 만족할 만한 수준으로 다루어졌거나 또는 객관적인 고고학적 정보로 다 다루어졌다는 사실을 발견하였기 때문이다.[10]

성경은 하나님이 전지하신 분이시며 스스로 모순되는 분이 아니시라고 가르칩니다. 따라서 기독교인들은 하나님의 말씀이 바르게 이해된다면 모순되지 않는다고 믿습니다. 이것을 확인하는 최선의 방법은 단순히 성경을 공부하면서 독자 스스로 성경의 명확성과 신뢰성을 살펴보는 것입니다. 그러면 소위 말하는 모순들은 사라지고 성경의 메시지를 파악하는 데서 오는 커다란 유익을 얻게 됩니다. 테오도어 루즈벨트의 말로 하면, "성경에 정통하는 것이 대학 교육보다 가치가 있습니다."[11]

그가 어떤 일을 하셨다고?

성경에 있는 기적들을 다 나열하려면 상당한 시간이 걸릴 것입니다. 성경에는 우리의 자연 법칙 관념을 무시하는 초자연적인 사건 발생 기록들이 아주 많습니다. 기독교는 초자연적인 하나님을 믿는 초자연적인 신앙입니다. 또는 달리 말하면, 성경은 우주에는 물질적인 세계보다 훨씬 더 많은 것들이 존재한다고 가르칩니다. 그러므로 물질적인 '법칙들'(균일성)은 무시될 수 있습니다. 홍해를 가르는 일, 도시락으로 군중을 먹이는 일, 소경의 눈을 회복시키는 일 등에서부터 동정녀 탄생과 부활까지, 성경은 초자연적인 것들이 없으면 쓸모 없는 것이 되고 맙니다. 초자연적인 것이 없다면 한 줌의 진부한 말만 남을 것입니다.

성경에 많은 초자연적인 사건들이 기록되어 있다는 것은, 공정하게 평가하지 않고 무조건 거부하는 회의론자들에게는 이해하기 어려운 것입니다. 그들 중 어떤 이들은, 기적은 본래 일어날 수 없는 것이라는 생각을 갖고 있기 때문에 근본적으로 성경을 생각거리로 여기지도 않습니다. 이런 반대 의견을 대중화한 데에는 데이비드 흄이라는 철학자가 큰

역할을 담당하였습니다. 그의 주장은 이렇게 요약될 수 있습니다:

1. 자연 법칙은 깨어질 수 없다.
2. 기적은 자연 법칙을 깨는 것이다.
3. 그러므로 기적은 일어나지 않는다.

이런 추론은 순환논증이며 그 근거가 잘못된 것이 분명합니다. 그는 자기가 증명하려는 것이 사실이라고 가정하였습니다. 증명될 수 없는 것을 전제로 삼은 것입니다. 기적적인 사건에 대해서 질문을 하려면, 그런 일이 일어날 수 있느냐고 묻지 말고, 그런 일이 어떻게 일어났느냐고 물어야 합니다. 그런 기사를 신뢰할 수 있느냐? 그렇게 물어야 합니다. 과학적인 반대는 자연주의적 가정들에 근거한 것으로서, 발생한 사건을 실험실에서 시험해 보기 위해 역사적인 정황을 재구성할 수 없기 때문에 증거로 사용될 수 없는 것입니다. 만약에 제가 우리 할아버지는 성격이 급하셨다고 주장한다면, 그것을 실험실에서 시험해 볼 수는 없는 노릇이므로 목격자들에게서 증거를 수집하여 그 증거의 힘에 근거하여 제 주장을 평가해야만 합니다. 혹은 제가 만일 여러분에게 수년 전에 대학 기숙사의 방 친구의 고질적인 한쪽 귀병이 어떤 기독교인에게 기도를 받고 즉시 치료되었다고 할 경우, 과학적인 실험으로는 저의 보고서를 확증할 수 없습니다. 아마 그러려면 그와 그의 가족, 혹은 친구들, 직장 동료, 또는 그를 위해 기도해 준 사람을 직접 만나 볼 필요가 있을 것입니다. 런던에 있는 왕립 이비인후과 병원에 가서 거기 보관된 그의 진료 기록을 찾아보아도 그가 놀랍게 즉각적인 치유를 받은 것을 설명할 수는 없을 것입니다. 동일한 테스트가 성경에도 적용되어야 합니다.

성경에 있는 기적들의 초점에는 예수님이 계시고, 사실 예수님의 그런 활동 때문에 모든 논쟁이 일어났습니다. 예수님은 고난당하는 사람들에 대한 사랑으로 팔레스타인을 완전히 뒤집어 놓으셨습니다. 예수님의 기적적인 행위가 얼마나 널리 알려졌는지, 심지어 당시 일반 역사가들도 예수님에 대하여 보고된 일들을 기록해 놓았습니다. 진지한 역사가라면 아무도 그리스도의 존재와 삶을 부인하지 않습니다. 그렇지만 예수님은 한번도 그런 행위 자체가 중요하다는 말씀을 하신 적이 없습니다. 그는 군중들을 소란케 하여 자기 이름을 내려고 하는 마술사가 아니셨기 때문입니다. 오히려 주님은 당신의 기적들은 그 기적 자체를 초월하는, 그보다 더 중요한 것들, 즉 자신이 누구이고 그의 사명이 무엇을 위한 것인지를 지시하는 것이라고 가르치셨습니다.

어쩌면 예수님의 초기 사역기에 기록된 기적들에 대하여, 최소한 그의 대적들은 조작에 의한 것이라고 폄하할 수 있었을 것입니다. 그러나 역사에 의하면, 그들은 그렇게 하지 않았습니다. 오히려 우리는 그들이 마술이나 사술이라고 설명해 버리려는 모습을 발견합니다. 혹자들은 심지어 예수는 현대 과학이 아직 발견하지 못한 물리 법칙들을 사용하여 기적을 일으켰다는 제안을 하기도 합니다.

그렇지만 기적은 쉽게 설명되는 것이 아닙니다. 그런 일들은 다 그리스도 시대에나 살았던, 단순하고 원시적인 족속들, 가난하고 무지하고 속임수에 쉽게 넘어가는 족속들이나 당하는 일이라고 쉽게 치부할 수는 없습니다. 그렇게 멍청한 사람들은 역사상 존재한 적이 없었기 때문입니다. 로마의 연설가이고 정치가인 키케로는 그리스도가 오시기 100년 전에 이렇게 썼습니다. "기적이란 없다...발생할 가능성이 있는 것은 기적이 아니다"[12] 우리는 늘 (최신 것이 언제나 최선이고 옳은 것이라는) 시대적인 착각에 빠져 살지만, "옛날 사람들은 훨씬 지능이 낮고 순진한 사람들이었다"는 생각은 아주 잘못된 생각입니다. 많은 발전된 고대 문화들에 대한 문서가 잘 보존되어 있는데, 그런 문명들에 속하는 많은 것들은 지금도 우리에게, 피라미드 건축술처럼, 기술적인 수준에서 보더라도 하나의 신비로 남아 있습니다.

오늘날에도 우리는 서양에서도 여전히 매우 미신적인 형태들을 봅니다. 검은 고양이 미신에서부터, 사다리 밑으로 가면 불길하다는 미신, 나무를 만지는 미신, 수상, 외계인, 펭슈이, 심령술, 사이언톨로지, 운명철학, 수정구슬 예언, 영매들의 대회, 우이자 보드, 타롯 카드, 기타 다양한 뉴 에이지 행위들 등 사람들은 지금도 영적인 일이나 초자연적인 일들에 열광합니다. 그런 일들을 하니까 현대인들은 다 멍청하다고 말할 수 있습니까? 아닙니다. 그리스도 시대의 사람들은 기적적인 주장들에 대해서 우리와 마찬가지로 회의적이었지만, 성경에는 개인들이나 군중들이 보인 믿어지지 않는 반응들에 대한 기록이 많이 나옵니다. 당시 사람들도 죽은 자가 다시 살아오거나 눈먼 자가 순간적으로 시력을 회복하는 일은 정상적인 일이 아님을 분명히 알고 있었습니다. 예수님의 제자 중 한 사람인 도마가 어떤 제자들이 죽은 자 중에서 부활하신 그리스도를 보았다는 말을 들었을 때, 성경은 "그가 그 말을 믿지 못했다"고 기록했습니다: "나는 내 눈으로 그의 손에서 못자국을 보고 내 손가락을 그 못자국에 넣어 보고 또 내 손을 그의 옆구리에 넣어 보지 않고는 믿지 않겠소"(요 30:25). 그는 바로 그 선언 때문에 유명해졌고, 나중에 '의심하는 도마'라는 이름을 얻었습니다. 그러나 예수님은 실제로 도마에게 나타나 그가 믿을 수 있도록 그 손가락을 자기 상처에 대어 보라고 하셨습니다.

만일 우리가 하나님이 계심을 받아들일 수 있다면, 기적의 가능성을 믿는 데 아무 문제도 있을 필요가 없습니다. 바울 사도는 믿지 못하겠다는 왕에게 "여러분은 어찌하여, 하나님께서 죽은 사람들을 살리신다는 것을 믿을 수 없는 일로 여기십니까?"(행 26:8)라고 질문했습니다. 단순히 '통상적으로 발생하는 것'을 관찰하는 경험적 지식을 일반화한 것으로는 기적의 발생 여부를 확언할 수도 없고 부인할 수도 없습니다. 그렇지만 만일 우리가 성경에 나온 기적들에 대한 증거를 자세히 조사해 보면, 찰스 대제, 샤를마뉴가 거둔 여러 차례의 전승 같은 여타의 역사적인 사건들과 마찬가지로, 그 기적들이 실제로 있었음을 믿을 만한 타당한 이유들을 발견하게 됩니다. 개방적인 탐구자들은 단순히 기적 이야기가 들어있다는 이유로 성경을 거부하지는 않습니다. 오히려 반대로, 그들은 분명히 한 걸음 나아가 기적 이야기에서 가장 두드러지는 인물인 예수 그리스도의 능력과 진정성, 그 영향력을 이해해 보고자 노력할 것입니다.

믿을 수 있는 성경 본문

성경이 역사적 사실들을 어떻게 믿을 수 있도록 기록했는지를 자세히 기록하려면 아마 큰 책을 하나 써야 할 것입니다. 성경 구절대로 이루어진 많은 예언들이 있으며 이 초자연적인 책은 놀랄만큼 오랜 기간동안 그대로 이어져왔습니다. 여기서는 가장 흥미로운 몇 가지 측면들만 언급하고, 나머지는 관심 있는 독자들 몫으로 남겨 둡니다.

신약의 목격 기사는 예수님의 사후 50년 내에 기록되었고 아주 정확하게 계승되어 내려왔습니다. 각 복음서 기자의 간증은, 다른 기자들과 협력한 증거가 없음에도 불구하고, 다른 간증들과 일치합니다. 신약은 매우 널리 퍼져나갔으므로 예수님 시대로부터 기독교가 무엇을 믿는지가 특히 유대인들과 로마인들에게 전파되었습니다. 기독교 신앙은 너무나 급속도로 퍼져나갔기 때문에 1세기부터 있었던 기독교인들의 핍박이나 희생 사례들이 문서로 잘 보존되어 있습니다. 중요한 사실은 초기 교회의 주장이 잘못된 주장이기 때문에 배척받은 것이 아니라, 기독교인들에게 그 사건에 대해서 말하면 고문이나 사형을 당할 것이라는 협박을 하였다는 사실입니다. 사람들을 다 살려주고, 그 대신 그들이 주장하는 일들은 실제로 일어나지 않았음을 입증하는 것이 더 쉬웠을 텐데, 그들은 그런 일을 전혀 고려하지 않았습니다. 기독교를 핍박한 자들은 단지 그들에게 조용히 하라는 말밖에 할 수 없었습니다.

역사적으로 보면, 그런식의 반증은 이루어진 적이 없었고, 초기의 신자들이 사자 밥이 되거나 십자가에 매달리거나 톱으로 켜는 형을 당하였음에도 불구하고, 기독교 신앙은 계속 퍼져나갔음을 알 수 있습니다. 플리니, 요세푸스, 로마의 역사가 타키투스 등 당대의 일반 기자들의 기록들에 보면, 성경의 기사가 역사적 사실과 일치함을 볼 수 있습니다. 그리스도의 생애, 기적에 관한 보고, 로마 총독 본디오 빌라도가 선언한 판결, 그리스도의 십자가 형과 부활에 관한 보고 등을 당대 역사가들의 기록에서 볼 수 있습니다.

신약 문서의 신뢰성을 확신한 C.S. 루이스는 이렇게 기록하였습니다. "복음서 기자들은 정직한 목격담을 최초로 기록한 인물들이다. 그들은 심지어, 언뜻 보면 자기들의 주된 주장에 해가 되는 사실들도 언급하고 있다."[13] 성경 기록에는 초기 목격자들이 부활하신 그리스도를 처음에 의심하였다는 사실, 예수께서 체포되는 순간에 가장 친한 친구들이 다 도망갔다는 사실 등, 결코 좋게 보이지 않는 사실들이 다 들어 있습니다. 그들은 나중에 다 아주 무시무시한 형벌로 처형되었습니다. 사실 그 형벌은 만일 그들이 자기들이 퍼뜨린 것은 '환상과 허구'였다고 고백만 하면 피할 수 있는 형벌이었습니다. 그러나 그들은 그렇게 하지 않았습니다. 자기들이 목격한 일들을 부인할 수 없었기 때문입니다.

오늘날 우리가 갖고 있는 그 기사들의 복사본, 즉 신약이 얼마나 정확한지를 보면 숨이 막힐 정도입니다. 1948년에 사해 두루마리가 발견되었을 때, 학자들은 그 오랜 기간 동안 성경 본문들이 얼마나 역사상 유례없이 정확하게 복제되었는지를 확인할 수 있었는데, 그 이유는 새로 발견된 사본들이 1세기에 제작된 사본이었기 때문입니다. 현재 우리는 약 5,000개의 사본을, 전체로 혹은 부분으로 갖고 있는데, 몇 개의 사본은 그리스도 사건 이후 200년 안에 복사된 것입니다. 가장 오래된 사본은 (원본 이후 이삼십년밖에 안 되는) 주후 130년에 제작된 것으로, 현재 영국 맨체스터 존 라일란즈 대학교 도서관에 소장되어 있습니다. 일반 문서와 성경 사본을 비교해 보면, 율리우스 카이사르가 브리튼에 온 것은 주전 55년인데 (그것이 갈리아 전쟁에 대한 증거가 됩니다), 그것을 기록한 9개의 사본 중 가장 오래된 것은 그 사건이 있은 후 900년이 지난 후에 기록된 것입니다. 쉽게 말하면, 성경은 세계에 존재하는 그 어떤 고대 문서들보다 잘 증명된 문서라는 것입니다.

고고학적 증거가 있어야

고고학을 흥미있어 하는 사람은 적고, 대부분 지루하게 여깁니다. 그러나 과거 인류가 남긴 흔적을 공부하는 이 일을 통하여 많은 것이 드러납니다. 고고학자들은 성경 무대인 중동 지방에 커다란 관심을 갖고 있습니다. 왜냐하면 그 땅은 마치 서양 장기판과 같아서 많은 나라들이 거기서 각축을 벌였고, 또 역사가 아주 잘 보존된 구역들이 종종 발견되기 때문입니다. 그런데 과거 역사에 관련된 주장들을 입증하거나 기각하는 일에 큰 도움을 주는 이 학문이 사실은 성경 기록의 정확성을 가장 강력하게 지지하고 있습니다. 19세기의 위대한 고고학자라고 하는 윌리암 람세이 경은 최고의 회의론자였고, 중동 지방을 신중하게 발굴하여 신약의 허구성을 만천하에 드러내겠다는 결심을 한 사람이었습니다. 그는 나중에 복음서 기자 중 한 사람인 누가에 관하여 이렇게 기록하였습니다:

나는 진리를 찾아 그리스와 아시아가 만나는 접경 지대까지 갔다가 거기서 진리를 발견했다. 나는 과거 어떤 역사가도 하지 않았을 정도로 철저하게 누가복음서에 나온 말들을 조사했는데, 그 말들은 내가 행한 모든 세밀한 검증과 엄격한 처리를 다 통과하였다…. (내 견해로는), 누가복음의 저자는 최고의 역사가이고, 역사상 가장 위대한 역사가 반열에 오를 만하다.[14]

또 다른 위대한 고고학자인 윌리암 F. 알브라이트는 이렇게 선언하였습니다:

지난 18세기와 19세기의 중요한 역사학파들이 성경에 대하여 제기한 회의론은, 당시 그들이 사용한 문구 중 일부가 지금도 주기적으로 보이긴 하지만, 갈수록 불신을 당하는 추세이다. 새로운 고고학적 발견이 생길 때마다 수많은 세부 사실들에 관한 성경의 정확성이 더욱 확립되었고, 사료로서의 성경의 가치가 더 높아졌다.[15]

암석이나 과거 시대의 유물에 남아 있는 기록들은 성경의 신뢰성과 그 기록자들의 신뢰성을 지지하고 그들의 증언을 입증하는 산과 같은 증거로 우뚝 서 있습니다. 고고학은 그리스도에 관한 증언에 의심을 던지는 학문이 아니라, 오히려 그를 변호하는 증인 역할을 하게 되었습니다. 런던 대학의 저명한 고고학자이자 팔레스타인 고고학 분야 전문가인 넬슨 글룩은, "결론적으로 말하면, 고고학적 발견은 한번도 어떤 성경적인 언급이 문제가 된다고 한 적이 없다"[16]고 했습니다.

예언하고 성취하고!

점성술이 가진 모호한 투사를 믿고 싶어하는 사람들은 수상술에 열광하고, 노스트라다무스의 이상한 운율을 가진 사행시가 예견한다는 수상한 예언을 곧잘 경청합니다. 그러나 그처럼 미래 사건을 정확하게 예견해 주는 책을 찾아다니는 사람들에게도 성경은 비교할 대상이 없이 좋은 책입니다. 성경에는 실제로 성취된 예견이 수백 가지나 들어 있기 때문입니다. 성경을 하나님이 주신 것이라고 믿을 수 있게 하는 많은 이유들 중에는, 성경이 가진 이런 초자연적인 요소도 들어 있습니다. 성경의 예언 사례들 중에서 가장 좋은 것으로 그리스도의 오심에 관한 예견들을 들 수 있습니다. 그 예견들에는, 그가 언제 오실 것인지, 어디서 탄생할 것인지, 어떤 가문에 태어날 것인지, 당시 그 가족의 상황은 어떠할 것인지, 자기 백성들인 유대인들에게서 어떤 대우를 받을 것인지 등을 다 들어 있습니다. 심지어 더 자세하게 그가 어떻게 죽을 것이고, 어떻게 장사되고, 부활하고 승천할 것인지도 예견되어 있습니다(시편 16:8-11, 이사야 53장, 예레미야 23:5-6, 다니엘 9:25-27, 미가 5:2 등을 보시오). 예수께서 십자가에 달리신 24 시간 동안에도 20개 이상의 구약 예언이 성취되었습니다. 그 모든 예견은 '후일담' 즉 사건이 있은 후에 기록된 것이 아니라, 그 사건들이 발생하기 최소 400년 전에 기록된 예언이라는 점에 유의해야 합니다. 그 모든 성취 정황들은 철저히 그리스도 자신이 조작할 수 있는 범위 밖에 있는 것들이었습니다.

그 외에도 성경에는 그 성취에 대하여 아무런 논란의 여지가 없는 많은 민족들과 나라들에 관한 놀라운 역사적인 예견들이 있고, 성경 예언 중에 오류라고 드러난 것은 하나도 없으니, 이 성경은 세상에 있는 어떤 책과도 다른, 정말 특이한 책이 아닐 수 없습니다.

결코 무너뜨릴 수 없는 책!

성경을 반대한 사람들의 역사가 무척 오래 되었지만, 성경의 선한 영향력은 지구촌 곳곳에서 더욱 늘어가고만 있습니다. 어떤 이들은 성경을 신화로 치부하고, 어떤 이들은 과거의 책이니 현대성이 없다 하는 등, 사람들은 성경을 조롱거리로 만들고자 무진 노력을 하였습니다. 18세기의 프랑스 철학자 볼테르는 성경은 근대 이성주의의 빛아래 사망할 것이라고 예견하였습니다. 그러나 그가 죽은 지 50년, 그의 프랑스 옛집은 오히려 제네바 성경공회의 성경 저장 및 분배 센타로 사용되게 되었습니다. 현재, 두 세기가 흐른 지금, 성경은 과거 어느 때보다 더 널리 읽히고 있습니다.

로마 황제 디오클레티안이 303년에 황제의 금서 칙령을 발표했어도 성경을 없애지 못했습니다. 프랑스 혁명과 그 철학으로도 성경을 분쇄하지 못했습니다. 장 자끄 루소는 그 철학의 위인 중 한 사람인데 오히려 기독교로 개종하였습니다. 공산주의자들도 그 무신론과 정치 이념으로 성경을 없애지 못했습니다. 아마 여러 독자들은 어째서 성경이 그처럼 금서로 지정되어 불살라지고, 그토록 심한 적대감과 조롱거리가 되어야 했는지 의아할 것입니다. 위대한 개혁자 존 칼빈은 이렇게 대답하였습니다: "인생들이 하나님의 말씀을 비방하는 것은… 그들은 원치 않거나 마지못해 하지만, 오히려 그 말씀의 영향력 안에 있음을 보여주는 것이다"[17] 거기에 한 가지 중요한 사실이 들어 있습니다. 사람들은 어쩐지 성경의 메시지가 자신들을 돌아보게 하고 그럼으로써 자기들의 삶을 위협한다는 느낌을 받습니다. 이 책은 얼마나 강력한 책인지, 소련의 독재자 스탈린 같은 괴물들은 성경이 공적인 자리에서나 사적인 장소에서 읽히는 것을 허락할 수 없었습니다. 성경은 우리 안에 있는 모든 악을 지적하며 옳은 일을 하라고 명령합니다. 어떤 면에서 예수님의 말씀들은 우리가 받기에 너무 강력합니다. 그 말씀들은 정치적으로 옳은 정도를 초월하여 현대의 공적 삶에 영향을 끼치도록 허용하기에는 너무 높은 기준을 우리에게 요구합니다. 인간이 지은 책이라면 십중팔구 수 백 년 동안 지속되는 혹독한 압제를 견디지 못하고 사라질 것입니다. 그러나 성경은 공격자들을 피하여 도망한 적이 없고, 오히려 비판적인 분석을 환영합니다. 진리는 숨길 것이 없기 때문입니다. 아마 예수께서 하신 이 말씀, "하늘과 땅은 없어질지라도, 나의 말은 절대로 없어지지 않을 것이다"(마 24:35)는 말씀은 성경이 가진 이 무너뜨릴 수 없는 특징을 드러낸 것이라 생각됩니다. 이사야 선지자도 그 진리를 이렇게 아름답게 기록하였습니다: "풀은 마르고 꽃은 시드나, 우리 하나님의 말씀은 영원히 서 있도다"(사 40:8).

프레드릭 케넌 경은 고문서 전문가이고 대영박물관의 관장과 도서관장을 역임한 분인데 죽기 직전에 이런 기록을 남겼습니다:

성경 원본의 작성 연대와 현존하는 최고 사본 사이의 연대 간격은 너무 미미하여 사실상 무시할 정도이며, 따라서 이제는 성경이 본래 기록된 그대로 우리에게 전달되었다는 것을 의심할 최후의 근거도 없어진 셈이다. 그러므로 신약 여러 책들의 진정성과 전체적인 통일성 두 가지가 다 최종적으로 확정되었다고 볼 수 있다.[18]

이 모든 것을 함께 고려할 때, 우리는 최소한, 성경과 그 메시지를 가장 진지하게 받아야 한다는 결론에 이르게 됩니다. 성경은 결코 신화나 판타지나 동화로 치부될 수 없습니다. 성경은 사건의 목격자들이 쓴 기사입니다. 이제 우리는 성경에 나온 예수님의 자신에 관한 주장을 우리가 믿느냐 믿지 않느냐를 결정해야 합니다. 그가 주장하신 말씀이나 그 주장을 기록한 문서들의 진정성에 대한 의심은 더 이상 논란거리가 될 수 없기 때문입니다.

입장을 바꾼 사람들

궁극적으로 성경 진리에 관한 가장 확연한 증거는 그 메시지를 포용한 사람들의 삶이 바뀐 데서 찾아볼 수 있습니다. 사본의 신뢰성이나 고고학적 방증들은 지성적인 확신을 줄 수는 있지만, 가슴을 건드리진 못합니다. 만일 참된 메시지라면, 실제로 역사하지 않을까요? 세계 도처에서 무수한 기독교인들이 성경 메시지가 역사한다고 합니다. 성경을 읽다가 만난 하나님, 가장 놀랍게 그리스도의 인격을 통하여 만난 그 하나님께서 우리에게 개인적으로 말씀하시고, 또 우리가 있는 곳에서 우리를 만나 주십니다. 주 예수님은 우리에게 도덕 윤리만 주시지 않고, 자신과 친히 관계할 수 있도록 우리를 안에서부터 변화시키십니다. 그러므로 성경을 볼 때 우리는 마치 거울을 보는 것처럼 성경에서 우리 자신을 봅니다. 성경은 우리와 우리 자신의 허물을 보여주고, 또 우리로 하여금 우리를 변혁시키실 능력 있는 하나님을 바라게 합니다.

저는, 무지막지한 삶을 살던 사람이 무신론을 믿게 되면서 갑자기 진리를 깨닫고 그 삶이 지속적인 선을 향하는 삶으로 변화되었다는 얘기를 아직 들어보지 못했습니다. 참되신 하나님을 부인하는 철학으로 소망과 회복을 가져올 수 있을까요? 과연 무신론이 새로운 삶을 줄 수 있을까요?

성경 메시지는 깨어진 삶을 치료하고 사회를 변혁시키는 능력이 있을 뿐 아니라, 우리로 하여금 책에 기록된 문자를 넘어서 그것을 계시해 주신 하나님을 바라보게 합니다. 공허한 이념들은 우리에게 영적인 기근을 줄 뿐이나, 예수님은 "나는 생명의 떡이다"(요 6:35)라고 말씀하십니다. 그것을 확인하는 유일한 길은 직접 먹어보는 것입니다.

성경의 신적 영감에 관한 논증 요약

1. 하나님은 살아 계시다.
2. 신약은 믿을 만한 문서이다.
3. 기적의 확률은 논리적으로 배제될 수 없다.
4. 확증된 예수 그리스도의 기적들은 자신이 하나님이라는 그의 주장을 뒷받침한다.
5. 하나님이 가르치시는 것은 진실하다.
6. 예수님은 구약의 진리를 인정하셨고, 신약을 암시적으로 인정하셨다.

7. 큰 그림

우리가 만들어진 일차적인 이유는, 우리가 하나님을 사랑하는 것이 아니라
(그것을 위해 지음 받기도 했지만) 하나님이 우리를 사랑하사
그 신적인 사랑이 우리 안에 '크게 기뻐하심으로' 머물게 하시려고
우리를 만드신 것이다. 그러므로 하나님의 사랑이 우리의 현재 모습으로
만족해야 한다고 바라는 것은 하나님께서 하나님 되심을 포기하실 것을
바라는 것과 같다. 왜냐하면 하나님은 스스로 있는 분이시므로,
그의 사랑은 반드시 사물들의 본질 안에서, 우리의 현재 성격 안에 있는
특정한 오점들에 의해 훼방과 거부를 당하여야 하는 것이며, 그가 이미
우리를 사랑하고 계시기 때문에 그는 반드시 우리를 사랑스러운 존재로
만들기 위한 수고를 하셔야 하는 것이다. (C.S. 루이스, 『고통의 문제』에서 발췌)

사람들은 마음에 사악과 광증을 품고 살다가 결국에는 죽고 만다. (전도서 9:3)

탄소와 창조세계

현대 사회에서는 어느 개인이나 그룹이 온 세상의 진리를 안다고 선언
하면 곧잘 거만하고 편협하다는 인식을 받습니다. 그러나 앞에서도 살
펴보았지만, 진리는 불가피합니다. 하나의 세계관을 거부하는 것은 단
순히, 그 세계관에 우리 자신의 세계관을—그것이 어떤 세계관이든지
또는 얼마나 미성숙한지와 무관하게—대치시킨다는 말입니다. 그러므
로 참으로 우리가 던져야 할 질문은 "과연 어떤 우주관이 옳으냐?" 하는
질문입니다. 앞에서 무신론적 진화론자와 인본주의자들이 말하는 인간
조건에 관한 중요한 이야기를 살펴보았는데, 옥스포드 대학의 무신론적
동물학자 리차드 도킨스의 다음 글에 그 내용이 잘 요약되어 있다고 생

각됩니다:

> 만일 우주가 그저 전자와 이기적인 유전자들로 이루어졌다면…우리는 마땅히 무의미한 비극들과 그와 마찬가지로 무의미한 좋은 운명밖에 기대할 수 없을 것이다. 우주는 아무런 선한 의도나 악한 의도를 갖고 있지 않다…. 맹목적인 물리적 힘과 유전 복제로 구성된 우주에서 일부 사람들은 해를 당하고, 다른 사람들은 행운을 얻게 된다. 거기서는 아무런 리듬이나 이유도, 정의도 발견되지 않는다. 우리가 관찰하는 우주에 특성이 있다면 바로 그런 특성들, 즉 우리가 그 기초에 있을 것이라고 기대하는 특성들인 무계획, 무목적, 무선악, 오직 맹목적이고 무자비한 무관심뿐이다.[1]

저는 그에 대하여, 만일 선과 악이라는 개념에 의미를 부여하는 선악이라는 범주 자체가 없다면, 어떻게 유전자에 '이기적인'이라는 도덕적인 특성을 암시하는 단어를 붙일 수 있느냐 하는 의문이 생깁니다. 도덕적 공백 가운데서 어떻게 '정의'를 언급할 수 있을까요? '자비'에 대한 이해가 없는데 어떻게 '무자비함'을 말할 수 있습니까? 도킨스의 명제는 그런 것들이 서로 반대적이라고 가정하는 동시에 그런 것들은 존재하지 않는다고도 주장하지만, 그렇다면 그의 명제는 도대체 어떤 의미를 가질까요? 우리가 그저 '맹목적인' 물리적 세력들의 상호작용일 뿐이라면, 어떻게 우리의 자의식적인 마음이 그 사실을 알게 되었는지는 하나의 미스테리가 될 뿐입니다. 그렇지만, 그 모든 문제들이 있음에도 불구하고 (예를 들어, 그들이 월드트레이드 센터에 있던 수천명의 사람

 청년들아 무엇을 위해 살 것인가?

들이 죽은 것을 선도 아니고 악도 아니라고 어떻게 이해할 수 있는지 모르지만) 분명한 것은 하나님 없는 철학은 그렇게 이야기할 수밖에 없다는 것입니다. 물론 하나님이 없으니 어떤 객관적인 도덕적 체계도 있을 수 없다고 얘기하는 것이 이해는 됩니다. 그러나 우리는 객관적인 도덕적 가치 체계가 분명히 존재한다는 것을 인식하고 있기 때문에 하나님의 존재도 확신할 수 있습니다.

성경이나 예수님의 교훈이 말씀하는 우주관이나 인간 조건에 관련된 기사는 다 계획된 우주, 목적을 가진 우주, 그 중심에 거룩하고 사랑이 많은 하나님을 모신 그런 우주를 말씀합니다. 광대한 우주 공간을 생각하고, 그에 비하여 우리 자신은 너무나 왜소하고 또 수많은 공간이 버려져 있는 듯이 보이는 사실을 곰곰 생각하다 보면, 우리가 스스로를 특별하다거나 어떤 의미를 가진 존재라고 믿기가 참 어렵게 여겨집니다. 만일 이 우주에 중요한 존재가 우리밖에 없다면, 도대체 왜 이렇게 많은 공간이 있는 것일까요? 놀랍게도 현대 물리학자들의 말에 의하면, 우주는 생명을 유지하기에 충분할 만큼의 탄소를 포함하는 정확한 크기에 해당한다고 합니다. 더 작으면 생명이 번성하지 못합니다. 만일 우주의 크기가 조금만 작았다면 우리는 여기 존재할 수도 없었습니다. 우주에는 여러분이 지금 이 책을 읽을 수 있게 하는 딱 적당한 양의 탄소가 존재한다는 말입니다. 이제 우리가 과연 특별한지 아닌지 생각해 보십시오. 우리는 하나님의 독특한 목적을 이루는 놀라운 한 부분입니다. 우리가 너무 중요하기 때문에 하나님께서 이 우주를, 여러분과 제가 존재하고 하나님을 알 수 있도록, 정확한 크기로 만드신 것입니다. 우리의 큰 이야기는 바로 여기서 시작됩니다.

다락에서

저는 이 장에서 독자들에게 하나의 큰 숙제를 드리려고 합니다. 성경의 이야기 구조를 따라 처음부터 끝까지 우리 자신에 관한 성경의 가르침이 가진 중요한 측면들을 큰 붓으로 그려보려고 합니다. 그러므로 저의 이야기가 급하게 진전될 때에도 제가 우리 삶에 관한 하나의 큰 견해라는 전체 그림을 찾고 있다는 사실을 꼭 기억하시기 바랍니다. 이것은 과연 우리 세계에 적합한 이야기인가? 하는 질문을 꼭 던지십시오. 기독교 사상가 프랜시스 셰이퍼는 그에 관하여 하나의 유추를 사용하여 예증하였는데, 이하에 소개합니다.

오래 전 우리가 어릴 때 처음으로 할머니의 다락을 청소하던 때를 한번 상상해 보자. 여기저기 먼지가 뽀얀 낡은 상자들을 뒤지고 다니는데, 우연히 젖어서 곰팡이가 잔뜩 핀 딱딱한 소설책을 발견했다. 열어 보니 여러 페이지가 뜯겨 나갔고 남아 있는 페이지에서는 겨우 읽을 수 있는 부분이 약간 있다. 그 상황에서는 이야기 조각을 맞출 수 있는 길이 없다. 분명히 한 때는 읽을 수 있었고 의미가 통하는 책이었을 테지만, 지금은 아니다. 그런데 청소를 계속 하다가 한 낡은 구두 상자 안에서 어떤 책에서 떼어 낸 부분이 테이프로 둘둘 감겨 있는 것을 발견하였다. 우리는 혹시 그 부분이 아까 발견한 낡은 책에서 나온 것일 수 있다고 생각하면서, 조각맞추기를 하듯이 조심스럽게 잘려나간 소설의 찢어진 자리를 맞추기 시작한다. 그 조각들을 다 붙여서 결국 수선을 마치고 보니, 이제 그 이야기 책을 읽을 수도 있고, 완전히 의미도 통하게 되었다. 그러면 그 발견된 페이지들은 망가진 책을 복구하는 데 필요한 부분임이 입증된 것이다.

여기서 망가진 책은 우리의 문제 많고 갈라진 세상, 투쟁과 비극이 난무하는 세상에 해당됩니다. 분명히 잘못된 것들이 많이 있는데, 정확히 무엇이 잘못인지를 짚어낼 수 없습니다. 한편, 나중에 발견된 페이지들은 성경 계시에 해당됩니다. 과연 그것이 우리의 손상된 세상에 의미를 주고 있습니까? 성경을 우주 옆에 나란히 둘 때, 그 페이지들이 과연 들어맞습니까? 가장 중요한 질문은, 이제 세계의 참된 이야기를 읽을 수 있느냐 하는 것입니다.

위대한 시작

성경은 이렇게 선언합니다. "주님께서 만물을 창조하셨으니, 만물은 주님의 뜻을 따라 생겨났고, 또 창조되었습니다"(계 4:11). C.S. 루이스가 지적한 것처럼, 하나님은 우리를 자신과 친히 대화하는 순수한 기쁨을 위해 창조하셨고 그 결과, 우리는 하나님의 사랑의 대상이 될 수 있었고 또한 하나님을 영원히 사랑하고 즐길 수 있는 존재가 되었습니다. 성경은 이런 말씀으로 시작합니다. "태초에 하나님이 천지를 창조하시니라"(창 1:1). 여기서 우리는 하나님이 만물의 위대한 원인이 되신다는, 말하자면, 그분 덕분에 우리의 시공간적 세계가 존재하게 되었다는 선언을 읽습니다. (한 본질을 지니신 세 분 하나님의) 삼위일체라는 신적인 교제 안에서 성부, 성자, 성령이 교통하실 때, 하나님의 자기 사랑이 넘쳐서 우주가 존재하게 되었습니다. 요한은 예수님을 "그 말씀"으로 묘사하면서, "태초에 그 말씀은 이미 존재하셨다. 그 말씀이 하나님과 함께 계셨으니 그는 곧 하나님이셨다. 그는 태초에 하나님과 함께 계셨다. 그가 모든 것을 창조하셨다. 존재하는 것 중에 그가 만드시지 않은 것이 없다"(요 1:1-3)라고 썼습니다.

무작위적인 혼돈에서는 아무 것도 나오지 않지만, 하나님께서 무한한 능력과 완벽한 지혜로 하나님 외에 존재하는 모든 것을 존재하게 하셨습니다. 성경에서 우리는 하나님께서 모든 것을 좋게 만드시고, 당신이 하신 일이 "참 좋았다"(창 1:31)고 선언하신 것을 읽습니다. 하나님이 만드신 모든 것은 완벽했습니다. 아무 흠이 없고 부패도 없고 아름다웠습니다. 하나님의 창조적인 사역의 절정은 인간을 지으신 것이었습니다. 성경은 이렇게 말씀합니다. "그렇게 하나님이 당신의 형상대로 사람을 창조하셨으니, 곧 하나님의 형상대로 사람을 창조하셨다. 하나님이 그들을 남자와 여자로 창조하셨다"(창 1:27).

이 말이 의미하는 것은, 인간과 다른 창조물과 동물계 사이에는 질적인 차이가 있다는 것입니다. 비록 동일한 '원료'에서 분명히 유사한 구조로 지으셨지만, 인간에게는 무엇인가를 더하셨습니다. 다른 피조물은 하나님의 형상대로 만들어지지 않았습니다. 이런 구절이 있습니다. "주 하나님이 땅의 흙으로 사람을 지으시고, 그의 코에 생명의 기운을 불어넣으시니, 사람이 생명체가 (혹은 산 영혼이) 되었다"(창 2:7).

우리 인간은 하나님의 성품과 본질을 성찰할 수 있도록 만들어졌습니다. 마치 맑은 연못물에 반영되는 우리 형상을 볼 수 있듯이, 우리가 하나님을 반영하도록 만들어진 것입니다. 우리는 살아 있는 영혼을 가진 영적인 존재로서 도덕적으로 우리 의지를 발휘하고, 또한 경탄할 만한 몸을 가진 육적인 존재로서 우리를 만드신 분의 본성을 반영하도록 창조되었습니다.

생명의 신성함이나 인간 존재의 고귀함이나 각 영혼이 가진 근본적인 존귀함을 반영하지 못하는 모든 주장은 다 이런 인류의 본성에 대한 빈곤한 이해에서 비롯된 것입니다. 각 사람은 하나님에 의해 하나님을 위해 창조된 고귀한 존재입니다. 악이 인간 존재에게 큰 비극인 것은, 우리가 본래 매우 존귀하게 만들어졌기 때문입니다. 동물들의 잔인성은 도덕적으로 악하다고 여겨진 적이 없습니다. 왜냐하면 동물들은 하나님처럼 만들어지지 않았기 때문입니다. 다윗 왕은 시편에서 이렇게 썼습니다:

주께서는 사람을 하나님보다 조금 못하게 지으시고,

그에게 영광과 존귀의 왕관을 씌워 주셨습니다.

주께서 손수 지으신 만물을 사람이 다스리게 하시고,

모든 것을 사람의 발 아래에 두셨습니다….

주 우리의 하나님, 주의 이름이 온 땅에서

어찌 그리 위엄에 넘치는지요? (시 8:5-6, 9)

이것이 제가 말씀 드리려는 큰 이야기의 대단한 시작입니다. 하나님의 창조의 목적은 그 위엄과 영광을 보이시는 것, 하나님을 알고 하나님을 즐거워하도록 또 사랑하고 사랑 받도록, 다른 무엇이 아니라 오직 그들의 하나님을 끝없는 복된 관계 안에서 앎으로써 참된 만족을 얻을 피조물들과 더불어 자신을 나누시는 것이었습니다. 우리 인간의 깊은 가슴속의 소원이 실제로 알고 싶고 알려지고 싶은 것임을 생각하면, 이 말씀이 참으로 의미 있게 다가옵니다. 인간이 된다 함은 관계를 의미합니다. 톰 크루즈는 이런 멋진 말을 했습니다: "세상에 있는 돈과 명예를 다 가졌다 해도, 고독하다면 아무 가치가 없다."

어떤 완벽한 난장판

그러나 그런 말을 들으면 즉각적으로 우리 마음속에 이런 질문이 생깁니다: 하나님이 세상을 본래 완벽하고 아무런 악이나 고통이나 죽음이나 고난이 없이 만드셨다면, 현재의 상태는 어째서 이러한가? 왜 내 삶에는 두려움과 문제와 투쟁이 가득한가? 지금도 실제로 고통을 당하고 있지만, 앞으로도 고통이 있을 것이 예상되고, 확실한 죽음을 기다리는 정신적인 고문을 받아가면서 살아가고 있지 않은가? 고난을 겪는 중에는 어떤 대답도 공허하게 보일 수 있습니다. 그럴 때는 차라리 지적으로 설명하기보다 동정하고 친절을 베푸는 편이 훨씬 낫습니다. 그렇지만 왜 그런 일들이 발생하는지, 또 왜 세상이 지금과 같은지를 알기 위해서는 현재의 상황에서 한 걸음 뒤로 물러서서, 증세가 아니라 원인을 알아보아야 합니다. 기독교는 안정제를 주며 임시적인 위안을 느끼게 하기

보다, 차라리 그 질병을 조사하고 오염된 부분을 밝혀내고, 항생제를 투여하는 편입니다.

유태인 대학살은 도덕적 악과 인간의 수난에 대한 가장 처절한 사례입니다. 클로드 란츠만의 책 『쇼아』에 보면 정말 잔인하고 무시무시한 행위가 나옵니다. "한번은 유태인들이 물을 달라고 했으나 지나가던 우크라이나 병사는 아무 것도 주지 말라고 했다. 물을 달라고 했던 유태인 여자가 그 병사의 머리에 주전자를 던졌다. 그 우크라이나 병사는 한 10미터쯤 가다가 되돌아와서 차에 대고 총을 쏘았다. 피와 뇌수가 사방으로 튀었다."[2]

인간의 고난을 생각하면 하나님께 대하여 불편한 느낌이 듭니다. 세상에 악을 허용하시는 그런 하나님이 싫어집니다. 어떤 이들은 좀더 나아가서, 역사에 악이 존재한다는 자체가 하나님이 존재하지 않는다는 말이 아니냐고 묻습니다. 또 다른 이들은 전능하시고 선하신 하나님은 세상의 악과 논리적으로 공존할 수 없다고 생각합니다. 그러나 무신론은 그 문제 대하여 아무런 위로나 해결책을 주지 못합니다. 무엇이 악인지 정의하지도 못하고, 냉랭한 무관심에 버려둘 뿐입니다.

그런 일들이 왜 일어나는지 그 이유를 이해할 수 없다는 사실 때문에 우리는 좌절감을 느끼는 한편, 본래는 이런 식으로 되는 것이 아니었을 것이라는 어떤 직관적인 감각이 생깁니다. 사실상 원래는 그렇지 않았습니다. 하나님께서 온 세상을 아주 좋게 만드셨습니다. 또 한 가지 중요한 것은, 세상의 악에 대해 도덕적인 불평을 제기하기 전에 먼저, 그 질문이 의미 있는 질문이 되게 하는, 그 악을 선과 대비시켜주는 하나의 객관적인 도덕 법칙이 요구된다는 것을 인식하는 것입니다. 그런데 우리가 여태까지 알아본 것처럼, 만일 도덕법칙이 존재한다면, 그 도덕 법칙의 수여자가 반드시 있어야 합니다. 그러므로 어떤 면에서 보면, 그 반대 자체가 그들이 부정하려고 하는 하나님의 존재를 가정하고 있는 셈입니다.

그러나 과연 전능하고 선하신 하나님은 악이 세상에 존재한다는 사실과 양립불가한가요? 그것은 우리가 '전능하고', '선한' 이라는 속성을 어떻게 이해하느냐에 따라 달라집니다. 성경은 그 두 가지가 다 하나님께 해당된다고 말씀하지만, 결코 서로 모순된다고는 말씀하지 않습니다. 그렇다면 기독교는 전적으로 선하시고 전능하신 하나님을 어떻게 이해합니까? 거기에는 창조된 세계가 하나님의 도덕적 통치 아래서 자연적으로 가능한 최선의 세계라는 암시가 들어 있습니다. 그러나 반대 입장은 어떠한 잘못된 일도 완전히 금지된, 자유로운 도덕적 우주가 창조될 수도 있었다고 가정합니다. 그러나 그런 가정은 논리상 모순입니다.

이것을 이해하기 위해서는 자유의 본질을 생각해 볼 필요가 있습니다. 앞으로 살펴보겠지만, 성경은 우리에게 주어진 자유가 오용되었기 때문에 악이 세상에 들어왔다고 말씀합니다. 성경이 말하는 악은 그 자체로 존재하는 어떤 '실체' 가 아니라, 선의 부족 혹은 선의 부패입니다. 성경은 (하나님의 성품으로 보아) 사물이 그 본래 되어야 할 방식을 떠난 것은 무엇이나 악하다고 여깁니다. 죄를 짓는 것은 그 본래의 표적을 놓치는 것, 그 기준에 미달되는 것입니다.

도덕적 행위나 도덕적 선택은 자유를 암시합니다. 자유는 우리 마음에 생각될 수 있는 어떤 동기나 영향력에 대하여 저항하거나 합치하는 능력입니다. 그 말은 (여러 가지 동기와 경향과 습성 등) 많은 것들이 우리의 결정에 영향을 줄 수는 있지만 그것들이 결정을 내리는 것은 아니라는 것입니다. 개인의 도덕적 동인이 행위의 최종적인 이유입니다. 그러므로 자유는 우리가 우리의 의지에 반하는 일을 하라고 강요받지 않는 것입니다. 자유는 여러 대안들 중에서 하나를 선택한다는 말이며, 어느 쪽을 마음대로 택한다는 말입니다. 그러므로 우리가 "왜 하나님은 악의 가능성이 없는 세계를 만드시지 않았습니까?"라고 묻는 것은, 하나님은 마땅히 도덕적인 자유가 없는 세상, 즉 인류를 비인간적인 로봇 같은 존재로 만드셔야 했다고 말하는 것과 같습니다.

반대 입장은 또한 하나님이 논리적으로 불합리한 일도 하실 수 있는 분이라고 가정합니다. 자유와 강제, 덕과 강요는 논리적으로 양립이 불가합니다. 만일 제가 아내에게 '당신을 사랑합니다' 라고 말하는 이유가 오직 장전된 총이 겨누고 있기 때문이라면, 저의 말은 아무런 의미가 없습니다. 모든 덕이 '덕스러운' 이유는 자유롭게 선택된 것이기 때문입니다. 하나님의 세계는, 하나의 물리적 힘이 아니라, 여러 가지 동기들에 의해 도덕적으로 다스려지는 자유로운 세계입니다. '전능하신' 하나님은 넌센스도 시행하실 수 있다는 말은 옳지 않습니다. C.S. 루이스는 이렇게 말했습니다: "하나님의 전능성은 본래적으로 가능한 모든 일을 행하시는 능력을 의미하지, 본래적으로 불가능한 것을 행하시는 능력을 의미하는 것은 아니다."[3] 본래 의미 있는 일은 하나님이 다 하실 수 있으시지만, 몇 가지 하실 수 없는 일들도 있습니다. 예를 들어, 2+2=5는 하나님도 못하십니다. 하나님은 스스로 존재하기를 멈추지 못하십니다.

정사각형 원들도 만드실 수 없습니다. 도덕적 성품을 바꾸지 못하십니다. 하나님은 거짓말을 하실 수 없습니다. 하나님은 자기 말을 어기지 못하십니다. 하나님은 죄를 짓지 못하십니다. 그러므로 인간에게는 악을 행하지 않기로 선택하고 다시 그 선택을 무시하는 것이 논리적으로 가능하지만, 하나님께는 자유로운 세계, 따라서 의미 있는 세계를 창조하시되 그 세계 안에서 사람들이 언제나 선을 택하도록 보증하신다는 일은 가능하지 않습니다. 하나님께서 그 피조물들에게 도덕적 자유를 강제로 부과하시는 일은 도덕적으로 옳지 않으며, 그렇게 가설적인 '악이 없는' 세계를 만드시는 것은 인간의 자유라는 더 큰 선을 상실하는 일이 됩니다. 만일 하나님께서 잘못된 선택들로 인하여 생기는 모든 악한 결과를 변화시키고자 개입하셨다면, 우리의 삶은 환상에 불과한 것이 되고, 우리는 인과 관계를 전혀 이해하지 못하는 미성숙한 사람이 되어 우리의 행위에 대하여 아무런 책임도 지지 못하게 되었을 것입니다. 우리가 다 아는 것처럼, 만일 하나님이 모든 수난을 제거하셨더라면, 훨씬 더 나쁜 악이 생겨나고 훨씬 적은 선이 성취되었을 것입니다.

그러므로 기독교인들은 비록 지금 우리가 이해하지 못하는 많은 악이 있지만, 우리 하나님에게는 그것들을 허용해야 할 여러 가지 이유가 있고, 하나님이 그 악의 조성자가 아니시라고 자신 있게 말할 수 있습니다. 성경이 말씀하는 하나님은, 전능하시고 온전히 선하신 분이시며, 비록 세상에 악이 있지만 현재로서는 그 악을 허용할 이유를 가지고 계신 분이십니다. 하나님의 전능성은 넌센스를 포함하지 않으며, 하나님의 선하심에는 일반적으로 사람들이 자기들이 원하는 일을 하면서 행복하기를 원하시는 것뿐 아니라, 그들이 도덕적으로 선한 사람들이 되도록 영향을 주시는 것도 포함됩니다. 기독교인 중 많은 사람들이 아직도 그것을 가지고 씨름하고 있습니다만, 오늘날에는 철학자들도 이와 같은 일반적인 반대는 논리적으로 유지될 수 없다는 것을 인식하게 되었습니다.

우주를 다스리시는 하나님의 도덕적 역할은 피조물들을 다스리는 우리의 역할과 다릅니다. 하나님의 역할은 원거리 구경꾼의 역할이 아닙니다. 결정적인 사실은, 하나님은 예수 그리스도 안에서 고통으로부터 멀리 떨어져 서 계시지 않고, 자기 아들을 사람으로 보내심으로써 인간의 고난에 완전히 참여하셨다는 것입니다. 성경은 우리에게 이렇게 말씀합니다. "그는 사람들에게 멸시를 받고, 버림을 받고, 고통을 많이 겪었다. 사람들이 그에게서 얼굴을 돌렸고, 그가 멸시를 받으니…그는 굴욕을 당하고 고문을 당하였으나 아무 말도 하지 않았다. 마치 도살장으로 끌려가는 어린 양처럼…그는 아무런 잘못도 하지 않았으나"(사 53:3, 7, 9). 우리의 고통에 대한 하나님의 반응은 예수 그리스도의 십자가에 나타나 있습니다. 궁극적으로는, 창조로부터 이어진 선의 무게가 악과 고통과 고난의 무게를 넘어서게 될 것입니다. 그것이 성경의 메시지이며, 기독교의 소망입니다.

나는, 현재 우리가 겪는 고난은, 장차 우리에게 나타날 영광에 견주면, 아무 것도 아니라고 생각합니다. 피조물은 하나님의 자녀들이 나타나기를 간절히 기다리고 있습니다. 피조물이 허무에 굴복했지만, 그것은 자의로 그렇게 된 것이 아니라, 굴복하게 하신 그분이 그렇게 하신 것입니다. 그러나 소망은 남아 있습니다.

그것은 곧 피조물도 사멸의 종살이에서 해방되어서, 하나님의 자녀가 누릴 영광된 자유를 얻는다는 것입니다. 우리는 모든 피조물이 이제까지 함께 신음하며, 해산의 고통을 함께 겪고 있다는 것을 압니다. 그뿐만이 아니라, 첫 열매로서 성경을 받은 우리도 자녀로 삼아 주실 것을, 곧 우리 몸을 속량하여 주실 것을 고대하면서, 속으로 신음하고 있습니다. 우리는 이 소망으로 구원을 받았습니다. 눈에 보이는 소망은 소망이 아닙니다. 보이는 것을 누가 바라겠습니까? 그러나 우리가 보이지 않는 것을 바라면, 참으면서 기다려야 합니다. (롬 8:18-25)

있을 것 같지 않은 곳에 계시는 하나님

고난을 당하면서 악을 직면하다보면 많은 좋은 일들이 생겨나기도 합니다. 역경 속에서 영웅이 탄생하고, 투쟁 중에 여자 용사들이 생겨납니다. 단련을 받을 때 사랑이 참된 사랑으로 드러나며, 오직 도망가고 싶은 유혹을 느낄 때만 용기가 드러나며, 속이는 것이 더 편리할 때 정직이 빛을 발하며, 우리에게 되갚을 능력이 없는 사람을 도울 때 동정심이 진짜 동정심이 됩니다. 전쟁을 벌여서 이기기 전에는 승리를 축하할 수 없습니다!

심지어 가르치는 이들에게는 고통이 유익을 주기도 하고 봉사하게도 합니다. 너무 고통스럽기 때문에, 발등에 떨어진 피아노를 들어 올릴 수 있게 되고, 뜨거운 후라이팬에서 손을 치우게 되고, 눈에 낀 모래알을 빼내게 됩니다. 정신적인 고통이 너무 크면 용서를 구하게 되고, 친구와 화해를 하게 되고, 다른 이의 고난을 경감시켜 주고, 일상의 삶을 감사하게

 청년들아 무엇을 위해 살 것인가?

됩니다. 고통을 겪다보면 지금 여기 있는 시간은 내가 주장할 권리가 아니라 나에게 주어진 선물임을 배우게 되고, 그 가치를 깨닫고 진짜 중요한 것을 위하여 살아가게 됩니다. 고통은 우리를 신앙에 이르게 할 수 있고 또 종종 신앙으로 인도하기도 합니다.

어네스트 고든은 야만적이고 미개한 장소에서 하나님을 향한 믿음을 발견하였습니다. 그가 쓴 감동적인 이야기가 곧 헐리우드 영화로 개봉될 예정입니다. 그가 일본군의 포로가 된 것은 1942년입니다. 그는 자신이 곧 처형될 것이라는 얘기를 들었었지만, 결국 미얀마-태국간 철도 건설 현장에서 일하는 수감자로 3년 반의 세월을 보냈습니다. 그 후 60년 동안 그는 그 고난을 마음에 품고 지냈습니다. 그러나 그 잔인한 대우에도 불구하고, 또 동료들이 고문을 받고 굶주리는 것에도 불구하고 그는 더욱 더 하나님을 믿는 자신을 발견하고 충격을 받았습니다. 1962년에 출간된 그의 기억은 신앙과 용기와 용서의 이야기를 들려줍니다.

너무나 처참한 상황인데 질병마저 창궐했습니다. 매일 평균적으로 거의 30명이 죽어나갔습니다. 그 철도를 건설하면서 도합 94,000명이 죽었습니다. 죽음이 너무 흔해서 어떤 때는 사체들과 함께 시체 공시장에 누워 있는 편이 질척거리는 캠프에 앉아 있는 것보다 더 쉬웠습니다. 그는 일본 병사들보다는 야만인들이 훨씬 합리적이었다고 했습니다. 사람을 엄지손가락만 매어 나무에 달아 놓고, 밟아서 죽이고, 뒤통수를 쏘아 죽이고, 물을 잔뜩 먹이고 배위에서 뛰는 등. 그에게는 무지막지한 더위 가운데 매일 죽 한 사발로 연명하면서 썩고 있는 사체를 내다버리는 일이 주어졌습니다. 그러나 무서운 일을 보면 볼수록 그에게는 살아날 다른 길이 반드시 있다는 확신이 더욱 생겼다고 합니다.

어느 날, 함께 있던 스코틀랜드 사람이 죽으며 자기 성경을 어네스트에게 남긴다고 유언을 했습니다. 어네스트는 언제나 종교에 대해 회의론자였고, 특히 전쟁 발발 시에는 불가지론자였습니다. 그런데 그 성경이 전향점이 되었습니다. 그는 하나님을 진지하게 믿고 신약을 읽으면서 세상의 의미와 엉망이 된 이유를 발견하였습니다. 몇 주만에 그는 비공식적인 군목이 되어 사람들을 위해 기도해 주고 예배를 인도하였습니다! 어느 날 한 젊은이가 죽어가고 있었는데, 어네스트는 그저 그를 팔에 안고 주의 기도를 읊고 있었습니다. "하늘에 계신 우리 아버지여, 이름이 거룩히 여김을 받으시오며…" 어네스트가 정신을 차려보니 그 청년은 편안하고 평화롭게 죽어 있었습니다. 그때 그에게 살아야 한다는 의지를 준 것은 그리스도께 대한 믿음이었습니다.

그는 수용소 대학을 조직하고, 적십자사에서 얻은 낡은 바이올린으로 오케스트라를 만들고 대나무를 잘라 리코더를 만들었습니다. 그는 이렇게 회상합니다. "사람이 모였을 때 어떤 일이 일어나고, 쓰레기더미에서 얼마나 아름다운 것이 나올 수 있는지, 정말 놀랍습니다."[4] 경비원들은 그들이 슈베르트의 미완성 교향곡을 계속 연주하는 것을 듣고 깜짝 놀랐습니다. 결국 그들은 1945년 9월에 놓임을 얻었습니다. 경비원들이 사라지자마자 남은 생존자들은 가까운 언덕 꼭대기로 올라갔습니다.

집에 돌아온 어네스트는 말라리아, 간염, 심장부종, 장궤양 등의 병을 진단 받고 병원에 입원하였습니다. 회복되자마자 그는 미국 코넥티컷에 있는 하트포드 신학교로 갔습니다. 그는 그곳을 너무 좋아했고, 그 학교가 주장하는 민주주의와 덜 제도화된 교회가 마음에 들었고, 나중에는 롱 아릴랜드의 한 교구를 담당한 목사가 되었습니다. 그의 설교는 힘이 있었고, 특히 용서에 대한 설교는 청중들에게 깊은 감동을 주었습니다. 그는 곧 아주 영예스런 자리인 프린스턴 채플의 학장으로 임명을 받아 철의 장막에 갇힌 반체제 인사들을 석방하는 일을 시작하기 전까지 봉사하였고, 또 일본에서 하나님의 용서를 강연해 달라는 초청도 여러 번 받았습니다. "모든 전쟁을 종식시키기 위하여"라는 그 영화가 배포되기 전에 타임지에 어네스트를 인터뷰한 기사가 났습니다:

> 희한하게도 우리 전쟁 포로들은 인생에서 보다 쉬운 시절을 보낸 사람들보다 훨씬 더 성공하는 경향이 있다고 합니다. 여러 조사에 의하면 결혼관계도 훨씬 더 오래 지속된다고 합니다. 그러나 그런 통계로는 우리가 얼마나 많은 두려움을 극복했는지, 우리가 얼마나 많은 믿음과 소망과 사랑의 씨앗을 가슴에 품었다가 나중에 다른 사람들의 삶에서 꽃으로 피워내는지 말할 수 없습니다.[5]

우리 영이 하나님을 믿을 때, 역경이라는 용광로에서 숭고한 성품이 정련되고, 상상할 수 없는 극한 고난의 장소에서 얼마나 많은 선함의 샘이 솟아날지는 아무도 예측할 수 없습니다.

하나님의 동산

이제 우리는 성경의 하나님과 악의 존재는 서로 모순 되지 않으며, 고통을 허용하신 것은 선한 목적을 이루는 하나님의 지혜가 될 수 있음을 살펴보았습니다. 그러나 어떻게 해서, 또 왜, 그런 악과 고난이 하나님의 선한 창조로 들어오게 된 것일까요? 오늘날에는 우리에게 악이 어떻게 영향을 미치고 있습니까? 바로 이 부분, 왜 사물들이 현재와 같은 모습으로 있는지에 관하여, 성경의 위대한 진리, 유일한 설명이 필요합니다.

하나님께서 우리의 첫 조상을 낙원에 두셨습니다. 성경은 그 놀라운 장소를 "에덴 동산"이라고 부릅니다. 그 조상들은 우리가 친구를 알듯이 하나님을 알았습니다. 그들은 완벽한 기쁨을 주신 창조주와 더불어 놀라운 삶을 누렸습니다. 그 삶은 죽음도, 고난도, 울음과 고통도 없는 그런 삶이었습니다.

하나님은 처음부터 우리를 자유로운 도덕적 존재로 창조하심으로써, 마음에 도덕적인 통치를 제정하셨습니다. 마음에 영향을 끼치는 도구는 동기들이므로, 하나님의 통치는 상벌을 인정하는 강력한 동기화로 이루어져 있었습니다. 그 동기화는 사람의 마음에 영향을 미쳐 우리로 하여금 하나님을 영화롭게 하며, 온 세상 특히 우리를 최고로 행복하게 하는 결과를 산출하는 일들을 추구하도록 고안된 것이었습니다. 그렇게 하기 위하여, 즉 우리가 그 길을 지키고 타인이나 우리 자신을 망치지 않도록 돕기 위하여, 하나님은 가장 강력한 동기들과 고려사항들을 우리에게 주셨습니다. 그것은 선한 정부가 자국민을 보호하고 정부와 국민을 붕괴시키거나 전복시키는 위협을 차단하는 것과 마찬가지입니다. 거기엔 장려책도 있습니다. 도덕적인 법을 어겨 사람을 죽이면, 그 결과로 처형을 당하거나 수년 동안 감옥에 갇히게 됩니다. 그것은 살인을 예방하는 강력한 장려책이고, 필요한 것입니다. 왜냐하면 살인은 피해자와 가해자의 삶을 파괴하는 것이며 (더 넓은 범위에 있는 양자의 가족과 친구들은 논외로 하더라도) 법과 정부에 수치를 주는 행위이기 때문입니다. 적절한 처벌이 없으면, 잘못된 행위들이 모든 정부를 파괴하고 무정부 상태를 낳을 것입니다.

여기서 분명한 것은, 우리가 하나의 도덕적인 정부의 통치를 받는다는 것은 우선 우리에게 자유로운 도덕적 행위를 할 수 있는 능력이 없다면 상상할 수 없는 일이라는 것입니다(이런 관점에서 우리 법률 체계에서는 자신이 하는 일을 이해할 정신적 능력이 부족한 사람을 위하여 이런 '한정책임능력' 이라는 제도를 두고 있습니다). 우리 자신이 자유하다는 사실을 전적으로 인정하는 것은, 양심이 우리 행위 중 어떤 일은 칭찬을 받고 어떤 일은 정죄를 받아야 한다는 것을 알려주기 때문입니다. 자유하기 때문에 우리는 행위에 대하여 도덕적인 책임을 져야 하고, 궁극적으로 다른 누구에게 책임을 전가할 수 없습니다. 그것이 바로 하나님의 도덕적 통치 아래 있다는 의미이며, 또 그것이 바로 인류의 첫 부모가 하나님의 동산에서 누렸던 자유였습니다. 그들은 도덕적 의무를 중하게 느꼈고 하나님을 삶의 중심에 모시고 하나님을 영화롭게 함으로써 자신들과 온 우주의 지고 행복을 진작시킬 수도 있었던 것입니다.

하나님은 우리의 첫 부모를 그처럼 낙원으로 이끄셨고, 그들은 하나님과 더불어 깨어지지 않은 관계를 향유하였습니다. 그들은 하나님의 사랑을 알고 경험하였고, 그 사랑에 대한 응답은 다시 인간 영혼의 가장 내밀한 필요를 충족시키는 하나님께 대한 예배와 하나님을 즐거워함이라는 형태가 되었습니다. 우리가 아는 침해된 세상에서는 타락이나 죽음에 오염되지 않고 사는 삶이 어떤 삶일지, 우리 창조주를 알고, 심지어 우리 육적 욕망이나 기능조차 의지에 통제를 받는 삶이 과연 어떤 삶일지 상상하기도 어렵습니다. C.S. 루이스는 그런 삶을 이렇게 표현하였습니다. "아담의 유기적 과정은 자연 법칙이 아니라 자기 의지 법칙을 순종하였다. 아담의 육체 기관은 의지의 판단좌로 욕망을 올려 보내었는데, 이는 반드시 그래야 되기 때문이 아니라 그렇게 하도록 그가 선택하였기 때문이었다."[6] 인간은 창조된 세계를 다스렸고, 아무 것도 인간에게 해가 되는 것은 없었습니다. 지금은 상상하기도 어렵지만, 그때에는 그랬다는 것입니다. 우리 모두에게는, 우리의 갈망과 욕구들 안에, 그 낙원의 메아리가 남아 있고, 하나님의 동산으로 돌아가고 싶은 소망이 있습니다.

에덴 동산의 잿더미

윈스턴 처칠은 언젠가 이런 말을 했습니다. "뒤를 돌아보는 만큼 앞을 볼 수 있다." 성경의 첫 책인 창세기는 그 비밀을 가진 책입니다. 어떻게 모든 일이 시작되었고, 어떻게 잘못되었는지를 알게 되면, 왜 만사가 현재의 모습을 갖게 되었는지, 또 이 세상에서 인류의 미래는 어떠할 것인지를 볼 수 있게 됩니다. 창세기는 무엇인가 중요한 일이 매우 심각하게 잘못되었다고 말씀합니다. 사실 성경 전체가, 예수님을 포함하여, 에덴 동산을 언급하면서 낙원이 상실되었다고 말씀합니다. 전 우주에 영향을 미칠 재난이 하나님의 동산에서 발생하였습니다. 에덴 동산의 잿더미에서 사망이 탄생하였고, 악이 도래하였습니다. 그 재난은 '타락'이라고 알려진 재난입니다. 그것은 밀턴의 고전, 『실낙원』의 주제였고, 또 수많은 영화의 주제가 되었습니다. 성경은 죽음과 갈등, 가슴 아픈 일들과 고통이 아담과 하와가 하나님께 대항하여 죄를 지었을 때 생겨났다고 가르칩니다.

죄는 우주의 궁극적인 법칙에 어긋나게 행동하는 것입니다. 모든 법칙은 법칙 수여자의 의지를 드러냅니다. 사랑의 법칙은 도덕적으로 완전하신 하나님의 성품과 본질에 근거한 것입니다. 낙원에서 인격적이시고 우주의 도덕적인 통치자이신 우리 하나님께서 인류에게, 그들의 창조주이시고 통치자이시고 그들이 의지할 분이시고 옳음과 그름을 정하시는 분에게 순종하여 행하라고 부탁하셨습니다. 그러나 아담과 하와는 어느 한 순간, 스스로 자신의 신이 되기로 결심하고, 자기들이 원하는 것을 하기로 선택하였습니다. 죄의 핵심은 바로 그것입니다. 즉, 생각이나 행위로 내가 나 자신의 하나님이라고 믿는 것입니다. 성 어거스틴은 죄를 정의하기를, "자기 스스로 거짓되이 자존자이고 자족자이고 자급자라고 믿는 것"[7]이라 하였습니다.

그 인류의 첫 부모가 불순종에서 무엇을 그렇게 매력적이라고 보았는지는 알 수 없지만, 우리가 알기로, 모든 주어진 동기는 그들의 순종을 권면하는 것이었습니다. 그들은 피조계의 주인들이었고, 오직 하나님께만 순종하면 되었습니다. 그들은 모든 것을 향유할 수 있다는 말씀을 들었고, 오직 한 가지 그들의 사랑과 순종의 표시로, 동산 중앙에 있는 나

무의 실과를 먹지 말라는 말씀을 들었을 뿐입니다. 그것은 어떤 '마술' 나무가 아니었습니다. 다른 테스트가 될 수도 있었습니다. 그 테스트는 단지 그들이 하나님께 속했고, 자신들이 아니라 하나님께서 옳음과 그름을 결정하신다는 사실을 인정하는 표시였습니다. 가장 강력한 동기는 불순종하지 않도록 이끄시는 것이었습니다. 하나님께서 분명하게 말씀하셨습니다. "만일 너희가 그 실과를 먹으면, 정녕 죽을 것이라"(창 2:17). 그러나 누군가가 그들을 유혹하면서, 넌지시 하나님은 거짓말쟁이이고, 하나님은 그들이 자기 자리를 위태롭게 할까봐 그들을 시기한다는 암시를 주었습니다. 하나님은 참으로 그들의 복리를 원치 않고, 불순종의 대가도 시행되지 않을 것이라고 암시한 것입니다. 다시 C.S. 루이스의 말을 빌리면:

누군가 그들에게 너희 스스로 신이 될 수 있다고 속삭였다. 즉 그들이 창조주를 향한 삶을 살지 않아도 된다고 한 것이다…. 그들은 말하자면 '자기 영혼은 자기 것이라' 고 선포하기를 원했다. 그러나 그것은 사실 우리 영혼은 우리의 것이 아니기 때문에, 거짓말을 따라 사는 것을 의미한다. 그들은 우주의 어느 한 구석을 차지하고, 하나님께 "여기는 우리 관할이니 하나님과는 상관이 없소"라고 말할 수 있기를 원했던 것이다.[8]

그들이 한 짓은 궁극적인 자기 의지적 행위로서, 피조물-창조주 관계라는 자연적인 질서를 뒤엎으려는 노골적인 시도였습니다. 그들은 궁극적인 목적을 하나님에게서 자신에게로 돌리고, 우주에서 자신을 하나님께 복종시키지 않으려는 반항적인 의지를 세웠습니다. 거기서 우주적인 재난이 시작되었습니다.

원본과 복사본

하나님께 불순종함으로써 아담과 하와는 인류의 첫번째 죄를 지었습니다. 그들의 행위는 인류의 원죄로서 전체 인류에게 극적인 결과를 주었습니다. 수상들이나 대통령들이 전쟁을 선포하면 전체 국가가 갈등 상황에 빠지게 됩니다. 그와 유사하게, 우리의 첫 부모가 타락함으로써 우리 모두가 그 결과에 빠지게 되었습니다. 아버지가 심각한 범죄를 자행한다면 가족 나머지 성원들이 그 결과의 상당 부분을 담당하게 될 것입니다. 아버지의 범죄에 대하여 개인적으로 법적인 책임을 지진 않지만, 공동체는 우리 가족을 상당히 다른 빛으로 볼 것입니다. 우리의 좋은 이름은 없어지고, 아비없는 자식들이 될 것입니다. "본래적 성향이냐, 환경 탓이냐" 논란은 있지만, 범죄 환경에서 범죄가 일어나는 것을 종종 봅니다. 아들은 종종 아버지를 따르고, 혹은 형제들이 형제들을 따릅니다. 블레이즈 파스칼은 "원죄와 그에 따른 결과를 가르치는 것은 우리 이성에 어긋나는 것처럼 보이지만, 일단 받아들이고 나면 전 인류가 처한 상황에 대한 완전한 감각을 갖게 한다"[9]고 말했습니다.

과거 우리가 알지도 못하는 누군가가 행한 죄의 결과가 우리에게까지 극적인 결과를 미쳐왔다는 말을 받아들이는 것은 쉽지 않지만, 타락을 심각하게 생각하기 시작하면, 우리가 처한 현재의 어려움을 이해할 수 있게 됩니다. 우리 각자는 아담과 하와가 이기적으로, 하나님 대신 자신을 궁극적인 목적으로 선택하면서, 하나님과 그의 법에서 등을 돌렸던 그 행위들을 지속적으로 반복해 왔음을 보게 됩니다. 아담과 하와가 원본이라면, 우리는 그 모든 측면에서 복사본들인 것입니다.

우리가 잘 아는 마귀

그 죄에 대해서 좀더 자세히 알아봅시다. 누가 그들을 죄로 유혹했고, 그 반향은 무엇이었습니까? 그렇게 보면 성경 전반에 걸쳐 하나의 인격적이고 실제하는 존재가 등장함을 보게 됩니다. 성경은 그를 사탄, 마귀, 혹은 루시퍼라고 여러 이름으로 부릅니다. 이것은 기독교 세계관에서 말하는, 생명에 이르는 해결책과 그 반대되는 해결책 사이의 선을 가르는 자명한 이치 중 하나입니다. 성경 메시지에서 중심 되는 메시지는 세상에서 인류의 가슴과 마음을 얻기 위해 경합하는 두 세력들 간에 다툼이 계속되고 있다는 것입니다. 그러나 이것은 이원론과는 다릅니다. 마귀는 결코 전능하신 하나님과 동등한 능력으로 경쟁하는 또 다른 신적 존재가 아니기 때문입니다. 악은 자존적인 존재가 아니며, 하나님의 본질이나 성품에 해당되지 못합니다. 악은 자유의 오용에서 나온 것일 뿐이며, (행복을 가져오는 방법에 대한 왜곡된 개념에서 비롯되는) 불법적인 수단을 사용하여 이기적인 행복을 추구한 결과이며, 본래 하나님의 통치 아래서는 허용되지 않는 것입니다.

그러나 악과 악령들이 실재한다는 신념은 전 세계적으로 명백합니다.

심지어 서양에서도 많은 사람들이 미신을 열심히 믿습니다. 헐리우드 영화가는 귀신 들림이나 악령들, 천사들 이야기로 넘쳐납니다. 사람들은 대부분, 자기들에게 영향을 끼치고 있는 영적 세력들이라고밖에 설명할 수 없는 특정한 악한 세력이 존재한다는 사실을 너무나 잘 인식하고 있습니다. 우리 중에서도 적지 않은 사람들이 때때로, 이상스럽게 두려움을 느끼는 방식으로 악한 세력의 방해를 감지합니다. 흔히들 점술 놀이판을 놀거나 점을 치러 가거나 강신술 모임에 참석하거나 초자연적인 공포물을 관람하거나 하는데, 그런 활동은 오늘날에도 역시 위험한 활동들입니다. 그 모든 아이디어들은 도대체 어디서 온 것일까요? 또 마귀는 누구일까요?

성경은 하나님께서 다른 존재들, 즉 어마어마한 능력을 가진 영적인 피조물들인 '천사들'을 창조하시고 그들로 하여금 하나님을 섬기고 예배하게 하셨다고 말씀합니다. 그들 역시 선택의 자유를 가진 존재로 창조되었으나, 하나님의 형상으로 지음을 받지는 않았습니다. 그 피조물들 중 으뜸이 되는 존재는 능하고 아름다운 루시퍼 천사였습니다. 성경에는 그가 어떻게 교만이 가득하여 하나님과 같이 되기를 원하였고, 하나님의 통치권을 찬탈하려고 하였는지가 묘사되어 있습니다. 그가 하나님께 대항하자, 하나님께서는 그를 바깥으로 내치셨고, 그의 지시를 받고 그를 따르던 삼분의 일의 천사들을 그와 함께 추방하셨습니다. 고대의 신화들은 큰 능력을 가진 천사들이 타락한 이야기를 여러 가지로 각색한 이야기들로 즐비하고, 대개의 사람들은 잘 모르지만, 점성술도 타락한 천사 숭배에서 비롯된 것입니다. 사람들은 그 악령들이 인간의 운명을 결정할 힘을 갖고 있다고 오해했습니다. 가장 중요한 사실은 예수께서 친히 복음서에서 사탄의 추락을 언급하신 것입니다. "사탄이 하늘에서 번갯불처럼 떨어지는 것을 내가 보았다"(눅10:18).

신약에는 사탄에 관한 많은 언급이 있는데, 언제나 우리의 대적자, 원수, 모든 거짓의 아비라고 칭하여졌습니다. 처음에 동산에서 우리 첫 부모를 유혹하고자 왔던 자가 바로 사탄이었습니다. 성경은 그를 가리켜, "그 큰 용은 악마라고도 하고 사탄이라고도 하는데, 온 세계를 미혹하던 자"(계 12:9)라고 불렀습니다. 마귀의 목적은 처음부터 도덕적인 정부의 세력을 분쇄함으로써 인류를 파멸시키는 것이었습니다. 사탄은 혼란과 거짓과 반역과 파괴를 우주에 도입하고자 하였고, 지금까지 전 역사를 통하여 그 시도를 계속하고 있습니다.

기독교 메시지에 들어 있고 그리스도의 오심을 통하여 절정에 다다른 한 가지는, 실제적이고 강력한 인격적인 마귀가 있고, 그 밑에 조종을 받는 다른 많은 (타락한 천사들인) 귀신들이 있다는 사실입니다. 이것은 성경적인 세계관에 들어 있는 불가피한 초자연적인 요소입니다. C.S. 루이스는 유명한 책, 『스크류테이프의 편지』에서 이렇게 기록하였습니다:

우리 인류가 귀신에 대해서 잘못 빠지게 되는, 두 개의 그럴 듯하나 서로 반대되는 부류가 있다. 한 가지 부류는 귀신의 존재를 아예 믿지 않는다. 다른 부류는 귀신을 믿는데, 너무 지나치게 느끼고 귀신들에 대해서 불건전한 관심을 갖는다. 그들은 다 자기 잘못을 즐거워하며, 물질주의자이든 마술사이든 동일하게 기쁘게 환호한다.[10]

그런 존재들이 실재하고 우리에게 영향을 끼치려고 한다는 사실을 인식하는 것도 중요하지만, 마찬가지로 그런 세력들에 너무 사로잡혀 충분히 이해하지 못하고 조절도 못하게 되면 안 된다는 경고도 매우 중요합니다.

실낙원

아담과 하와가 자발적으로 마귀의 유혹에 굴복하여 하나님께 반역했을 때, 그 반향은 엄청났습니다. 자연 세계와 인간에게 심판이 떨어졌습니다. 중요한 것이 상실된 것입니다.

1. 하나님의 도덕적 법칙이 명백하게 훼손되었습니다. 하나님께 반역을 꾀한 것입니다. 사랑으로 특히 그 결과에 대한 정확한 경고를 주셨음에도 불구하고, 하나님의 도덕적 통치가 능멸을 당했습니다. 그러므로 하나님이 옳고 공의로우시기 위해서는, 하나님의 사랑의 법칙과 통치가 높임을 받고 귀중히 여김을 받기 위해서는, 그에 대한 처벌이 반드시 시행되어야 했습니다. 죄를 무시하는 일은 너무나 불의한 일이며, 따라서 하나님께서 결코 행하실 수 없는 일입니다. 처벌이 시행되지 않는다면, 잘못은 잘못으로 보이지 않고, 하나님의 계명은 한낱 조언이 될 뿐입니다. 죄는 반드시 처벌을 받아야 공의가 만족됩니다. 그러므로 하나님께는 그들에게 책임을 묻는 길 외에 다른 길이 없었습니다.

2. 하나님의 유지하시는 능력의 일부가 철수되었습니다. 전반적인 부

패 즉 점진적인 쇠퇴 및 최후의 악화가 피조계와 자연 질서에 도입되었습니다. 그것은 인류에게 결과적인 물리적 죽음을 의미하였습니다. 우리는 태어난 순간부터 죽기 시작합니다. 하나님께서 "너는 흙이니 흙으로 돌아갈지니라"(창 3:19) 라고 말씀하셨기 때문입니다. 죽음과 부패와 고통과 갈등과 질병이 우주에 들어왔습니다.

3. 우리의 첫 부모는 낙원에서 쫓겨났습니다. 이 말은 그들이 하나님의 즉각적인 현존으로부터 분리되었다는 의미입니다. 죄가 틈을 내어 긴밀한 관계를 끊었습니다. 첫 부모가 하나님과 더불어 누렸던 놀라운 안식이 상실되었습니다. 하나님의 영광스러운 현존이 떠난 '하나님 없는' 인간성이 되었습니다. 인류는 하나님과의 관계에 있어서나 하나님을 향한 태도에 있어서 영적으로 죽은 존재가 되었습니다.

4. 하나님 대신 '자아' 를 의지의 궁극적인 자발적 선택으로 취하면서, 인류는 '전도된' 자아관을 갖게 되었습니다. 의로움이 아니라 이기심이 인류의 최초 선택이 된 것입니다. 이제 인류의 욕망은 인류를 이기심으로 이끌고, 더 이상 의지의 직접적인 통제를 받지 않고, 상황이 이끄는 대로 욕망하는 존재가 되었습니다. 우리의 몸과 욕망이 우리 자신을 거역하는 것처럼 보였습니다. 나무의 뿌리가 가지들에 영향을 미치는 것처럼, 우리 첫 부모의 행위가 우리 자손들의 삶에 영향을 미쳐 온 것입니다.

5. 사탄의 말을 청종하여 하나님께 거역한 결과, 인류는 그 속한 편을

바꾸게 되었습니다. 우리의 첫 부모는 스스로 하나님의 직접적인 보호에서 빠져나와 마귀의 영향력과 통제 아래로 들어간 것입니다. 그 말은, 우리가 스스로 마귀의 포로가 되는 것을 허용했다는 의미입니다. 인류 스스로 그것을 선택하였기 때문에, 하나님께서 그런 폭정을 허용하셨던 것입니다.

타락이 가져온 심각한 결과는 다음과 같습니다: 인류는 스스로와 피조계에 참상을 초래하였습니다. 우리 모두가 이것을 반복하여 우리 자신의 허물에 대한 책임을 지게 되었습니다. 도덕적 능력과 자유를 하나님과 의를 위해서가 아니라 우리의 이기적인 용도로 사용할 때, 각 사람은 자신의 죄를 담당하게 됩니다. 우리가 하나님께 순종하는 것을 막는 것은 아무 것도 없지만, 우리는 의도적으로 우리를 향한 하나님의 요구를 무시하고 거부합니다. 그러므로 세상의 현재 상태에 대하여 우리의 첫 부모의 책임이라고 탓을 하고 싶어도, 우리 자신이 그 죄를 동일하게 세대를 거듭하여 반복하고 있다는 사실을 인정할 수밖에 없는 것입니다. 인류는 자유롭게 태어났지만, 이제는 오히려 자신이 마귀와 연합한 상태에서 이기심에 매여 있는 모습을 발견할 뿐입니다.

성경은 이것이 인간 역사와 그 모든 비극을 이해하는 유일한 길이라고 말씀합니다. 타락이 그 모든 일의 근저에 놓여 있고, 거기서 모든 잘못이 시작되었습니다. 인간 문제의 핵심은 죄와 반역이며, 그것은 끊임없는 자만으로 더 가속화되고 있습니다. 과연 우리 모두가 그렇지 않다고 말할 수 있을까요? 조금만 자성해 보면 자만심이 인간 조건의 핵심에 있음

을 알게 됩니다. 개혁자 존 돈(1573-1632년)은 1619년에 행한 설교에서 이렇게 역설했습니다:

고독할 때는 자만할 수 없다. 오히려 누군가와 함께 할 때, 누구를 만날 때 자만의 위험이 생긴다. 아담의 아내 하와에게 있어서 그녀가 행한 첫번째 자만은 "너희가 하나님과 같이 될 것이라"는 뱀의 음성을 경청한 것이었다. 둘이 있을 때, 자만이 생겼던 것이다…. 그러므로 애초부터 죄는 자만이었다. 본래 하나님께서 "사람이 독처하는 것이 좋지 못하다고 보셨기" 때문에 아담의 배필(돕는 자)이 되도록 의도한 하와에게서 순간적으로 자만심이 자라나온 것이다. 하나님께서 좋지 않다고 보신 것은 사람이 건강하지 못한 것, 부가 없는 것, 권세가 없는 것, 법이 없는 것, 행정력이 없는 것이었으나, 우리는 우리를 돕는 자들을 자랑스러워하고, 우리의 건강과 능력과 부와 풍요와 사무실과 다른 이들에 대한 우리의 권위를 자랑스러워하게 되었다…. 그처럼 우리의 자만심은 우리 요람에서부터 시작되며, 무덤과 기념비에 이르기까지 계속된다…. 그들은 무엇이든 경건한 용도로 지출하는 법이 없고, 구제나 시주를 한다 해도 오직 자신의 장례식날 하루에만 행해지게 하며, 거액의 연금이나 유산을 쾌척하여 자신들의 무덤을 새로 단장하고 새 깃발을 세우고 무덤 명패를 매 정한 해에 새롭게 하게 할 뿐이다. 세월을 무시하는 사람들, 봄은 빨리 오길 원하나 가을은 결코 원치 않는다. 이 자만의 죄는 빨리 자라기만 하고, 쇠퇴는 하지 않는다…. 위신과 서열을 사모하는 마음이 요람에부터 우리에게 각인되어 무덤에 이르기까지 함께 한다.[11]

놀라운 약속

 청년들아 무엇을 위해 살 것인가?

우리 누구나 이 도덕적 타락을 인식하고 있습니다. 우리는 너무나 쉽게 이기적인 욕심에 빠져드는 것 같습니다. 아무리 마음과 양심에 강한 확신이 있어도, 조그만 욕망이나 정욕을 이기지 못하기 때문입니다. 양심에 어긋나게 행하면 어찌할 지 모르는 죄책감이 듭니다. 우리의 행위를 보면 마치 우리 자신에게 최선의 유익을 주는 것과 정반대되는 일들만 추구하는, 도덕적으로 미친 마음을 가져서 우리 영혼을 멸하려는 마귀의 손에 놀아나는 것이 아닌가 하는 의심이 들 정도입니다.

그러나 그 모든 죄들에도 불구하고, 하나님은 심판을 선언하시는 중에도, 우리 인류에게 놀라운 약속을 해 주셨습니다. 창세기 3장에서 하나님은 회복 계획을 발효시키는 약속을 하셨습니다. 하나님은 사랑과 자비의 하나님이시며, 당신의 피조계를 회복시키고 구원하시기를 원하십니다. 하나님께서 어떻게 인류를 용서하시고 그들을 당신에게 돌이키시면서, 동시에 당신의 정의로운 법과 통치를 유지하시고 인간의 자유를 침해하지 않으실 수 있었을까요? 어떻게 하나님께서 마귀의 일을 멸할 수 있으셨을까요? 그에 대한 대답이 바로 복음의 핵심입니다. 기독교 복음과 예수 그리스도의 메시지, 그의 죽으심과 부활하심이 최종적으로 의미하는 것이 바로 그것입니다. 그것은 곧 죄와 타락의 결과로부터 인류를 구원하시고 회복시키시려는 하나님의 놀라운 계획입니다. 인간이 불순종한 바로 그 때, 하나님은 구원자를 주시겠다고 약속하십니다: "내가 너로 이 여자와 원수가 되게 하고, 네 후손도 여자의 후손과 원수가 되게 하리니, 여자의 후손은 네 머리를 상하게 할 것이요, 너는 그의 발꿈치를 상하게 할 것이니라"(창 3:15).

이 다소 이상한 말씀이 전체 성경을 꿰뚫는 핵심 메시지입니다. 하나님께서 말씀하신 것은, 타락의 결과, 인류가 이기심에 종이 되고 따라서 마귀의 종이 되었지만, 한 가지 전쟁이 시작되었다는 것입니다. 이 갈등은 하나님이 당신의 반역하는 백성들을 구원하시려는 계획을 이루어 가시고, 마귀는 남자와 여자를 '불순종의 자녀들' (엡 2:2)로 만들어 하나님의 백성을 멸망시키려 한다는 큰 이야기에서 근본 구조를 이루는 갈등입니다. 결국, 하나님의 약속은 여자에게서 난 사람이 와서 마귀에게 치명적인 상처를 입힐 것이며, 마귀는 거기서 회복되지 못할 것이라는 말씀입니다.

쾌락의 궁전

누가복음에 보면 예수께서 타락 이후의 인류 모습을 실감나게 묘사하신 부분이 나옵니다: "사탄이 완전 군장을 갖추고 자기 궁을 지키면서 스스로 안전하다 여기겠으나, 더 강한 자가 와서 공격하고 그를 이겨서 모든 무장을 해제하고 그 소유물을 탈취할 것이라"(눅 11:21-22).

예수님 말씀에 따르면, 인류는 거대한 궁전에 모여 있는 많은 무리와 같습니다. 그 왕궁을 통제하는 자는 중무장을 한 강력한 군주입니다. 큰 궁전 안에는 수인들을 즐겁게 해 주는 일들이 많이 있어서 그들로 하여금 자기들의 불쌍한 처지를 알지 못하게 합니다. 그래서 그들은 모든 의도나 목적에 있어서 자신들이 매우 자유롭다고 믿지만, 가끔씩 어쩐지 세상이 잘못돼 있다고 느낍니다. 그 궁전의 경계 안에 있을 때는 때때로 비참함과 죄책감, 두려움과 혼란, 실망감이 그들을 엄습합니다. 사실상 그들은 자유함을 한 번도 맛본 적이 없는 사람들입니다. 그런 그림을 생각하면 영화 〈메트릭스〉가 생각납니다. 알지도 못한 채, 수퍼 컴퓨터가 창조한 세상에서 기계족의 종노릇을 하고 있는 인간 군상 말입니다. 어쩐지 세상이 올바르지 않은 것 같다는 특이한 인식을 갖는 사람이 아주 드물게 나옵니다. 그들 중 일부는 차라리 세상이 사실은 환상이고 자기들은 거기서 종노릇을 하고 있다고 믿고 싶어합니다. 그들은 힘든 진리를 수용하기보다 차라리 거짓된 생을 살아가기를 더 원하는 것입니다. 예수님은 그 강한 군주가 바로 사탄이며, 그가 세상을 속여 무지와 암흑에 처하게 했다고 알려주십니다. 그러므로 성경은 '사탄의 다스림'을 언급하며, 사탄을 '이 세상의 신'이라고 묘사합니다. "이 악한 세상의 신 사탄이 믿지 않는 자들의 마음을 가리어 그들로 하여금 그들에게 비추이는 복음의 영광스러운 빛을 보지 못하게 하였다"(고후 4:4).

프랑스 시인 보들레르는 일찍이 "만일 신이 있다면, 그는 마귀일 것이다"라고 읊었습니다. 자신의 내부에서 일어나는 수많은 갈등과 자기 주변 세상에 존재하는 갈등들을 보면서, 시인은 하나님의 선하심에 의문을 제기한 것입니다. 그러나 그는, 우리가 자주 범하는 것처럼, 유일하신 하나님과 잡신들을 다 신이라고 착각하는 잘못을 범했습니다. 성경에 의하면, 도덕적 영적 감옥인 이 세상 궁전의 신(집권자)은 마귀이고, 그런 제한된 의미에서 보들레르의 관찰은 정확합니다.

그러나 궁극적으로 우리가 직면할 문제는 특정한 '죄들' 혹은 우리 내부의 전쟁이 아닙니다. 그것들은 더 큰 문제의 열매일 뿐입니다. 진짜 질문은 어떻게 하면 우리가 마귀의 궁전에서, 또 우리 자신의 고의적인 무지라는 어두움에서 벗어날 수 있느냐 하는 것입니다. 정치학과 교육으로 그 벽을 넘어보려고 하지만, 그것으로는 되지 않습니다. 결국 알아보면, 문화, 철학, 과학, 예술과 사회정치, 공학 등 다른 어떤 것으로도 그 벽을 넘지 못합니다. 그렇다면 과연 더 나은 세상으로 돌아가는 길이 있긴 할까요? 어떻게 하면 낙원으로 돌아갈 수 있을까요? 사실 우리는 그렇게 표현하지는 않지요. 그러나 우리가 바라는 것은 바로 그것입니다. 다른 모든 시스템이나 활동이나 클럽이나 치유요법들은 다 일시적으로 우리를 더 낫다고 느끼게 해 주지만, 결국에는 문제들이 다시 드러나게 될 것입니다. 왜냐하면 우리 모두가 여전히 원수의 궁전 안에 머물러 있기 때문입니다. 우리는 우리 주위에 널린 쓰레기들은 금방 볼 수 있을 것이지만, 그 진정한 의미는 거의 깨닫지 못할 것입니다. 우리 대적에게는 그것이 무척 만족스럽습니다. 왜냐하면 대적의 목표는 우리로 하여금 분명한 사고를 하지 못하도록 방해하는 것이기 때문입니다. 원수는 우리가 예수 그리스도를 생각하고 성경의 메시지를 숙고하는 것을 가장 싫어합니다.

구조 받을 준비

여기까지 왔으면 복음에 약간 모자랄 뿐, 상당한 인식에 이른 것입니다. 예수께서 우리의 진정한 문제 상황을 그렇게 묘사하셨다면, 그 해결책은 무엇입니까? 헤어나올 길이 있습니까? 하나님이 처음 주신 약속을 주셨을 때부터 그 대답은 언제나 네! 였습니다. 우리가 하나님께로 돌아가고 우정을 회복하고 우리 하늘 아버지의 특별한 사랑의 대상이 되는 한 가지 길이 있습니다. 그리고 그 첫 걸음이 가장 어렵습니다. 그것은 우리 스스로, 우리 자신의 노력으로는 도무지 우리의 이기심과 죄에 대한 종노릇 결과에서 자유로울 수 없고 우리 대적의 궁전을 벗어날 수 없다는 사실을 인정하는 것입니다. 순전히 인간적인 노력으로는 절대로 하나님과 바르게 되고 하나님과 화평할 수 없고, 도움이 필요하다는 사실을 인정해야 합니다. 다시 말하면, 우리에게는 해방자가 필요하다는 인식이 있어야 합니다. 예수 그리스도의 복된 소식을 받아들이기 전에 반드시 이 진단, 즉 우리의 현재 상태에 대한 나쁜 소식을 받아들여야 합니다. 우리가 아프다는 사실을 인정해야 치료가 필요하다는 말이 비로소 이해되기 때문입니다.

이성적인 사람이라면 누구나 자신이 잘못했다는 것을 인정할 것입니다. 그러나 그것만으로는 우리에게 도덕적 부패와 죄에 대한 하나님의 진노에서 해방시켜 줄 해방자가 필요하다는 사실을 수용하기에 충분하지 않습니다. "죄의 삯은 사망이라"(롬 6:23)는 하나님의 심판 선언은, 인간은 근본적으로 선하고 약간의 개선이 필요할 뿐이라고 생각하는 사람들에게는 너무 지나친 말이라고 생각될 것입니다. 그러나 우리 마음이 얼마나 부패했고 우리가 얼마나 도덕적으로 타락하고 죄악된 성품인지를 한번이라도 제대로 이해한다면, 죄에 대한 하나님의 확정된 반대는 너무나 자연스러운 귀결이고, 하나님의 선하심에 대한 적절한 표현임을 확실히 알게 될 것입니다. 하나님의 진노는 복수를 즐기는 자만스런 왕이 행하는 앙심을 품은 행위가 아닙니다. 오히려 하나님의 심판은,

접촉하는 것마다 더럽히는 그 죄, 세상에서 가장 비싼 비용을 지출하게 하는 죄를 반대하는 하나님의 성품을 표현하는 심판으로서, 너무나 필수적인 것입니다. 하나님이 사랑이시고 선이시라면, 모두의 선을 위하여, 하나님은 죄가 발견되는 곳에는 어디나 반대하셔야 합니다. 우리는 이제 자랑을 그치고, 우리 실패를 자인해야 합니다. 그러나 그것이 쉽게 되지는 않습니다. 너무나 많은 사람들이 그 사실을 거부하며 살아갑니다. 배우 조앤 콜린스는 『선데이 텔레그라프 지』와 인터뷰 하면서 이렇게 말했습니다:

나는 한번도 누구에게 잘못한 적이 없어요. 한번도. 나는 그것이 너무나 자랑스러워요. 누구도 맘 아프게 하지 않았거든요. 누구에게 나쁜 소리를 한 적도 없고, 마약을 한 적도 없고, 누구를 속인 적도 한번도 없어요. 오히려 많은 사람들이, 나에게 그렇게 했지요. 남자들, 남편들, 사업 거래자들, 변호사들, 정말 끝이 없을 정도예요…. 나는 기본적으로 이렇게 믿어요. 사람들이 죽어서 창조자를 만난다고 하는데, 내가 그 경우라면, 나는 아무런 부끄러움도 없을 것이라고요. 전혀.[12]

그녀가 말한 것이 전부 사실이라 할지라도, 그렇게 자랑하듯 말하는 것 자체가 벌써 그녀의 잘못을 증명합니다. 그것은 인간이 저지르는 잘못 가운데 가장 인간 영혼을 병들게 하고, 우리 모두가 죄인이라고 하는 이 가장 분명하고 근본적인 인간 경험을 부인하게 만드는 마음의 치명적인 잘못된 태도이기 때문입니다.

예전에 자주 얘기되던 그 죄 감각을 회복하는 것이 기독교의 핵심이다. 그리스도는 인간의 악함을 당연한 것으로 여기셨다. 그리스도가 가지신 그 전제가 참됨을 실제로 느끼기 전에는, 비록 우리가 그리스도께서 구하려고 오신 그 세상의 일부이긴 하지만, 우리는 결코 그리스도가 말씀하시는 그 청중이 될 수 없다. 그의 말씀을 이해하는 첫번째 조건이 성립되지 않았기 때문이다. 이 전제적인 죄 의식이 없이 그리스도인이 되고자 하는 자는, 남자이든 여자이든, 설명할 수 없는 이유로 늘 화가 나 있는 사람처럼, 늘 하나님께 대한 적개심을 품고 살 뿐이다.[13]

그러나 일단 그 진리를 수납하면, 중요한 고비를 넘은 것이고, 구원이 지척에 있는 것입니다. 우리의 처지를 인정하는 순간, 치료 받을 준비가 된 것입니다. 성경의 메시지는 우리가 어떻게 하면 스스로 바르게 할 수 있는지를 알려주지 않습니다. 오히려 성경은 하나님께서 우리를 위하여 무엇을 행하셨는지, 또 어떻게 하면 우리가 그 결과를 얻을 수 있는지를 선포합니다. 앞에 인용된 구절의 바로 뒷 구절에는 이런 말씀이 나옵니다. "죄의 삯은 사망이지만, 우리 주 예수 그리스도를 통한 영생은 하나님께서 주시는 값없는 선물입니다."

탈출 계획

시간이 시작된 순간부터 또 우리 첫 부모가 죄를 짓는 순간부터 하나님은 역사의 천에다 하나님의 구조 계획을 짜 넣으셨습니다. 우리는 우리의 비참한 상황을 알게 되면서부터 비로소 역사의 장대한 드라마를 이해하기 시작합니다. 역사는 두 개의 광대한 범주로 나누어 볼 수 있습니다:

1. 세속 역사는 역사가들이 말하는 것으로서 순환적인 특징을 갖습니다. 거의 실제적으로 아무런 진보 없이 그저 여러 나라들이 일어났다가 무너지는 것처럼 보입니다. 한때 거대한 제국을 형성했던 나라들을 생각해 봅시다. 이탈리아, 스페인, 포르투갈, 그리스, 이집트, 프랑스, 네덜란드 등 여러 나라가 있었습니다. 대영제국은 과거의 영화를 드러내는 그림자로 남아 있습니다. 지식이 꽃 피었다가는 이내 저버리고, 현재는 회복을 기다리고 있습니다. 고대 아랍 세계의 학문과 그리스 문명의 철학은 중세 암흑기 동안에 한때 사라졌다가 종교개혁기에 이르러 에라스무스와 그 동료들에 의해 재발견되었습니다. 고대 이집트 시대의 기하학과 수학, 공학이 유명하지만 그 실제 기술에 대해서는 현재까지 알려진 바가 없습니다. 중국에서도 이미 고대에 페니실린을 알고 있었지만 그 이름이 달랐다고 합니다. 그런 사례는 수도 없이 많습니다. 세속 역사는 커다란 원처럼 흘러갑니다. 군사력이 증강되고 소멸되는 시기가 있고, 도덕심이 해이되었다가 제고되는 시기가 있습니다. 해 아래는 새로운 것이 없고, 인간성은 여전히 비참한 상황에 머물고 있습니다.

2. 그러나 또 다른 역사 즉 구속사가 세상 역사와 더불어 존재합니다. 구속사에서는 하나님께서 궁극적으로 우리 대적 마귀와 싸워 우리를 그

속박에서 구원해 내실 분을 세우십니다. 구속사는 열방과 문명의 역사(즉 세속사)와 서로 연결되어 있고, 성경의 많은 기록들은 역사적인 자세한 사실들을 기록하고 있습니다. 그러나 그 중심 구조는 "그 여자의 씨가 결국 너의 머리를 깨뜨릴 것이라"는 하나님의 계획 즉, 오래 전에 에덴 동산에서 마귀에게 선언하신 하나님의 말씀이 이루어지는 것입니다.

구약에서 하나님께 순종한 모든 하나님의 의로운 종들은 그 여자의 후손(씨)이라는 이 줄을 따라 살았습니다. 그 씨를 순전히 하와의 육체적 후손이라고 볼 수 없는 이유는, 그 후손들 중에 하나님께 순종하지 않은 자들이 많기 때문입니다. 그 씨는 영적인 씨로서 그 큰 약속의 자녀들 즉 하나님께서 말씀하신 것이 이루어지리라고 믿는 자들의 특징이 되는 마음의 자세를 말합니다. 마귀의 후손 혹은 마귀의 씨 역시 영적이고 도덕적인 범주에 드는 것으로서, (예수께서 요한복음 8:44에서 말씀하신 것처럼) 그 '아비' 마귀 편에 선 자들, 마귀의 통치에 굴복하고 하나님의 나라에 반대하는 자들을 의미합니다.

강화되는 구조

이 두 영적이고 도덕적인 씨들 사이에 있는 갈등이 전체 성경을 관통하고 있습니다. 그 갈등은 바로 아담과 하와의 첫 자손인 가인과 아벨 사이에서 시작되었습니다. 아마 여러분은 그 이야기를 잘 알 것입니다. 아벨은 하나님을 섬기고 순종하였고, 그 커다란 약속을 믿었습니다. 그러나 가인은 그렇지 않고 반역적인 인물이 되었습니다. 그는 자기 동생에게 시기심을 품고, 들로 가자고 유인하여 거기서 그를 죽였습니다. 그것이 두 씨 사이에 있었던 첫 갈등이었습니다. 하나님께서 네 동생이 어디 있느냐고 물으셨을 때, 가인은 유명한 대답을 하였습니다. "내가 동생을 지키는 자니이까?"(창 4:9).

그 다음에 나오는 의로운 사람은 노아입니다. 당시 땅은 너무나 패괴하고 패역하였습니다. 노아는 당대 사람들에게 그들의 죄악에 대하여 하나님의 의로운 심판이 있을 것이니 회개하라고 촉구하고, 그렇지 않으면 심판이 임할 것이라고 경고하였습니다. 그러나 그들은 홍수가 임하여 '그들을 쓸어가' 노아의 여덟 식구 외에 아무도 남지 않고 다 죽기까지 (마 24:39) 수 십 년 동안 노아를 조롱하였습니다. 그것은 두 씨 간에 있었던 동일한 갈등이었습니다.

그 후에 이스라엘의 위대한 조상을 만납니다. 아브라함의 삶은 놀라운 믿음의 삶이었습니다. 그에게 하나님께서 은혜로운 약속을 주셨습니다. 즉 그의 자손 (이스라엘 민족)을 통하여 세상의 모든 민족이 복을 받을 것이라는 말씀입니다. 성경 역사의 초점인 이스라엘 민족은 하나님의 참되심과 선하심의 모델이 될 민족이었습니다. 그 후손들을 통하여 결국 우리의 해방자, 모든 민족의 구원자가 오실 것이었기 때문입니다. 아브라함이 하나님의 그 약속을 믿은 결과, 이스라엘은 하나님을 예배하는, 세상에서 멸시받고 배척받는 민족이 되었습니다. 이스라엘 민족은 역사의 고비마다(현재에 이르기까지) 모든 민족에게 미움 받고 반대를 받았습니다. 늘 동일하게 우리는 마귀가 사람들을 충동질하여 하나님께 반역하고 하나님을 떠나 이방의 우상들을 섬기게 하는 것을 봅니다. 그것은 두 씨 사이에 있는 적대감이고 동일한 갈등입니다.

그리고 유명한 모세를 봅니다. 그는 이집트의 왕자로서, 이스라엘 백성을 그 참혹한, 마귀에게 잡혀 사는 우리의 참상을 비유하는 이집트 노예생활에서 해방할 사람이었습니다. 하나님께서 그 모세를 통하여 이스라엘 백성에게 십계명을 주셨습니다. 십계명은 도덕적인 사랑의 율법이며, 우리는 거기서 그 율법을 주신 하나님의 뜻과 성품을 읽을 수 있습니다. 하나님께서 우리 양심에 이미 새겨 놓으신 것, 하나님의 완전하신 성품과 행위를 드러내는 법을 다시 돌비에 새겨서 우리 자신이 실제로 어떤 존재인지, 우리의 사고와 말과 행위가 어떠한지를 거울처럼 보게 하셨습니다 (출 20:1-17; 눅 6:20-42; 롬 3:20 참조).

하나님의 율법을 들여다 볼 때, 우리는 하나님의 모든 아름다우심을 보며, 또한 하나님께서 그 사랑으로 고치길 원하시는 우리의 모든 불완전함을 봅니다. 하나님의 형상대로 창조되었기 때문에, 우리의 행복은, 하나님의 행복과 마찬가지로, 거룩함(도덕적 선함)에서 비롯됩니다. 만일 우리가 다 하나님의 율법이 요구하는 것처럼 거룩했다면, 우리는 보편적인 선과 평화, 기쁨을 볼 수 있었을 것입니다. 율법은 행복을 증진시키기 위한 행위의 척도로서 구원자를 필요로 하는 자들을 위하여 주어진 것입니다. 그러나 하나님께서 모세에게 율법을 주고 계시던 때에도, 마귀는 그 백성들을 인도하여 금으로 만든 우상에게 절하게 하고 있었습니다. 그들은 지금 우리가 하는 것과 똑같이 일관되게 하나님의 계명을 어겼기 때문에 결국 본래 선했던 율법이 범죄와 정죄를 부각시키는 수단이 되고 말았습니다. 언젠가 볼테르는 "마음이 반항적인 사람의 입술은 두뇌를 따르는 데 늘 더디다"[14]고 말한 적이 있는데, 그 반항심은 하나님의 호의에도 불구하고 계속되고 있습니다. 두 씨가 전쟁을 하는 것이고, 동일한 갈등이 계속되는 것입니다.

그 후에 하나님께서 선지자들을 세우시는 것을 봅니다. 그들은 사람들에게 하나님을 대신하여 말씀합니다. 선지자들은 죄와 반역에 대하여 경고하고 백성들에게 그들이 '메시야' 라고 부르는 해방자, 모든 백성에게 생명과 죄에서 자유케 됨을 주시는 분에 관한 놀라운 약속을 상기시켰습니다. 이사야의 말씀은 그리스도가 탄생하시기 700년 전에 선포된 말씀으로서 성탄절 찬송에 참석한 자들이 들었던 것과 같은 말씀입니다: "보라, 주께서 친히 징조를 선택하실 것이라. 처녀가 잉태하리라! 아들을 낳고 그 이름을 임마누엘이라 하리니, 이는 하나님이 우리와 함께 하심이라는 뜻이라"(사 7:14). 예언 자체가 믿기 어려운 예언이었지만, 그들은 귀 기울여 듣지도 않았습니다. 이스라엘 백성은 철저히 침탈을 당하고 자주 이방 나라로 끌려가 포로 생활을 하였습니다. 이때는 구속사가 어찌나 절망적이었던지 마치 하나님께서 곧 참패를 당하실 것처럼 보일 지경이었습니다. 뱀의 후손이 승기를 잡고, 마귀가 이길 것만 같던 때였습니다.

그렇게 다시 침묵의 400년이 지나갔습니다. 구약의 마지막 선지자 말라기 이후로 어떤 선지자도 하나님께로부터 메시지를 받지 못했습니다. 로마군이 이스라엘을 점령하였습니다. 하나님께서 패퇴를 당하신 것일까요? 해방자는 어디 있었나요? 마귀가 이겼습니까? 그것이 아님을 하나님께 감사합니다. 오랜 갈등이 드디어 여러 면에서 결정적이고 최종적인 단계로 접어들었습니다. 성경이 선언하는 것처럼, "때가 차매, 하나님께서 그 아들을 여자에게서 나게 하시고, 율법 아래 들게 하셨습니다. 하나님께서 우리를 사서 자유를 주시려고 그 아들을 보내셨고…그래서 하나님께서 우리를 자신의 친 백성으로 양자 삼으실 수 있게 하셨습니다"(갈 4:4-5).

하나님의 시간은 정확합니다. 오랜 기간 동안 암시되어 온 그 계획이 드디어 드러날 때가 되었습니다. "옛적에 하나님께서 여러 차례 다양한 방식으로 우리 조상들에게 선지자들을 통하여 말씀하셨습니다. 그러나 이제 이 마지막 때에는 하나님께서 자기 아들을 통하여 우리에게 말씀하십니다"(히 1:1-2). 이것은 사실 얼마나 놀라운 말씀입니까. 지금 우리가 살펴보고 있는 이 선언이 얼마나 중요한 선언인지 한번 생각해 보십시오. 드디어 그 해방자, 동정녀 마리아의 후손이 수 세기 동안의 기다림 후에 오신 것입니다. 하나님께서 그 아들 예수 그리스도를 통하여 우리에게 오셨습니다. 그러나 마귀는 아직 없어지지 않았습니다. 헤롯 왕은 하나님을 대적하여 베들레헴 경내에 있는 두 살 아래 되는 모든 남자 아이를 죽임으로써 메시아를 죽이려고 하였지만 예수를 죽이는 일에는 실패했습니다. 30년 후 예수께서 사역을 시작하실 때, 세례 요한에게 세례를 받으시고 마귀에게 40일 동안 광야에서 시험을 받으셨습니다. 당시 사탄은 예수님에게 만일 하나님 아버지에게 등을 돌리고 대신 마귀를 경배하면 모든 세상 나라들과 자기가 다스리는 궁전을 주겠다고 제안합니다. 그러나 이번에도 예수를 함정에 빠뜨리지 못하고, 그의 사명을 막지 못합니다.

그리고, 왜 그런지 설명이 잘 안 되지만, 가장 사랑하는 분이 당시 종교 지도자들에게 핍박과 멸시를 당하고 심지어 사탄의 자식이라고 고소당하는 것을 봅니다. 복음서 마지막에 보면, 예수께서 모든 기적과 교훈을 베푸신 후에 자기 제자 중 한 명에게 겨우 한 줌 되는 돈에 배반을 당하고 팔려서 당국자들 앞에 끌려 갔다가 다시, 바라바라는 흉악범을 대신하여 십자가에 처형되도록 내어줌을 당합니다. 구경꾼들의 조롱 가운데 하나님의 아들이 수치를 당하고, 범법자에 대한 처벌과 파멸의 궁극적인 상징인 십자가에 달립니다. 과연 뱀의 후손이 결국 승리하고, 에덴에서부터 로마까지 역사를 주도하였을까요?

승리를 향한 탈출

패배와는 정 반대되는 일이 실제로 일어났습니다. 사실, 성경은 우리에게 바로 그 십자가에서 예수께서 마귀로 하여금 수치를 당하게 하시고 그를 영원히 패퇴시키시고 갇힌 자들을 풀어주셨다고 말씀합니다. 예수는 금요일에 죽으시고 장사되시고 무덤에 봉인되었다가, 일요일이 되자 제 삼일에 죽음을 이기시고 부활하셨던 것입니다. 그는 일어나신 후에 수 백 명의 사람들에게 모습을 나타나셨고, 가장 가까운 제자들과 한 동안 지내시다가 동일한 방식으로 돌아오리라는 약속을 남기시고 하늘로 올라 가셨습니다.

이것은 엄청난 구원과 해방 역사 드라마이고 인류의 타락 시에 하나님께서 에덴 동산에서 하신 약속이 그대로 이루어진 것입니다. 예수 그리스도, 하나님의 아들의 죽으심으로 마귀의 거짓말과 사기행각과 그가 처음부터 우리에게 행해온 모든 것이 패퇴를 당하였습니다. 마귀는 자기가 이겼다고 생각했습니다. 마귀는 자기가 드디어 죄 없는 하나님의 아들을 죽였다고 생각했을 것입니다. 그러나 그는 에덴 동산에서 하나님께서 계시하신 것이 무엇인지 알지 못했던 것입니다. 십자가에서 마귀의 머리가 부숴졌기 때문에(창 3:15), 그 세력은 결코 전과 같지 못할 것입니다.

C.S. 루이스는 그 풍부한 비유로 가득한 동화 『사자, 마녀, 옷장 이야기』에서 우리에게 그때 발생한 일을 어렴풋이 전해줍니다. 사자 아즐란이 죽음에서 일어난 직후 그 광경을 목격한 수잔은 놀라서 묻습니다. "이게 도대체 무슨 뜻이지요?" 아즐란은 이렇게 대답합니다:

이것은 마녀가 비록 깊은 마법은 알았지만, 그녀가 몰랐던 더 깊은 마법이 있다는 얘기란다. 마녀의 지식은 겨우 시간의 시작까지만 거슬러 올라갈 수 있단다. 그러나 만일 그녀가 좀 더 거슬러, 조용하고 어두운 시간의 태동 이전으로 올라갈 수 있었다면, 또 다른 주문을 읽을 수 있었을 거야. 아무런 속임수도 범하지 않은 자원하는 희생자가 있어서 배신자 대신 죽임을 당할 경우엔 계약의 탁자가 깨어지고 죽음이 반대로 작용하게 되어 있단다.[15]

사도 요한은 예수님의 오시는 목적을 이렇게 기록하였습니다. "하나님의 아들이 나타나는 목적은 마귀의 일을 멸하려 하심이라"(요일 3:8).

예수님은 자신의 십자가 죽음이 의미하는 것을 명확히 알고 계셨습니다. "이 세상의 임금이 내어침을 당할 때는 세상의 심판이 이미 이르른 것이다"(요 12:31).

메시지는 단순합니다. 우리가 마귀의 폭정에서 자유를 얻고 이기심에 종노릇하는 데서 헤어나오는 길은 오직 그리스도께서 자신을 믿고 의지하는 모든 자들을 위하여 승리하는 길을 통하는 길뿐입니다. 우리가 승리와 자유와 새로운 삶을 향하여 탈출할 수 있는 이유는 그리스도께서 이미 성취해 놓으신 이 사역 때문입니다. 성경은 분명하게 이 진리를 말씀합니다. "(주님은) 오직 죽음으로써 죽음의 권세를 잡은 자 마귀의 세력을 분쇄할 수 있으셨다. 오직 그 방법으로 죽음에 대한 두려움으로 평생 종노릇하는 사람들을 다 놓아주실 수 있으셨던 것이다"(히 2:14-15). 우리는 더 이상 두려움에 사로잡혀 있거나 죽어야만 끝나는 죄의 종노릇을 할 필요가 없습니다. 사탄의 폭정에서 영원히 해방될 수 있습니다. 왜냐하면 그 여자의 후손이 이미 그 뱀을 패퇴시키셨기 때문입니다. 대적, 우리 영혼의 원수는 우리의 해방자이신 그리스도를 신뢰하는 자들에게 아무런 권세도 부릴 수 없습니다.

이것이 그 큰 이야기의 개요입니다. 기독교의 메시지는 그리스도의 승리를 선언하고 또한 우리가 하나님과 바른 관계를 맺고 하나님과 평화할 수 있음을 알려줍니다. 이것은 지난 2,000년 이상 선포된 메시지이며, 장차 그가 다시 오셔서 하나님의 자녀들을 그와 함께 집으로 인도하실 때까지 지속될 메시지입니다. 그때 그는 타락으로 상실된 모든 것을 회복시키시고, 의가 거하는 새 하늘과 새 땅을 만드실 것입니다. 권세를 다 빼앗긴 마귀는 거짓말을 계속 지어내면서 하나님의 도덕적인 통치를 훼방하고 속이고자 하겠지만, 그 때가 되면 결국 멸망을 당할 것입니다. 예수께서 친히 그 입의 숨결로 그를 죽이실 것입니다(살후 2:8). 그 때 그 곳에는 더 이상 슬픔이나 통곡함이나 가슴 아픈 고통이 없을 것입니다. 만물의 옛 방식은 사라지고 속이는 자도 더 이상 있지 않을 것입니다. 상실되었던 낙원이 결국 회복되고, 과거보다 더 영광스럽게 회복될 것입니다.

다음 장에서 우리는 예수님과 그의 십자가를 좀더 자세히 살펴볼 것입니다. 그때 무슨 일이 발생했는지 뿐 아니라, 왜 그가 죽으심으로 우리가 하나님과 바르게 되고, 만일 우리가 하나님의 자유한 자녀에 포함되려면 어떻게 반응해야 하는지를 알아볼 것입니다. 이제 큰 그림을 보았으므로, 우리의 해방자, 낙원의 정원사이신 분께 초점을 맞추어 봅시다.

그리스도가 갈보리로 올라가실 때

그 머리에 씌운 가시관

각 나무는 그 옆 나무에게

엄중한 침묵 가운데 말을 전한다.

'보라, 저 정원사는

에덴과 겟세마네에 있던 그 분!

(존 배니스터 탭)

8 인류의 해방자

비상한 목수

한 기독교인 교사가 최근 영국에 있는 도시들 중 한 고등학교를 방문하였답니다. 때는 마침 성탄절 기간이었으므로 그는 교회 청소년들에게 역사상 가장 놀라운 이야기 즉 그리스도의 탄생이야기를 해 주어야겠다고 생각했습니다. 학생들은 감탄할 정도로 큰 관심을 보였고, 극적인 동정녀 탄생 이야기를 잘 경청하는 것 같았습니다. 이야기를 마치자 열두 살쯤 된 소년이 와서 멋진 이야기를 잘 들었다고 하였습니다. 그러나 정작 그 교사는 두 가지 일로 매우 놀랐다고 합니다. 하나는 그 아이가 이전에 한번도 그 이야기를 들은 적이 없었다는 것이고, 둘째는, "왜 예수의 부모가 그에게 욕을 이름으로 주었느냐?"는 질문이었습니다.

이것은 앞장에서 말씀드린 큰 이야기에 나오는 위대한 주인공에 관하여 현대인들이 얼마나 무지한지를 보여주는 단적인 사례입니다. 정말 놀랄 만한 충격인데, 특히 요즘 어린이들은 그 정도가 더 심합니다. 사실 예수께서 역사에 던지신 충격은 측량할 수 없을 정도이며 우리 중 일부 사람들에게는 '예수' 가 욕이 아니라 그 이상입니다. 어떤 무명 시인은 이렇게 썼습니다:

행진했던 모든 육군과

발진했던 모든 해군과

모였었던 모든 의회와

다스렸던 모든 왕들과

있었던 사람을 다 모아도

고독한 삶을 살았던 한 분

그가 세상에 끼친 것에

비할 수 없네

그 비범한 목수는 누구시고, 그분은 왜 여기 오셨을까요? 아마도 그것은 모든 질문들 중에서 가장 묻고 싶은 질문일 것입니다. 역사상 그분이 하신 것처럼 말씀하고 행하고 살았던 사람이 또 있을까요? 그는 역사상 가장 능력 있게 교훈을 남기신 분입니다. 약 120억이나 되는 사람이 이 세상에 왔다갔습니다만, 과연 예수 그리스도에 필적할 만한 삶을 살고 간 사람이 또 있을까요? 그를 미워하는 사람, 사랑하는 사람, 숭배하는 사람, 배척하는 사람은 있을 수 있어도, 그를 무시할 수 있는 사람은 아마 한 사람도 없을 것입니다. 우리는 매일 그리스도의 유일한 지위를 확인합니다. 그는 역사를 둘로 나누셨습니다. 우리는 매일 수표를 발행하거나 날짜를 쓸 때, 언제나 그분의 탄생일을 기점으로 삼습니다. 모든 의미에서 그분이 역사의 중심이시고, 우리는 지금도 그분에게 매료됩니다. 대중적인 책이나 영화, 논쟁, 웹사이트, 노래 등에서는 지금도 다른 어떤 인물보다 더 자주 그리스도를 주제로 삼고 있습니다. 타임지는 그를 "인류 역사상 가장 오래 지속되는 순결과 이타심과 형제애의 상징"이라고 묘사하기도 하였습니다.

그 예수 그리스도의 이력서를 한번 살펴봅시다.

출생지:	소똥과 육축이 있는 외양간
모친:	농사꾼 처녀 마리아
부친:	(생물학적 부친이 아님) 지역의 잡역부 요셉
거주지:	남부 갈릴리의 비천한 지역
고등교육:	받은 적 없음
직업:	30세까지는 목수, 그 후엔 순례 교사
공적 직위:	없음
재산:	없음
저술:	없음
TV출연:	없음
여행경험:	집에서 350킬로미터 내외
부양가족:	(생물학적 면에서는) 없음
죽음:	약 서기 33년 경에 살인자를 대신하여 범죄자로 십자가 형을 당함
매장지:	그를 불쌍히 여긴 사람의 묘지에 묻힘

여러분 같으면 이런 사람을 고용하겠습니까? 여태까지 읽은 바에 의하면 그리 좋은 인상은 아닐 것입니다.

| 기타 자격: | 탁월한 영적 교사, 기적을 행하는 사람, 물 위를 걷고, 맹인을 고치고, 죽은 자를 살려냄. |
| 다른 경험: | 죽은 지 사흘 만에 일어나 하늘에 올라감 |

그 다음은 역사에 기록되어 있습니다. 이 분과 그 메시지만큼 온 지상에서 빠르게 왜곡되어 전파된 복음은 없었습니다.

역사가이고 종교적 회의론자인 H.G. 웰즈는 세계사를 저술한 다섯 권의 책에서, 자신이 예수 그리스도에 관하여 누구보다 많은 지면을 썼다는 사실을 문득 깨달았습니다. 그는 이렇게 기록하였습니다. "나같은 역사가는 나사렛 예수에게 최고의 자리를 부여하지 않고는 인간성의 진보에 관하여 결코 정직한 서술을 할 수 없다. 사람들은 예수에 압도 당하기도 하고 눈이 멀기도 하고 그에 반대하여 소리를 지르기도 한다. 그러나 오늘날에도 이 갈릴리 사람은 우리의 작은 가슴이 품기에 너무 크다고 하면 지나친 말일까?"[1]

혹자들은 심지어 예수는 실제 인물이 되기엔 너무나 선하기 때문에 차라리 존재한 적이 없었다고 말하자고 제안했었습니다. 철학자 버트란트 러셀은 그리스도가 존재했다는 것은 너무나 역사적으로 의심스럽다고 말하고는 스스로 당황하기도 했습니다. 그 많은 역사 자료를 보면서 그렇게 말하는 것은 도무지 가능하지 않은 일인 줄 알았기 때문입니다. 예수의 존재는 우리를 불편하게 하는 것이 사실이지만, 거기에 대해서 이

성적으로는 문제를 제기할 수 없습니다. 루소는 이렇게 썼습니다:

그렇다면 복음서 이야기들은 다 꾸며진 것이라고 얘기해야 할까? 친구여, 이런 얘기는 꾸며낼 수 있는 것이 아니네. 예수 그리스도에 관한 사실은 누구도 의심하지 않는 소크라테스에 관한 사실들보다 더 입증이 된 것이네. 자네는 기껏해야 이 난제를 멀리 던져버릴 수 있을 뿐, 제거할 수는 없단 말이네. 복음서 기자 네 사람이 합의하여 이 책을 짓기로 했다는 말은, 한 사람이 (세계에서 가장 고상한) 주제를 복음서에 첨가했다는 말보다 더 믿을 수 없는 말이 될 것이네. 유대인들 중에서도 성경이 가진 그 높은 도덕 수준에 의문을 제기하는 사람은 하나도 없었음을 알아야 하네.[2]

예수는 어떤 분이셨나?

니케네 신경(325년)은 수 세기 동안 내려온 교회의 보편적인 신념을 선언하면서, 예수는 "참 하나님이시고 참 사람이시다"라고 하였습니다. 일부 사람들이 보기에 그분이 너무 선하셔서 도무지 사실 같지 않다는 말은 사실, 그분은 참으로 사람이셨지만, 단지 보통 인간이 아니라 육체를 입으신 하나님, 유한자의 옷을 입으신 불멸자이심을 보여주는 사례입니다.

역사상 존재했던 위대하고 '선한' 교사들은 누구나 자기 자신을 초월하여 자신들이 말하는 것을 가르쳤습니다. 그들의 초점은 자신이 아니라 자기들이 전하는 지혜였습니다. 우리가 만일 어떤 사람을 '선하다'고 한다면 그 말은, 아무도 완전하지 않기 때문에, 그가 그러하기를 바란다는 말일 것입니다. 그러나 예수님은 그렇지 않았습니다. 그분은 사람들을 가르치면서, "나를 따라오너라"라고 하셨지, "나의 가르침을 따르라"거나 "나의 기적을 따르라"고 말씀하지 않으셨습니다. 그분은 자신을 인간의 딜레마에 대한 해결책이라고 선언하셨습니다. "내가 곧 그 길이요, 그 진리요, 그 생명이다. 나로 말미암지 않고는 누구도 아버지께 올 수 없다. 너희가 만일 내가 누구인지 알았더라면, 내 아버지가 누구이신지 알았을 것이다. 이제부터는 너희가 나를 알고 아버지를 보았느니라!" (요 14:6-7). 이제 놀라운 차이점이 느껴집니까? 예수님은 "내가 그 진리이다"라고 선언하셨다는 말씀입니다. 문법적으로 보면 그 문장은 성립되지 않습니다. "나는 진리를 안다"라고 하거나, "내가 진리를 알았다" 혹은 "내가 너희에게 진리를 알려줄 수 있다"라고 말했어야 합니다. 누가 과연 "내가 그 진리이다"라고 말할 수 있겠습니까? 누가 과연 자신있게 "내가 그 생명이다"라고 선언할 수 있겠습니까? 부처님, 모하메드, 플라톤, 간디, 싸르트르 등 누구도 그런 주장을 한 적이 없었습니다. 그들은 모두 자신들을 초월하는 어떤 사상이나 신이나 이념을 가르쳤던 것입니다.

예수께서 "내가 그 진리니라"(요 14:6)라고 말씀하셨을 때, 혹은 본디오 빌라도에게 "누구든지 진리에 속한 사람은 내 음성을 듣느니라"(요 18:37하)라고 말씀하셨을 때, 예수님은 참으로 놀라운 선언을 하신 것입니다. 그분은 스스로를 존재의 기초라고 선언하고 계셨던 것입니다. 그분은 우주의 인식론적 열쇠의 화신이셨다는 말입니다. 진리는 어떤 추상적인 원리가 아니고, 어떤 단지 실재에 '상응하는 것'이 아닙니다. 진리가 예수 그리스도의 인격 안에서 알려졌습니다. 그분이 궁극적인 실재이십니다. 그분은 진리와 더불어 다른 모든 것, 생명 그 자체의 근원이시고 원천이십니다. 그리스도는 우리를 생명으로 향하게 하는 것이 아니라, 스스로 선언하신 대로, 생명 자체가 그분 안에 있었습니다. '선한 사람' 누구도 스스로 그렇게 선언할 사람이 없고, 오직 하나님만 그리하실 수 있습니다. 만일 예수님이 하나님이 아니셨다면, 선하다고 할 수 없습니다. 그의 놀라운 선언에서 보듯이, 예수님은 만일 우리가 그를 보았으면 또한 하나님 아버지를 보았다고 선언하셨습니다.

예수께서 그렇게 엄청난 선포를 하셨음에도 불구하고, 친구들이나 대적들 중 누구도 그분에게서 허물을 발견할 수 없었습니다. 그분은 역사상 유일하게 그런 주장을 하시고 가족들과 친구들과 심지어 수년 동안 여러 차례 탐색을 해 온 대적자들에게서도, 과연 그렇다는 인정을 받은 분이십니다. 성경적인 기독교가 가진 힘은, 그런 주장들이 철학적인 설득력을 가졌다는 사실에 있지 않고, 오히려 자신의 무흠한 삶과 말씀으로 우리의 입을 잠잠케 만들고 우리의 생각을 초월하여 할 말이 없게 만드시는 그분 안에 있는 것입니다. 저는 만일 우리가 내일 거리에서 진리를 만나게 된다면 바로 이것을 기대해야 할 것이라고 생각합니다. 진리되신 분이 우리 앞에 서 계시다면 무슨 할 말이 있을까요? 그것이 당시 어부였던 사도 베드로 같은 초창기 증인들이 느꼈던 문제였습니다. 베드로는 예수님 앞에서 말을 잊고, 서 있지도 못하여 엎드려서 이렇게 외쳤습니다: "주여, 나를 떠나소서. 나는 죄인입니다!"(눅 5:8).

사람들이 예수님을 구원자와 주님으로 모시는 이유는 그분이 가지셨던 매력과 도덕적 아름다움, 기적적인 삶, 그가 가지신 투명하고 완전하고 무죄한 성품 때문입니다. 가장 최근의 통계에 의하면, 매일 전 세계에서 12만 3천명이 예수님을 믿게 된다고 합니다. 어떤 지역에서는 출생률보다 신자 성장률이 더 높다고도 합니다. 성경에서 예수님은 샤론의 장미, 골짜기의 백합화, 빛나는 계명성으로 묘사됩니다. 따르는 자들이나 천사들이 언급한 이름들은, 다른 인간들에게 붙인 것과 달리, 하나님에게 붙인 이름들입니다. 예를 들면, 전능하신 분, 전능하신 하나님, 영원하신 말씀, 구세주, 놀라운 상담자, 영원하신 아버지, 평화의 왕, 처음과 나중, 그리스도, 하나님의 아들, 거룩하신 분, 임마누엘(우리와 함께하시는 하나님), 길, 진리와 생명, 만왕의 왕, 만주의 주, 오직 지혜로우신 하나님. 그분 말고 그런 이름으로 부른 사람은 역사상 아무도 없었습니다. 신약을 읽으면서 너무나 분명한 사실은 예수께서 하나님이시라고 선언된 것이며, 그분의 사명이 자기 백성을 죄와 사망에서 구원하신 것과, 하나님으로서 인간의 예배를 받으신 것입니다. 비더울프라는 신학자는 이렇게 말했습니다. "신약을 읽으면서 그리스도가 단순한 사람이 아니라고 선언하신 것을 읽지 못한 사람은 맑은 날 하늘을 쳐다보면서 태양을 보지 못했다고 말하는 사람과 같다."[3] 예수님은 백성들의 죄를 용서해 주셨고 (그 때문에 오직 하나님만 죄를 사하실 수 있다고 믿은 유대인들에게서 신성모독죄로 비난을 받으셨고), (그리스도보다 약 2000년 전에 살았던) 아브라함보다 먼저 존재하고 계셨다고 선언하셨고, 자신이 하나님과 함께 계셨기 때문에 자신만이 백성들에게 영생을 줄 수 있다고 말씀하셨습니다.

예수님은 인간이셨습니다. 화를 내고 시험을 받고 울고 배우고 일하고 다 하셨지만, 또한 인간 이상이셨습니다. 그는 자신이 거룩하시고, 다른 세상에서 더 큰 왕권을 갖고 오셨다고 선언하셨습니다. 그 모든 것 위에, 그는 자신이 장차 모든 백성에 대한 마지막 심판자라고 선언하셨습니다. 마틴 루터는 전에 이렇게 외쳤습니다. "예수님이 사람이신 것이 확인되면, 그 다음에는 그가 하나님이신 것을 발견하게 된다."[4]

세 가지 난점

우리는 어쩔 수 없이 그분이 자신에 관하여 무엇이라 말씀하셨는지 인식하게 되고, 또 그 말씀이 과연 옳은지 묻게 됩니다. 그렇게 주장하는 분을 어떻게 대해야 할까요? 우리가 선택할 수 있는 길은 대단히 제한적입니다. 오늘날 할 수 있는 선택은 과거의 선택과 같은데, 즉 그가 사기꾼이다, 혹은 그가 착각했다, 혹은 그는 여전히 하나님이다 등 세 가지입니다. 그 중에서 선택해야 합니다. C.S. 루이스는 그 세 가지 난점을 이렇게 기록했습니다:

인간에 불과한 사람이 예수께서 하신 말씀과 같은 것을 말했다면 그 사람은 결코 위대한 도덕 스승이 될 수 없었을 것이다. 스스로 삶은 달걀이라고 말하는 정신병자이거나 혹은 지독한 거짓말쟁이인 지옥의 마귀가 될 뿐이다. 우리는 선택을 해야만 한다. 이 사람은 하나님의 아들이셨고 지금도 아들이시거나, 아니면 미친 사람이나 그보다 더 상태가 나쁜 사람이거나 둘 중의 하나일 수밖에 없기

 청년들아 무엇을 위해 살 것인가?

때문이다. 그러나 짐짓 봐주는 척, 그분은 위대한 스승이었다는 제안은 하지 말자. 예수는 그럴 의도가 전혀 없으셨기 때문이다.[5]

이 구절은 요점을 정확히 설명하고 있기 때문에 기독교 변증가들 사이에서 널리 인용되는 구절입니다. 그리스도의 신성은 기독교의 핵심 중의 핵심입니다. 만일 예수가 거짓말쟁이이거나 미친 사람임이 증명될 수 있다면, 성경을 던져 버리고 대신 바보스런 텔레비전이나 보면서 지낼 수 있을 것입니다. 기독교는 이미 심장마비를 일으켜 사망했을 터이니 말입니다.

사실을 확인하는 유일한 방법은 복음서 시대로 들어가는 것, 혹은 일부 역사 시대 안으로 들어가 보는 것입니다. 우리는 복음서에서 가족들에게, 친한 친구들에게, 그리고 대중들에게 진리의 모범으로 여겨지는 한 사람을 발견합니다. 그들은 모두 그가 무죄하다고 믿었고, 그의 삶의 일상 표현에 대하여 증언을 했습니다. 저는 제 가족이나 가까운 친구들이 저에 대해서 무엇이라 말할지를 생각하면 떨립니다. 지상에 존재했던 사람들 중 가장 권위 있게 보였던 사람이 과연 동시에, 가장 엄청나고 거대한 거짓말쟁이, 지난 2000년 이상 횡행하였기 때문에 수 많은 사람들이 그 거짓을 깨닫고 환멸을 느끼게 할 그런 거짓말쟁이가 될 수 있을까요? 아니면, 그가 참으로 진리를 말씀하신 것일까요?

혹시 그를 과대망상증 환자라고 치부할 수 있을까요? 혹시 그의 교훈이나 행위에서 어떤 광증이나 정신병의 특징을 볼 수 있습니까? 그의 지혜, 권위, 매력을 정신불안에서 유래된 것이라고 말할 수 있을까요? 요한복음을 열고 그 일들을 한번 조사해 보고 그의 성품을 조사해 보십시오. 저는 확실히, 여러분이 멸시받아 마땅한 속물이나 술수를 부리는 귀신같은 작자가 아니라, 신적인 하나님의 아들을 발견할 것이라고 믿습니다. 루이스가 요약한 말대로, "이제는 분명히 그가 정신이상자도 아니고 귀신같은 놈도 아니라는 생각이 듭니다. 그러므로 아무리 이상하고 두렵고 그럴 듯 하게 보이지 않아도, 나는 그가 하나님이셨고 또 하나님이시라고 받아들입니다."[6] 복음서들을 읽다 보면 저절로 그런 결론에 이르게 됩니다. 사도 요한은 자신의 설명을 마치면서, "예수의 제자들은 그가 이 책에 기록된 것보다 더 많은 기적적인 표적을 행하시는 것을 보았다. 그러나 오직 이것만 기록한 이유는, 너희로 예수께서 하나님의 아들 메시야이심을 믿게 하려는 것이고, 또 그를 믿는 믿음 덕분에 너희로 하여금 생명을 얻게 하려는 것이다"(요 20:30-31)라고 기록하였습니다.

예수님은 자신을 우리의 모든 생명과 행복과 의미와 사유함과 하나님 지식 탐색에 대한 해답으로 제시하셨습니다. 그가 하신 주장을 뒷받침하는 사실 중 몇 가지를 좀더 유의해 보면, 그가 하신 예언이 성취된 것, 그의 무죄한 삶, 그의 기적적인 사역 및 그의 육체 부활 등이 있는데 이 것은 다음 장에서 더 알아보겠습니다. 그는 자신을 넘어서 있는 무엇을 가르치신 적이 없었고, 오히려 인간 영혼의 가장 내밀한 필요를 채워주는 모든 것이 육화된 인물로서 자신에게로 사람들을 이끄셨습니다. 예수님은 도대체 어떻게 그 모든 약속을 성취하실 수 있었을까요? 도대체 어떤 식으로 생명을 전하고 죄 많은 백성을 용서할 수 있으셨나요? 어떻게 우리를 하나님과 화해시키고 사람들을 자신에게로 이끄실 예정이었을까요? 거기에 대하여 결정적인 대답을 주실 분이 예수님이십니다. 그분이 말씀하셨습니다. "내가 십자가에 달리면 각 사람을 나에게로 이끌겠노라. 이 말씀을 하심은 그가 어떻게 죽으실 것인지를 말씀하심이라"(요12:32-33).

혼선

한 친구가 자기 동네에서 장을 보고 계산대 앞에 서서 기다리다가 점원이 목에 희한한 십자가를 걸고 있는 것을 보았답니다. 식료품을 계산하면서, 그 젊은 점원에게 이런 질문을 던졌더니 그녀가 깜짝 놀라더랍니다: "당신은 기독교인입니까?"

그녀는 잠시 멈추었다가, "무슨 의미로 그런 질문을 하는 것인가요?"라고 물었습니다.

"기독교인이세요?" 친구가 다시 물었습니다.

그녀는 "아니예요"라고 대답했습니다.

"그런데 왜 십자가를 걸고 있어요?" 친구가 다시 물었습니다.

"이거요?" 그녀는 자기 목걸이를 보면서, "그냥, 좋아서요"라고 대답했습니다.

"그건 좋은 게 아닌데요" 친구가 얘기했습니다. "그건 끔찍한 것이었어요. 고문과 처형의 상징을 걸고 있는 거랍니다. 만일 전기의자나 교수대를 목에 걸고 있다면 좋겠어요?"

정확한 요점을 지적한 이야기입니다. 십자가는 악질 범죄자를 처형하는 장소였고, 최대한 늦게 죽으면서 고통을 당하게 하는 끔찍한 형벌이었던 것입니다. 십자가 처형은 처참한 형벌이었는데, 그것이 회화와 문학과 음악에 큰 영향을 미쳐서 위엄, 자기 희생, 영웅주의 및 소망의 상징이 된 것입니다. 그러나 오늘날에는 십자가가 거의 이해되지 않고, 그것이 무엇인지도 모르는 사람들이 애용하는 보석 장식이 되고 말았습니다.

예수께서는 자기가 어떻게 죽을지를 분명히 말씀하셨습니다. 그분은 잔인한 십자가에 달려 사람들을 자기에게로 이끄실 것이었습니다. 갑자기 죽음을 맞는 것이 아니었습니다. 목숨을 누구에게 빼앗기신 것이 아니라 스스로 기꺼이 내어놓으셨습니다. 복음서에서 예수께서 다른 사람들을 위하여 자기 목숨을 내어 놓으실 것이라는 사실보다 더 분명한 사실은 없습니다. 흥미롭게도 그리스도가 오시기 약 천년 전에 소크라테스는 이런 말을 하였습니다. "만일 완전한 사람이 세상에 오신다면, 사람들은 단결하여 그를 죽일 것이다."[7] 이 말이 놀라운 예언으로 판명된 것입니다.

반대심문

로마인들이 십자가에 처형한 사람은 수천명에 이르는데, 왜 유독 나사렛 예수만 기억할까요? 도대체 어떤 일이 발생하였고, 무엇이 그리 중요하기 때문에 2천년이 지난 지금도 사람들이 그 일을 이야기하는 것일까요?

유대인 종교지도자들은 예수께서 말씀하시는 지혜와 권위를 감당하지 못하였고, 그를 자기들의 지위와 위치를 위협하는 사람으로 보았습니다. 그분은 너무 쉽게 그들의 위선과 사기를 폭로하셨습니다. 그래서 그들은 군중들이 예수 주의에 몰려드는 것을 보자마자, 곧 그를 죽이려고 모의하게 되었습니다. 결국 군병들과 종교 당국자들이 그를 체포하였습니다. 그는 가까운 제자들과 식사를 한번 하신 후, 그 밤을 기도로 보내시면서 이미 일어날 것을 알고 계시던 그 사건을 준비하셨습니다. 그들이 그를 체포하려고 예루살렘 가까운 동쪽에 위치한 겟세마네 동산에 도착했을 때, 친구들은 무서워서 다 도망하였습니다. 그는 가까운 제자의 배신으로 은화 30닢에 팔렸고, 배신자의 인사 키스로 정체가 확인되었습니다. 로마 총독 본디오 빌라도가 허락한 나사렛 예수의 십자가 처형이라는 너무나 확실한 역사적 사건이 일어나기 직전입니다. 역사상 최악의 심리 사건이 이제 시작되려고 합니다.

그는 공개적으로 가르치셨으므로 아무 것도 감출 것이 없었습니다. 그를 고소하기 위해 거짓 증인들이 동원되었지만 그 이야기들이 서로 일치하지 않았으므로 재판은 엉망이 되기 시작했습니다. 유대인 대제사장 가야바가 마침내 예수께 핵심적인 질문을 던졌습니다. "네가 복 받으신 분의 아들 그리스도이냐?" 예수께서 대답하셨습니다. "그렇다"(막 14:61-62). 그들이 생각하는 바로는 그를 신성모독죄로 고소하는 길 외엔 없었습니다. 그 죄는 사형에 해당되는 죄였습니다. 예수께서 그 자리에서 자신을 하나님으로 선언하신 것이며, 그것은 그들의 눈에는 용서할 수 없는 죄였던 것입니다.

예수께 대한 종교적인 재판은 그렇게 끝났지만, 그를 처형하기 위해서는 로마인의 허가가 필요했습니다. 모든 사형은 로마 총독부의 재가를 얻어야 했기 때문입니다. 그러나 종교 내부의 논쟁으로는 로마 총독이 예수를 정죄할 수 없었기 때문에, 그들은 빌라도에게 그의 죄목은 "가이사와 로마에 대한 반역 선동"으로서 그가 백성들에게 세금을 바치지 말라고 선동했다고 바꾸었습니다. 그들은 그가 "유대인의 왕"이라고 불리웠다고 했습니다. 그래서 빌라도는 과연 예수가 유대인의 왕인지를 물었습니다. 예수께서 대답하셨습니다. "나의 왕국은 이 세상에 속하지 않았다"(요 18:36). 빌라도는 여러 차례 예수를 심문하였지만 그에게서 죄를 발견하지 못했습니다. 그래서 헤롯 왕에게 그를 보내었지만, 헤롯은 그를 때리고 다시 돌려보냈기 때문에 빌라도가 난처하게 되었습니다. 그는 성난 군중을 달래서 예수를 놓아주려고 예수에게 채찍질을 하게 했습니다. 그러나 군중은 종교지도자들의 부추김을 받고, 악독하게 그의 십자가 처형을 요구했습니다. 누가복음은 그 상황을 이렇게 묘사하고 있습니다:

너희가 이 사람을 백성을 미혹하는 자라 하여 내게 끌어 왔도다. 보라 내가 너희 앞에서 사실하였으되 너희의 고소하는 일에 대하여 이 사람에게서 죄를 찾지 못하였고 헤롯이 또한 그렇게 하여 저를 우리에게 도로 보내었도다. 보라 저의 행한 것은 죽일 일이 없느니라. 그러므로 때려서 놓겠노라…. 그러나 저희가 일제히 소리 질러 가로되 '이 사람을 십자가에 못 박으소서, 십자가에 못 박으소서.' …빌라도가 세 번째 말하되, '무슨 일이냐? 이 사람이 무슨 악한 일을 하였느냐? …그러나 저희가 큰 소리로 재촉하여 십자가에 못박기를 구하니 저희의 소리가 이긴지라. 이에 빌라도가 저희의 구하는 대로 하기를 언도하니라"(눅 23:13-16, 21-24).

빌라도는 그 상황에 대하여 자기 손을 씻고 무리들에게 재확인하며 그 소동은 그들이 책임져야 하고 자기는 이 일에 대하여 무죄하다고 선언하였습니다. 예수는 로마군인에게, 역사가들이 말하는 대로 내장이 드러난다는, 서른 아홉 대 채찍질을 당하였습니다. 대개의 사람들은 그 정도 맞으면 죽는다고 합니다. 그 채찍은 가죽 채찍에 뼈와 금속을 댄 것입니다. 그 머리엔 가시 면류관이 덮였고, 수염은 잡아 뜯김을 당하였습니다. 얼마나 지독한 매질을 당하였는지 알아볼 수도 없을 지경이었습니다.

처형장으로 가는 일부 구간을 십자가를 지고 가셨고, 거기서 옷 벗김을 당하고 손목과 발목에 못 박힘을 당하였습니다. 키케로는 십자가 처형은 얼마나 끔찍하고 수치스러운 처형인지, 로마 사람으로서는 입에 담거나 상상도 하기 어려운 형벌이라고 불렀습니다. 본디오 빌라도는 그 머리쪽 높은 곳에 (라틴어, 헬라어, 히브리어로) "나사렛 예수 유대인의 왕"이라고 쓴 죄패를 붙였습니다. 종교지도자들은 빌라도에게 그 죄패를 떼어달라 요구하였지만, 빌라도는 거절하면서 "내가 쓸 것을 썼다"(요 19:22)라고 대답했습니다. 심지어 십자가에 못 박은 후에도, 죽음의 고통으로 기진하고 질식해 가는 그 순간까지도, 그들은 예수를 가만히 놓아두지 않았습니다. 욕하고 저주하면서 그를 못살게 굴었으나 예수는 아무 반응을 보이지 않고 기도만 하셨습니다. "아버지여, 저 백성을 용서하옵소서. 저들이 자기들이 하는 일을 알지 못함이니이다"(눅 23:34).

그러나 그런 수치와 수욕과 고난 중에도 사람들은 그에게 마음이 끌렸습니다. 십자가 옆에 달렸던 한 강도는 그를 옹호하면서, 자기 죄를 고백하고 예수는 완전히 무죄라고 선언하였습니다. 그는 그리스도를 향하여 이렇게 말했습니다. "예수여, 당신의 나라에 임하실 때, 나를 기억해 주소서." 그러자 예수께서 대답하셨습니다. "내가 진실로 네게 말하노니, 네가 오늘 나와 함께 낙원에 있으리라"(눅 23:42). 세상에 누구도 죽는 순간에 이분처럼 말한 사람은 없었습니다. 누가복음에서는 그 마지막 순간을 이렇게 기록하고 있습니다:

시간은 정오쯤 되었는데 오히려 해가 빛을 잃고 온 땅에 어두움이 임하여 세 시간쯤 지속되었다. 갑자기 성소의 휘장이 한가운데가 찢어졌다. 그때 예수께서 큰 소리로, "아버지, 내 영혼을 아버지 손에 맡깁니다!" 하시고 운명하셨다(눅 23:44-46).

그것은 말 그대로 지구를 뒤흔드는 사건이었습니다. 어거스틴은 이렇게 말했습니다: "하나님은 지상에 한 아들을 가지셨는데, 죄는 없으셨지만 고난을 많이 겪은 분이셨다." 그 모든 고통 중에서도 예수님은 십자가에서 "다 갚았다!"(요 19:30)라고 외치셨습니다. 사명을 완수하면서 죽음을 맞으신 것입니다. 성경은 우리에게 약 2,000년 전의 그 금요일 오후에 죽음이 마지막으로 죽었고, 그 주간 동안 일어난 일은 역사의 필연이 되었다고 말씀합니다.

사도 바울은 이렇게 기록하고 있습니다. "우리가 아직 죄인 되었을 때에 하나님께서 그 아들을 보내어 우리를 위해 죽게 하심으로써 그 크신 사랑을 우리에게 보여주셨다"(롬 5:8). 그리스도께서 십자가에서 죽으신 결과 완수하신 일은 과연 무엇이었을까요? 그가 오셔서 성취하신 사명이 무엇이었을까요? 그의 죽으심이 어떻게 해서 우리를 위한 것이 될까요?

십자가는 하나님께서 처음부터 펼치셨던 하나님의 계획을 성취한 것입니다. 그것은 죄를 용서하시고 용서를 주시되 정의와 하나님의 통치를 유지하시는 하나님의 방법이었습니다. 우리 각자는 만일 우리가 공의로우신 하나님 앞에 선다면 하나님께서 우리를 죄 없다고 선언하실 수 없다는 사실을 잘 압니다. 완전한 정의는 우리를 정죄하는 것이라는 사실을 잘 압니다. 옳고 그른 것이 존재한다는 것과, 우리의 많은 생각과 말과 행위가 우리의 잘못을 고소하고 확증할 것임을 누가 말하지 않아도 우리 모두가 잘 압니다. 하나님의 본성은 잘못을 받아주실 수 없으며, 그것을 반드시 벌해야 함을 압니다. 죄를 눈감아 주는 하나님은 아무도 섬길 수 없기 때문입니다.

우리 모두는 죄 정함을 받고 하나님의 법 아래 형벌을 당할 존재입니다. 우리 모두가 하나님을 사랑하고 이웃을 내 몸처럼 사랑하라는 하나님의 명령을 거역하였습니다. 무엇인가 하나님이 받으실 만한 적절한 제물이 드려지지 않는다면, 우리가 이 상황을 모면할 길이 없습니다. 무엇인가 우리의 허물을 가리우고 하나님의 공의를 만족시키고 그 율법의 의로움을 지킬 것이 필요합니다. 그런데 성경에 약속된 그 위대한 약속은 바로 그 공의를 만족시키고 용서를 연장시키는 드려질 만한 적절한 제물이 있다고 말씀합니다. 그리스도의 죽으심은 성경이 '대속'이라고 부르는, 잘못에 대한 하나님께 드리는 제물입니다. 그로 인하여 우리 죄가 무시되지 않고, 오히려 하나님의 은혜로 인하여 (제거되고) 가리움을 받습니다. 요한은 이렇게 기록합니다: "저는 (예수 그리스도는) 우리 죄를 위한 화목제물이니 우리만 위할 뿐 아니요, 온 세상의 죄를 위하심이라"(요일 2:2).

기독교는 근본적으로 이런 것입니다: 만일 우리가 참으로 그리스도가 우리 주님이시고 구원자이심을 믿고, 그가 우리 죄를 지고 우리를 대신하여 죽으시고 생명으로 일으키심을 받아 죽음을 이기셨음을 믿는다면 (성경이 '믿음'이라고 부르는 것), 그리스도의 희생이 우리에게 확대되어 우리가 하나님과 바른 관계를 맺게 됩니다.

우리로 하여금 그리스도의 대속 사실을 인정하도록 하기 위하여, 성경은 종종 우리가 그의 죽으심의 이유를 더 자세히 이해할 필요가 있다고 말씀합니다. 누가 우리를 위하여 대신 죽고 우리를 하나님과 바른 관계에 있게 한다는 아이디어는 이해하기 어려운 것입니다. 사실, 사도 바울은 많은 고대의 헬라인들이 그 사실에 혼동을 일으켜 그리스도의 죽으심은 '어리석은 일'이라고 결론 내렸다고 기록했습니다. 그러나 바울은 그것이 처음에는 어리석게 보이지만, 실제로는 하나님의 지혜이고 능력이며 그것을 받아들이는 모든 사람을 구원한다고 말씀합니다. 그것은 더 높은 차원의 지혜, 곧 하나님의 지혜이기 때문입니다.

만일 누가 우리 가족 중 한 사람을 살해하였다고 하면, 우리나라가 정한 형벌이 (바라기는) 시행되어야 할 것입니다. 만일 그 형벌을 부정한다면 불의한 일이 될 것이고, 법 자체에 대한 모욕이 될 것입니다. 살인에 대한 형벌은 (일부 국가에서는 사형입니다) '살인하지 말라'는 계명이 얼마나 중요한 계명인지를 보여줍니다. 하나님의 도덕적 통치는 그와 같습니다. 하나님께서 공의로우시고 그의 법이 존중을 받는 것을 보여주기 위해서는 죄에 대한 형벌이 반드시 시행되어야 합니다. 죄의 결과 혹은 최종 형벌은 죽음이며(롬 6:23), 그것은 하나님의 사랑의 법의 옳음을 유지하기 위한 하나님의 결정입니다.

그러나 하나님은 거룩하신 공의의 하나님이신 동시에 모든 사람에게 사랑과 자비를 보여주시길 원하시는 은혜의 하나님이시기에, 하나님은 우리에게 이런 형벌이 집행되기를 원치 않으십니다. 성경은 하나님께서 버린 바 된 우리를 찾아 구원하시기를 원하시고, 누구도 죄로 인하여 죽기를 원치 않으시며 우리가 다 회개에 이르기를 원하신다고 말씀합니다(벧후 3:9). 하나님은 심지어 자기를 무시하는 백성들, 반역하는 백성들을 다시 자기에게 이끄시기를 원하십니다. 그렇게 하기 위하여 하나님은 그 형벌이 우리에게 떨어지지 않는 대안을 만드셔야 했습니다. 그러나 그 대안은 결코 율법의 계명이나 형벌을 평가절하하거나 불명예스럽게 하지 않는 것이어야 했습니다. 그 대안은 반드시 도덕적인 설득력을 가져야 했고, 하나님의 거룩하심과 공의로우심을 증시하고 유지하며 그 형벌 자체를 시행하는 것과 동등한 것이어야 했습니다. 그러므로 하나님의 독생자이신 주 예수 그리스도의 십자가가 그에 대한 유일한 해결책이된 것입니다.

예수께서 십자가로 나아가셨을 때에 그는 마치 가장 악독한 죄인보다 더 나쁜 자인 것처럼 멸시를 받으셨습니다. 매 맞음을 당하고 수치를 당하였습니다. 그는 우리를 구하려고 오셨는데, 우리는 그 얼굴에 침을 뱉고 우리를 창조하시고 유지하시는 그분을 조롱하였습니다. 그는 마치 자신이 죄를 지으신 것처럼 십자가에 달리셔서 죄의 저주를 감당하셨고, 우리는 마치 강도 바라바처럼 우리가 받아야 할 형벌을 받지 않고, 그가 우리 대신 죽음을 당하셨습니다. 십자가는 의심할 수 없이, 한편 죄의 사악함과 죄에 대한 하나님의 미움을 동시에 드러내면서, 또한 우리를 향한 무한한 하나님의 사랑을 보여줍니다. 십자가는 우리를 향한 하나님의 사랑과 그의 율법에 대한 사랑을 보여줍니다. 그리스도의 죽으심이 그 둘을 모두 증시한 것입니다. 십자가의 도덕적 힘을 참으로 이해하면 거기 압도당할 수밖에 없습니다. 무가치한 백성들을 향한 하나님의 놀라운 호의가 우리를 회개하게 하고, 그 하나님의 사랑이 우리를 감동시키고 겸손하게 만들고, 그 말할 수 없는 그리스도의 희생이 우리를 그에게 순종하게 하고, 우리는 하나님과의 관계 안에서 상상을 뛰어 넘는 기쁨과 평안을 누리게 됩니다. 그리스도께서 우리를 대신하셨기 때문에, 우리가 죽음의 두려움과 심판에서 해방될 수 있고, 하나님께서 의도하셨던 생명의 풍성함을 경험할 수 있습니다(요 10:10).

중보자를 제거하지 말라

우리를 대신한 그리스도의 죽으심의 또 다른 결정적인 측면은 그가 하나님과 우리 사이의 관계에서 중개인이 되신다는 것입니다. 그는 두 갈라진 편을 화해시키는 중보자로 서 계십니다. 생각해 보십시오. 우리 인간이 하나님의 법을 어겼습니다. 그래서 그에 대한 중보자는 하나님과 인류 양편을 대신할 수 있는 분이어야 합니다. 예수님은 영원하신 하나님의 아들로서 신성을 대표할 수 있는 분이셨습니다(요 1:1이하). 또한 인간이 되셨기 때문에 그는 구원을 필요로 하는 사람들인 우리를 대표하실 수 있는 분이셨습니다. 다른 누구도 양 쪽을 대표할 수 없습니다. 우리는 복음서에서 그리스도의 신성과 인성을 분명하게 읽습니다. 인간으로서 그는 너무 약하였고 피를 많이 흘려서 십자가를 처형장까지 지고 가지도 못할 정도였습니다. 그러나 하나님으로서 그는 폭풍을 명하고 죽은 자를 살려낼 정도의 힘을 가지신 분이셨습니다. 바울은 이렇게 기록하고 있습니다. "하나님이 죄를 알지도 못하신 자로 우리를 대신하여 죄를 삼으신 것은 우리로 하여금 저의 안에서 하나님의 의가 되게 하려 하심이니라"(고후 5:21).

우리의 중보자에게 필수적인 것은, 사랑의 율법을 완전히 지키는 것이었습니다. 예수께서 가르치신 하나님의 율법, '팔복' 혹은 '산상수훈'은 인간의 입술로 말한 것 중에서 가장 놀라운 교훈입니다. 우리를 하나님과 바른 관계에 있게 하기 위하여 그분은 무죄하고 무흠하게 하나님의 거룩한 율법을 지키는 분이셔야 했습니다. 사도 바울은 하나님과 완전한 도덕적 신뢰를 가진 유일한 인간이신 예수께서 정확히 그 일을 하셨다고 확언합니다.

죄는 빚처럼 작용합니다. 부채가 쌓이면 우리가 다른 이의 '소유가 됩니다'. 거기서 벗어나는 유일한 길은, 누군가 우리를 대신하여 그 빚을 갚아줄 수 있는 사람을 찾는 것입니다. 죄를 가진 타락한 인간성을 가진 다른 사람은 동일한 운명을 가진 사람일 뿐입니다. 그렇기 때문에 죄가 없는, 완전한 하나님의 아들이 되셔야 하는 것이며, 죄가 없는 분만이 우리를 대신하여 '죄 있게' 되실 수 있었습니다. 이 말은 그분이 자원하여 우리 자리에 서고 마치 최악의 범죄자인 양 대우를 받아야 함을 의미합니다. 그는 우리를 대신하여 율법의 저주를 담당해야 했습니다. 죄의 댓가가 그 위에 떨어질 것이었습니다. 이사야 선지자는 일찍이 이렇게 기록했습니다:

그가 찔림은 우리의 허물을 인함이요 그가 상함은 우리의 죄악을 인함이라 그가 징계를 받음으로 우리가 평화를 누리고 그가 채찍에 맞음으로 우리가 나음을 입었도다. 우리는 다 양 같아서 그릇 행하여 각기 제 길로 갔거늘 여호와께서는 우리 무리의 죄악을 그에게 담당시키셨도다(사 53:5-6).

바울은 이것을 다시 분명하게 이렇게 요약해 줍니다:

그리스도께서 우리를 위하여 저주를 받은 바 되사 율법의 저주에서 우리를 속량하셨으니 기록된 바 나무에 달린 자마다 저주 아래 있는 자라 하였음이라. 이는 그리스도 예수 안에서 아브라함의 복이 이방인에게 미치게 하고 또 우리로 하여금 믿음으로 말미암아 성령의 약속을 받게 하려 함이니라(갈 3:14-15).

율법의 저주를 담당하사 자신을 죄에 대한 희생제물로 기꺼이 하나님께 드리심으로써 예수님의 고난은 하나님께 무한한 가치를 갖게 되었습니다. 그의 제사는 모든 백성을 위한 것이었습니다. 성경은 그렇게 하심으로써 우리의 중보자께서 '죄에 대한 만족'을 이루셨다(히 1:3)고 말씀합니다. 예수님의 희생은 공적이고 신적인 정의를 만족시키신 동시에, 하나님의 자비를 온 세계에 증시하신 것입니다. 하나님의 이름과 율법이 크게 영예롭게 되었고, 이제 회개와 신앙이라는 두 조건 위에서 (다음 장에서 설명할 것입니다만) 하나님은 그 통치와 영광에 아무 손상 없이, 안전하게 죄 사유하심을 제공하실 수 있게 되었습니다. 그러므로 성경에 이런 기록이 나옵니다: "온전하게 되었은즉 자기를 순종하는 모든 자에게 영원한 구원의 근원이 되시고"(히 5:9).

이제 남은 유일한 질문은 이것입니다: 이제는 우리가 무기를 버릴 차례인가? 그리스도께서 우리를 위하여 십자가에서 고난을 당하시고 모든 일을 행하셨으니, 이제 우리가 그 평화협정을 받아들여야 하지 않는가 하는 것입니다. 우리의 대리자께서는 여러분의 해방자도 되기를 원하십니다.

요약

하나님의 사유하심은 거저 베푸시는 것이지만 결코 값싼 것은 아닙니다. 하나님은 언제나 우리를 용서하시고 그 가족으로 받아들일 준비가 되어 있으시지만, 그의 용서는 남용될 것이 아닙니다. 죄 용서는 이제 밖에 나가서 우리 맘대로 살아도 된다는 허가증이 아닙니다. 그리스도께서 당신의 목숨을 내어 주고 우리에게 구원을 사 주신 것입니다. 우리가 하나님과 바른 관계를 갖게하기 위해서 우리가 할 수 있는 것은 아무 것도 없었고, 오직 예수님의 대속적 죽음뿐이었습니다. 우리의 공로로 그것을 얻을 수 없고, 그에 합당하다고 주장할 수 없습니다. 어떠한 '선행'도 우리를 거룩하신 하나님과 화목시킬 수 없습니다. 기독교는 불교와 달리, 사람들을 충분히 많이 도우면 선한 업이 쌓여서 악한 업을 능가하게 된다는 업적 시스템과 아무런 관계가 없습니다. 우리 죄책 문제가 이미 결정되어 있습니다. 그리스도의 십자가가 필요한 이유는, 우리가 이미 우리 죄로 정죄를 받았기 때문입니다.

하나님이 요구하시는 것은 오직 우리가 회개하고 예수 그리스도를 믿고 죄 사유함과 삶을 변화시키는 능력을 받는 것입니다. 회개란 단순히 마음을 변화시키고 의지를 돌이키는 것을 의미합니다. 우리는 하나님을 대적하여 마음이 오로지 우리의 이기심에만 맞추어져 있어서 하나님이나 하나님의 뜻을 생각하지 않습니다. 그러므로 우리에게 필요한 것은 죄에 대한 우리의 마음을 바꾸는 것이고, 우리 의지를 드려 우리 삶의 새로운 주인이신 주 예수님께 순종하는 것입니다. 그러면 주께서 그의 성령으로 당신의 법, 사랑의 법을 우리 마음에 세우셔서 우리로 하여금 하나님을 기쁘시게 하는 순종의 삶을 살게 하고 하나님과 우리 사이에 또한 다른 사람들과 우리 자신들 사이에 평화를 이루실 수 있습니다. 예수님의 사랑의 법을 순종하면 누구도 제거할 수 없는 행복이 생깁니다. 왜냐하면 그것은 거룩함의 결과로서 어떠한 외적인 상황에 따라서도 변하지 않는 것이기 때문입니다.

민음은 그리스도의 죽으심과 부활하심이라는 그리스도에 관한 진리를 믿는 것뿐 아니라, 또한 그의 흔들리지 않는 진리에 우리를 던져 모든 신뢰를 그에게 두는 것입니다. 그 말은 우리의 모든 확신을 그리스도께 두는 것이며, 우리가 그를 의지하면 그가 우리의 모든 짐을 지실 수 있음을 인식하는 것입니다. 그리스도 안에 있는 구원은 마치 의자와 같아서, 그 의자의 가치를 알아볼 뿐 아니라, 실제로 그 위에 앉는 것입니다. 그것은 또한 차와 같아서, 믿음으로 그 안에 들어가 악셀 페달을 밟는 것입니다. 하나님의 진리에 투자해야만 그 배당을 받을 수 있습니다.

예수님은 한번도 저나 여러분 때문에 수치나 모욕감을 느껴 뒤로 물러나지 않으셨습니다. 베드로가 기록한 것처럼, "그리스도께서 한번 죄를 위하여 죽으사 의인으로서 불의한 자를 대신하신 것은 우리를 하나님 앞으로 인도하려 하심"(벧전 3:18상)이었습니다. 그리스도의 십자가에 관한 복음은 그것이 하나님께서 우리에게 영향을 주고 우리를 자기에게 되돌리시려고 계획하신 것이라는 것입니다. 예수님은 자신이 십자가 상에서 죽으심으로써 백성들을 자신에게 이끄실 것이라고 약속하셨습니다. 하나님의 사랑, 관대하심, 자비가 그의 대속의 기초인 이유는 자비가 언제나 하나님의 통치의 위대한 원칙이었기 때문입니다. 용서는 하나님의 최고의 기쁨이며, 우리의 최고되는 기쁨은 그것을 받아들이는 것입니다. 예수께서 말씀하시기를, 누가 회개하여 하나님께 돌아오면 천국에서는 무한한 기쁨이 있다고 하셨습니다 (눅 15:10).

예수님은 항복하고 하나님께 돌아오는 모든 사람을 구원하십니다. 파스칼은 그것을 이렇게 아름답게 기록하였습니다. "예수님은 우리가 자랑 없이 다가갈 수 있고 그 앞에서 절망하지 않고 우리 자신을 낮출 수 있는 하나님이시다."[8] 우리가 스스로 낮출 때, 그리스도께서 우리 안에서 이루고자 하시는 내적인 변혁이 시작될 수 있습니다. 그럴 때 진정한 영적 자양분이 제공될 수 있습니다. 라비 자카리아스는 이렇게 기록하고 있습니다:

> 예수께서 먹이고자 하시는 것은 우리의 존재입니다. 그리스도는 우리의 굶주림에는 물질로는 측량할 수 없는 깊이가 있다고 말씀하십니다. 또한 우리의 활동으로 도저히 도달할 수 없는 높은 존재에 대한 갈망들이 있습니다. 자연적인 것으로는 도저히 잴 수 없는 필요의 넓이가 있습니다.[9]

그리스도 안에서 우리는 신성과 더불어 삶을 주시는 교제를 나눔으로써 우리의 인간성을 정화시키고 유지시키는 하늘에서 내리는 빵을 먹습니다. 해방자께서 우리 모두에게 영혼을 위한 잔치에 나오라는 초청을 하고 계십니다.

9. 구르는 돌

> 나는 수년 동안 여러 시대의 역사 연구를 해 오면서
> 역사 기록을 남긴 사람들에 관한 증거를 조사하고 측량하였는데,
> 공정한 조사자의 관점에서 볼 때, 하나님께서 이루신 저 위대한 표적
> 즉 그리스도께서 죽으시고 죽은 자들 가운데서 일어나신 기록보다
> 모든 면에서 더 낫고 더 완전한 증거로 판명된 것은 인류 역사에 있어서
> 단 한 가지 사실도 보지 못했다.
> (토마스 아놀드, 옥스포드 대학교의 현대사학과 과장을 역임, 『로마사』 전3권 저술)

> 내가 그 부활이고 그 생명이다. 나를 믿는 자는 죽어도 살겠고,
> 누구든지 살아서 나를 믿는 사람은 영원히 죽지 아니하리라.
> (예수 그리스도, 요11:25-26)

마지막 대적

챔버스 영어 사전은 죽음을 '모든 생명 기능의 마지막 정지' 라고 정의합니다. 모든 산 것은 죽습니다. 식물, 동물, 사람, 그리고 그 사이의 모든 것이 죽습니다. 생명 기능의 종식은 궁극적인 통계이며, 백이면 백 다 죽습니다. 우리가 어떤 존재이건, 우리가 어떤 일을 성취하였건, 얼마나 많은 돈을 가졌건, 우리 지위가 어떠하건 상관없이 누구에게나 죽음이 찾아옵니다. 어렸을 때는 우리가 언젠가 죽을 것이라고 믿기가 쉽지 않습니다. 심지어 늙게 되어도 우리 자신의 죽음에 대해서 묵상하기는 거의 불가능하다는 사실을 발견합니다. 그러나 진리는 거친 면을 갖고 있는 것 같습니다. 우리는 종종 생의 한가운데서 죽음을 발견합니다. 이 장

을 마칠 때쯤이면 여러분의 세포 중 십 억 개는 죽었을 것이고, 영국에서 만해도 약 60명의 사람이 미지의 세계로 가는 마지막 여행을 떠났을 것입니다.

우리는 죽음에 대하여 불확실성, 두려움, 심지어 공포심을 갖고 있으면서도 실상 우리 대부분은 가슴 깊이에서 우리가 결국 죽을 것이라는 사실을 믿지 못해 합니다. 어떤 식으로든 계속 살아 남을 것이라는 확신이 있습니다. 놀라운 것은 무신론자들도 그런 면에서 일종의 모호한 확신을 갖고 있다는 사실입니다. 혹자는 이렇게 말합니다. "나 개인은 더 이상 존재하지 않겠지만, 내 영이나 어떤 핵심은, 환생이나 재편성 또는 다른 영들에 섞여서라도, 어떤 식으로든 살게 되지 않을까?" 즉 대부분의 사람들은 우리가 '나'라고 알고 있는 그 인격체가 더 이상 존재하지 않을 것이라는 아이디어를 인간의 모든 본능에 맞지 않는 것으로 믿습니다.

하나님의 존재를 부인하는 사람들은 통상 죽음을 두려워하고, 인격적 자의식을 갖는 사후의 생명은 소망스런 사고에 불과하다고 주장합니다. 그러나 저는 그들이 하나님의 존재를 부인하는 것은 일종의 궁극적 회피라고 확신합니다. 옳음과 그름, 또 그에 대한 책임을 져야 한다는 확실한 사실을 생각하면, 바로 그것 때문에 죽음을 두려워하게 된다는 것이 쉽게 이해됩니다. 그러나 하나님의 실재를 일관되게 부인하는 사람들은, 하나님이 안계신 것처럼 살기 때문에, 자신들의 삶을 결산하기 위해 조물주를 만난다는 생각을 별로 심각하게 느끼지 않습니다. 과연 그 소망스런 사고를 믿어야 합니까? 아니면 결국 우리 존재는 우리가 행한 모

 청년들아 무엇을 위해 살 것인가?

든 것들과 무관하게 될 뿐입니까?

우리가 무엇을 믿든지, 한 가지 분명한 사실은, 죽음이 우리 모두에게 찾아온다는 것입니다. 우리는 죽음의 도래를 두려워합니다. 냉혹한 추수군의 추수 시기는 역사적으로 볼 때 그 시기는 언제나 충분히 무르익었고, 그는 늘 풍작을 거두었습니다. 날을 예리하게 간 죽음은 시간을 그 낫으로 삼아 추수를 합니다. 결국 시간이 똑딱거리는 것이 멈추고, 우리가 그토록 의학이나 운동이나 다이어트 그리고 성형수술을 통해서 이겨 보려고 애쓰던 그 대적이 결국 우리를 넘어뜨릴 것입니다. 그때 우리가 던질 질문은, "죽음 다음에는 어떤 일이 일어나는가?" 하는 것입니다.

위대한 예외

인류 역사상 죽음을 도외시하고 자신이 죽음을 이겼다고 선언하였을 뿐 아니라, 수백명의 사람들에게 죽은 자들 가운데서 일어난 그의 모습이 목격되었고, 그 후 다시 죽지 않은 사람이 딱 한 명 있습니다. 우리의 궁극적인 통계학에 있어서 유일한 예외가 되는 분, 죽음의 정복자, 그분은 바로 예수 그리스도이십니다. 그분은 죽음에 관하여 아주 유명한 말씀을 남기셨습니다: "내가 그 부활이고 그 생명이다. 나를 믿는 자는 죽어도 살겠고, 누구든지 살아서 나를 믿는 사람은 영원히 죽지 아니할 것이다"(요 11:25-26).

저는 아무런 소망도 없고 절망과 슬픔뿐인 장례식을 보면 정말 가슴이 아픕니다. 예수께서 이 말씀을 하신 것은 바로 그런 애곡하는 자리에 가셨을 때였습니다. 그리고 잠시 후에 나사로라고 이름한 사람을 죽은 자 가운데서 살리심으로써 자신이 죽음을 이기는 신적 권위를 가지셨음을 증시하셨습니다(요 11:1이하). 나중에 나사로는 다시 죽었습니다. 그러나 예수님은 살아나셔서 죽음을 도외시하시고 몸으로 하늘에 올라가셨습니다. 그는 단지 영으로 올라가신 것이 아닙니다.

만일 부활이 실제로 발생했다면, 그것은 역사상 가장 중대한 사건일 뿐 아니라 예수께서 하나님이시고 기독교가 참된 종교라는 사실에 대한 궁극적인 증명이 됩니다. 부활은 위대한 확증입니다. 만일 그리스도가 부활하셨다면, 저 오랜 저주가 깨어진 것입니다. 하나님께서 전에 에덴 동산에서 반역한 백성들에게 이렇게 선포하셨습니다: "너희는 흙이니 흙으로 돌아갈지니라"(창 3:19). 우리는 이 저주가 계속되는 것을 보았습니다. 사랑하는 이의 재를 뿌릴 때, 바람이 불어가고 흙에 스며드는 것을 보았습니다. 그 모두는 너무나 소망 없어 보이지만, 만일 그리스도가 위대한 예외이고, 만일 그의 말씀이 참되고, 만일 그가 자기에게 나아오는 자들에게 영원한 생명을 주실 수 있다면, 슬픔은 끝이 나고 죽음과 무덤에 대한 두려움이 깨어지고, 사망의 추수가 없어지고 우리는 해방을 받습니다.

아마 바로 이 주제 때문에 무신론자 교수 요아드가 이런 말을 한 것 같습니다: "세상에서 가장 중요한 질문은 과연 그리스도가 죽은 자들 가운데서 살아났느냐 하는 것이다." 과연 그보다 더 중요한 질문은 없습니다. 왜냐하면 만일 그것이 사실이라면, 우리는 그 함의를 알아볼 생각을 하지 않을 수 없기 때문입니다. 만일 그것이 사실이 아니라면, 그리스도는 여전히 무덤에 누워 있을 것이고, 저 마지막 대적 사망은 패퇴 당하지 않고 무덤의 흑암이 모든 곳에 있을 것이고, 그리스도는 거짓말쟁이로 판명되었을 것입니다. 여기에 대하여 성경은 분명하게 말씀합니다: "만일 그리스도께서 다시 살지 못하셨으면 우리의 전파하는 것도 헛것이요 또 너희 믿음도 헛것이며, 또 우리가 하나님의 거짓 증인으로 발견되리니 우리가 하나님이 그리스도를 다시 살리셨다고 증거하였음이라. 만일 죽은 자가 다시 사는 것이 없으면 하나님이 그리스도를 다시 살리시지 아니하셨으리라"(고전 15:14-15).

그리스도의 육체적 부활이 없다면 기독교가 무너지고 맙니다. 초기 제자들은 그 사실을 잘 알았고, 담대하게 그리스도가 살아나셨다고 선포했으며, 거기에 그들의 목숨을 걸었습니다. 오늘날 우리는 그런 현상을 관찰하지 못하기 때문에 우리 대부분은 자연히 부활을 믿을 수 없는 것으로 생각합니다. 그러나 그리스도의 부활이 그 말처럼 믿지 못할 일일까요? 그의 말씀과 행하심을 생각해 보면, 생명에 대한 그의 약속에서부터 병든 자들을 고치시고 죽은 자들을 살리심까지, 예수님은 유일하신 분, 필적할 자가 없는 분이심을 알 수 있습니다. 만일 복음서에 있는 사건들이 과연 일어났다면, 예수께서 죽음을 패퇴시키신 일이 과연 믿지 못할 일일까요? 더 큰 신비는 어떻게 신이 죽을 수 있었느냐 하는 것입니다. 그런 관점에서 보면, 부활은 오히려 불가피한 일처럼 생각됩니다.

만일 예수님이 유일하신 분이 아니셨다면, 그리고 죽은 자들로부터의 부활이 일상적인 현상이었다면, 이 사건은 역사에 기록되지 못했을 것입니다. 더 나아가 기독교 세계관이 죽음을 죄의 결과로 여긴다는 점을 고려하면, 무죄하신 그리스도는 일어날 수밖에 없습니다. 만일 그렇지 않다면, 죄가 여전히 위력을 떨치고 있을 것입니다. 사망과 음부는 그리스도를 붙잡고 있을 수 없었습니다.

역사의 증거

자연히, (우리가 이미 알아본 것처럼) 당대의 다른 자료들에도 부활에 관한 언급이 약간 나오긴 하지만 부활에 관한 일차자료는 신약성경 문서입니다. 신약 성경 문서는 그리스도의 죽으심 이후 50년 이내에 회자되던 문서들이라는 것은 사실상 논쟁의 여지가 없습니다. 마가복음은 (베드로의 가르침을 대표하는 것으로) 아주 이른 44년 경부터 존재했다고 여겨집니다. 당시의 정확한 역사 서술로서의 누가복음의 진정성은 이미 살펴보았습니다. 다른 복음서들 역시 그와 마찬가지로 믿을 만한 자료임을 스스로 증거하는데, 모든 고고학적 증거들은 일관되게 그 사실을 지지합니다. 예를 들어, 1950년대에 예루살렘에서 발견된 유골단지는 예수님의 죽으심 이후 겨우 20년 후로 연대가 산출되었는데, 그 단지에 그리스도의 육체적 부활에 대한 신앙을 언급하는 글이 각인되어 있었습니다. 신약 성경 신앙은 시대의 흐름에 따라 각색된 전설이 아니라, 가장 초기 기독교 신자들의 확신이었던 것입니다.

부활 주장은 역사적인 것이므로, 나폴레옹의 정복과 같은 역사상 존재했던 다른 주장들과 마찬가지 방식으로 시험될 수 있습니다. 만일 우리가 그런 일은 불가능하다는 선입견을 가지고 있다면, 우리는 스스로 과학적인 사람이나 이성적인 사람이라고 자칭할 수 없고, 사실을 불공정하게 다루는 사람일 것입니다. 과학적 방법은 오직 재현가능한 사건에만 적용되기 때문에 부활은 과학적 조사 영역 밖에 있는 사건입니다.

우리는 진리를 결정하는 데 있어서 과학적 방법과 법률적 방법 사이에 있는 중요한 차이에 대하여 마땅히 유의해야 합니다. 법률적 방법은 증언이나 사실들이 재현 혹은 시험 가능하지 않다 해도 그것을 무시하지 않습니다. 이 방법은 불합리한 것은 제거하고 합리적인 것은 강화하는 과정을 통하여 역사와 증언이 스스로를 말하게 함으로써 "이성적인 회의를 넘어서는" 판결에 이르며 확률의 균형을 성취하도록 허용합니다. 저는 세계 제1차대전 때 있었던 솜 지역 전투 당시 생존자가 아니므로 그에 관한 증언을 할 수 없습니다. 그 전쟁이 발생했는지, 그렇지 않은지, 저는 그것을 재현하거나 시험할 수 없습니다. 그렇기 때문에 그에 관한 문서들과 개별적인 증언에 의존할 수밖에 없습니다.

변호사들은 목격자의 증거, 물적 증거, 그리고 증언에 무게를 실어주는 사건의 정황들을 통하여 배심원을 확신시키고자 노력합니다. 그런 논리적 유추에 입각하여 잉글랜드의 대법관 달링 경은 이렇게 말합니다: "세상에 어떤 배심원이라도 만일 그가 지성적이라면 부활 이야기가 옳은 이야기라는 평결을 내리지 않을 수 없다".[1] 프랭크 모리슨 박사는 회의주의자이고 이성적인 변호사인데, 부활이 동화같은 이야기라고 믿었다가 그 증거를 보고 난 후에야 비로소 그리스도께서 참으로 죽은 자들 가운데서 일어나셨음을 확신하게 되었습니다. 그는 원래 기독교 주장의 거짓됨을 폭로하는 책을 쓰려고 시작하였는데, 결국 『누가 그 돌을

옮겼는가?」라는 굉장한 기독교를 변호하는 책을 출판하게 되었습니다. 그는 이렇게 기록하였습니다:

가장 중요하고 결정적인 요소는 바로 그 사실, 즉 기독교 초기 몇 십 년 동안 그리스도의 진짜 무덤이 물질적으로 비어 있었음이 전혀 의심되지 않았다는 그 사실에 들어 있다. 사건들은 논쟁의 영역 너머에서 겹쳐 일어난 것처럼 보인다…. 이 문제에 도달한 사람은 누구나, 다소 이르건 늦건, 그 어떤 논리적 과정으로도 설명하거나 없앨 수 없는 한 가지 사실에 직면하게 된다. 하나의 구체적이고 논쟁의 여지없이 입증된 정황적 확실성을 계속 직면하게 되기 때문이다.
그 한 가지 사실은 (그리스도의 죽으심 직후) 초기 서른 여섯 시간 사이에 발생한 사실로서, 그 시기는 이성적으로 볼 때 도저히 여섯 혹은 일곱 주간 후의 사건이라고 볼 수 없는데, 그 적은 무리에게 한 가지 깊은 확신이 생겼다는 것이다…. 예수께서 무덤에서 일어나셨다는 그 확신.[2]

그리스도가 체포될 당시 그를 버리고 떠났던 자들을 포함한 모든 제자들이 그들의 삶을 영원히 변화시킨 중요한 경험을 한 것입니다. 그런 사건들이 있은 후 몇 년 만에 기독교 교회는 예루살렘에서 소아시아를 거쳐 로마까지 번져나갔습니다. 그러나 그 큰 운동의 배후에 있는 원동력은, 지도자의 비참한 죽음 후에 위험이 두려워 몸을 숨겼던 몇 사람밖에 안되는 남자들과 여자들에게 있었습니다. 그들은 의심과 혼란에 싸여 이전에 살던 삶으로 돌아가려던 참이었는데 그때 중요한 사건이 발생하여 그들을 완전히 변화시킨 것입니다. 겨우 몇 주 지났을 뿐인데 그들은 새로운 담대함과 추진력으로 충만하여 예루살렘에서 그 부활을 선포하고 있었던 것입니다.

이하의 네 가지 단순한 사실은 기독교를 비판하는 사람들에게서도 확실하다는 인정을 받고 있습니다:

1. 예수 그리스도의 존재 – 비상한 교사이고 아주 독특한 인물이다
2. 본디오 빌라도 치하에 발생한 예수의 십자가 처형
3. 예수의 빈 무덤 (아무런 시체도 발견되지 않았음)
4. 예수가 죽은 자들 가운데서 일어났다는 아주 초기 기독교인들의 신념

지금 대답해야 할 유일한 질문은 위 3번과 4번 사이에 무슨 일이 일어났는가 하는 것입니다. 어떤 신비한 설명이 있습니까? 아니면, 그리스도가 과연 죽은 자들 가운데서 일어났던 것일까요? 예수님은 자신의 죽음과 부활을 이미 여러 차례 예견했었습니다 (예를 들면, 요한복음 2:19, 10:17-18; 마태복음 16:21 등). 그는 자기 제자들에게 일어날 일에 대해서 준비를 하라고 말씀하셨지만, 복음서에 보면 제자들은 무슨 말씀을 하시는지 알지 못했다고 합니다. 제자들은 예수께서 자기들을 로마군의 속박에서 벗어나게 할 것이라고 기대했고, 하나님의 나라를 순전히 물질적이고 정치적인 차원에서 이해했습니다. 구약만 잘 연구해 보아도 메시야가 십자가 처형을 당하고 죽음에서 일어날 것이 분명했지만, 제자들은 당시 그리스도가 다시 일어난다는 것은 꿈에도 생각하지 못했습니다.

허풍쟁이

신약은 분명하게 부활은 사실이었다고 말씀합니다. 목격자들은 한번 도 자기들이 그리스도의 영을 보았다거나 밤에 그의 환상을 보았다고 주장하지 않았습니다. 오히려 일부 사람들은 의심이 너무 커서, 그가 유령이 아님을 확인하기 위해, 자기들의 손을 그 손과 발의 상처에 대어 보게 해 달라고도 했습니다. 부활 후 제자들과 시간을 보내고 계실 때에 있었던 일 중에 신약에 기록된 것은 예수께서 티베리아 해변에서 그들과 함께 아침을 드신 일과 엠마오에서 그들 중 두 사람과 함께 떡을 떼신 일이 있습니다(요 21:1-14과 눅 24:13이하). 예수님은 최소한 열 번 이상 도합 550명이나 되는 사람에게 나타나셨는데, 그 중에 한번은 500명에게 일시에 나타난 적이 있습니다(고전 15:6). 예수께서 그들에게 진리를 확증하기 위하여 그들이 보는 앞에서 음식을 달라 하신 것은 그 사건이 실제적이고 육체적인 부활임을 증거하는 것입니다.

이제 분석을 마무리하면서 빈 무덤과 부활 선포 사이에 무슨 일이 발생했는지를 결정하기 위해서는 우리에게 오직 세 가지 선택안이 남을 뿐입니다:

1. 의도적으로 지어낸 이야기 (동화 같은 이야기)
2. 광범위한 환상 (환각 내지 심리학적 현상)
3. 실제 사건 (진실)

첫번째 가능성을 간단히 생각해 봅시다. 이것은 가장 근본적인 설명이며 지성적인 비판가들 중에는 몇 사람 정도가 그런 암시를 할 정도입니다. 그 이유는 그렇게 말하기에는 너무나 많은 증거를 무시해야 되기 때문입니다. 바울의 기록에 의하면, 초기 문서들의 다수가 회람되고 있었을 때인 주후 56년 경에는 원래 목격자들의 다수가 아직 살아 있었다고 합니다. 당시 500명 이상의 산 증인들이 있는 커다란 공동체에서 어떤 이야기가 일관되게 유지되었다는 것은 (만일 그것이 지어낸 이야기라면) 너무나 가능성이 없는 경우입니다. 그런 기간 동안이라면 어떤 사람이나 경로를 통해서라도 진실이 전해졌다고 보아야 합니다. 오늘날에도 어떤 일을 비밀이라 할 경우, 얼마나 많은 사람들이 그에 대해 다른 반응을 보이는지 한번 생각해 보십시오. 친한 친구가 와서 "이 이야기를 다른 사람에게는 하지 마"라고 얘기하는 경우를 생각해 보십시오. 바로 그 다음 순간에 비밀이 폭로됩니다. 그러나 부활에 대해서는 누구도 속임수라고 주장하거나 속임수라고 믿었다는 기록이 없습니다. 복음서들이 회람되고 있는 그 순간에도 500명 이상의 목격자들이 있어서 그 선포되는 문서의 진실성을 확증하였다는 말씀입니다. 법정 판결에 영향을 주는 독립적인 목격자들의 숫자가 몇 명인지 한번 생각해 보십시오.

또한 의도적인 사기극이 기독교 목격자들의 성품과 일치하는지도 한번 생각해 보십시오. 아마 이성적으로 말해서, 한 두세 사람이 최근에 겪은 비극적인 사건 때문에 정신이 약간 이상해져서 이야기를 지어내었다는 것은 심리학적으로 가능하지만, 모든 목격자들이 그랬다는 것은 있을 수 없습니다. 더구나 그 목격자들은 여태까지 알려진 교훈 중 가장 심오한 윤리적 교훈을 베푼 사람들이고 또 그 교훈을 그대로 살아 심지어 비판자들에게서도 인정을 받은 사람들이었습니다. 의도적인 거짓말을 하는 사람은 가장 숙달된 거짓말쟁이라 할지라도 그 말과 행동이 다르다는 것은 심리학에서 알려진 사실입니다. 거짓말하는 자들은 우리를 속이고 해치지 자기 희생을 하거나 사랑을 베풀지 않습니다. 그러나 그 기독교인들은 자기들이 전하는 메시지를 위해 죽고 자기 목숨을 내어놓을 준비가 된 사람들이었습니다. 도대체 누가 바른 정신을 가지고 자기들이 지어낸 황당한 거짓말을 위해 죽기까지 고통을 당하려고 하겠습니까? 초기 기독교인들은 그 신앙을 지키기 위해 사자밥이 되고, 산 채로 불태워지고, 십자가 형을 마다하지 않았다는 것을 기억해야 합니다.

더 나아가서 너무나 많은 사실들이 이 고안된 이야기를 확신하게 한다는 것입니다. 어떤 사기꾼이 예수의 가까운 제자들이 의심했다는 기록을 하겠으며, 예전에 창녀여서 공동체 안에 있지도 못하는 여자가 부활을 전파한 최초의 결정적인 목격자라는 기록을 하였겠습니까? 그 부활 기사는 너무나 실제 삶의 기록이고, 의도적으로 지어낸 이야기가 되기엔 너무나 정교하지 못합니다.

그렇지만 이 고안 이론을 무너뜨리는 모든 사실들 가운데서도 가장 중요한 사실은 바로 빈 무덤의 존재입니다. 그렇기 때문에 부활의 진정성을 의심하는 공격들은 대개 복음서 기사의 신실성은 인정하되 그 기적을 심리학적 현상으로 치부하려고 합니다. 그렇다면 이제 어떻게 빈 무덤이라는 사실이 부활을 큰 사기극이라고 주장하는 이 아이디어를 분쇄하는지를 한번 살펴봅시다.

 청년들아 무엇을 위해 살 것인가?

이 '거대한 사기극'이 이루어지기 위해서는 제자들이 그리스도의 시체를 훔쳐다가 감추어 둘 필요가 있습니다. 이것은 빈 무덤에 대한 반론입니다. 난처해진 유대교 지도자들은 경비들이 무덤을 지키다가 졸 때 제자들이 무덤을 약탈해 갔다고 하였습니다 (그 이야기를 지어 놓고 유대 지도자들은 그 경비들에게 상당한 돈을 주었다고 마태복음 28:11-15에 기록되어 있습니다). 이 이야기가 결론적으로 보여주는 한 가지 분명한 사실은, 로마 당국자들이나 유대인 당국자들에게는 시체가 없었다는 것입니다. 역사적으로 보면, 무덤이 의심의 여지 없이 비어 있었으므로 시체를 도둑 맞았다는 것이 공적인 설명입니다. 만일 그들이 시체를 찾아냈다면, 그런 비정상적인 주장이 만들어지고 그 때문에 예루살렘이 온통 소란스러웠을 때, 그것을 증거로 제시하여 모든 소문을 즉시 잠재울 수 있었을 것입니다. 그러나 역사 기록에 보면, 그들은 단지 그런 이야기를 지어낸 후, 제자들에게 더 이상 부활을 전파하지 말라, 그렇지 않으면 처벌하겠다고 말한 것밖에 없었습니다.

더 심각한 문제를 생각해 보십시오. 유대 지도자들이 예수의 주장을 염려하여 제자들이 시체를 도적질 하고 예수가 살아났다 할까봐 군병들로 하여금 무덤을 지키게 해 달라고 요청하였습니다. 그래서 빌라도가 바위에 판 무덤에 군병들을 보내어 지키도록 허락하였고 그 무덤을 큰 돌로 막았다고 하였습니다(마 27:63-66). 당시 직업 군인들이 근무 중에 졸았다면 중벌에 해당됩니다. 그들은 가장 고도로 훈련된 병사들이고 당시 세계에서 가장 유능한 군병들, 자기 일을 신중하게 처리하는 군인들이었습니다. 이제 우리에게 있는 선택은 두 가지입니다. 당시 군병들이 깨어 있었는데 일군의 어부들과 여자들에게 제압을 당하여 나중에 그렇게 보고했든지, 혹은 그들이 졸고 있었기 때문에 누가 시체를 가져갔는지 알 수 없었든지.

두 아이디어가 다 엉뚱합니다. 그들 모두가 근무 중에 잠을 잤든지, 아니면 일군의 낙심했던 어부들과 여자들이 낚시 그물과 생선회칼로 완전 무장하고 와서 그들을 제압했어야 하는데, 그 두 가지가 다 말이 되지 않기 때문입니다. 더구나 제자들은 성격상 그런 일을 할 사람들이 아닙니다. 그들은 예수께서 잡히시던 밤에 다 도망을 갔던 사람들이고, 십자가 처형 이후 두려워서 계속 숨어 다니던 사람들이었습니다. 더 중요한 것은, 그리스도께서 일찍부터 그들에게 평화의 사람이 되고 폭력을 쓰지 말라고 가르치셨다는 것입니다. 자, 그렇다면 이제는 일군의 용병들이 와서 직업 군인들을 제압하였다고 믿어야 할까요? 그리고 이제 예수의 부활은 거짓말인 줄 알았기 때문에, 제자들이 아무 두려움 없이 그 거짓말을 전파하다가 죽었거나, 종종 그 과정에서 끔찍스런 일들을 당했다고 믿어야 할까요?

순간적인 기절

제자들이 시체를 훔쳐갔다는 설이 도무지 그럴 듯하지 않자, 일부에선 그리스도의 죽음 자체가 잘못이었다고 보자는 새로운 제안을 하였습니다. 로마 군병들이 심하게 채찍질을 했고, 전문집행인이 그를 십자가에 못 박았고, 죽음을 확인하기 위해 군병이 그의 옆구리를 창으로 찔렀다고 했음에도 불구하고, 그들은 여전히 그리스도가 십자가 위에서 죽은 것이 아니라 기절만 했다고 제안한 것입니다. 죽은 것처럼 보였지만 실제로는 살아 있었다는 말입니다. 이것은 부활 주장에 대한 이슬람 교도들의 전형적인 반응입니다. 어떻게 했는지는 모르지만, 여하튼 예수가 무덤의 차가운 돌 덕분에 정신을 차려 무거운 돌을 혼자 굴려내고 나와 경비들을 제압하고, 제자들을 찾아갔다는 것입니다. 이 제안은 굳이 반박할 가치도 없는 주장으로서, 십자가형이 어떤 형벌인지도 모르고, 인체 해부학적 지식도 전혀 없는 사람들이 하는 정말 무지한 주장입니다. 아무리 강한 회의주의자라 할지라도 이런 '기절' 이론은 전혀 말이 되지 않는 억지 주장임을 인정할 수밖에 없습니다.

그 주장을 살펴보면, 실제로 예수가 반쯤 죽은 몸으로 그 모든 일을 이루었다 해도, 여전히 심각한 문제들이 남아 있음을 알 수 있습니다. 첫째는, 그리스도 자신이 그 거대한 사기극에 필연적으로 연루되어야 합니다. 그것이 가능할까요? 그는 도대체 어디로 갔을까요? 그런 근거를 가지고 어떻게 그의 제자들이 죽음을 넘어서는 승리를 선포하는 담대한 자들이 되었을까요? 만일 그런 일이 발생했다면, 왜 예수는 팝의 황제 '엘비스 프레슬리'가 매사츄세츠 주에서 아직도 살고 있다는 식의 낭설을 퍼뜨리지 않았을까요? 이런 엉뚱한 추론은 물질적 혹은 정황적 증거에 근거한 추론입니다.

이 모든 것을 종합하면 이하와 같은 몇 가지 사실을 인정하게 됩니다:

1. 예수는 십자가에서 내려졌을 때 이미 죽었다.
2. 제자들이 시체를 훔쳐갔다는 것은 생각할 수 없는 일이다.
3. 유대와 로마 당국자들은 분명히 시체를 확보하지 못했다.
4. 그리스도의 무덤은 확실히 비어 있었다.

예수님의 빈 무덤은 결코 제자들이 조작할 수 없는 사실이며, 증거에 부합되지 않는 사실입니다. 만일 여자들이나 사도들이 잘못된 무덤을 찾아갔다면, 당국자들이 예수의 시체를 제시하든가 바른 무덤을 지시함으로써 쉽게 모든 추론을 잠재울 수 있었을 것입니다. 노만 앤더슨 경은 이렇게 물었습니다:

어째서 당국자들은 예수의 진짜 무덤을 보여주지 않았을까? 왜 결정적으로, 썩고 있는 그 유해를 제시하지 않았을까? 왜 그 대신 제자들의 심약한 모습을 보여주고 있는 것일까?…그렇다면 빈 무덤은, 모든 부활에 관한 이성적인 반론들을 헛된 것으로 만드는 틀림없는 증거라고 여겨진다.[3]

상기의 사실들과 목격자들의 분명하고 신실된 기록을 고려한다면, 아직까지 인류 역사상 빈 무덤보다 더 개연성 있게 설명된 사건은 없었음을 인정해야 합니다. 우리는 두 가지 중 하나 즉, 복음서에 기록된 대로 그리스도께서 죽은 자들 가운데서 일어나셨다는 사실을 인정하든지, 아니면, 증거에 근거한 것이 아니라 그런 사건이 일어날 수 있는 확률에 관한 몇 가지 철학적 전제에 근거하여, 어떤 우리가 알지 못하는 일이 일어났다고 믿어야 합니다.

환각 현상?

그러나 빈 무덤은 문제의 한 쪽에 불과합니다. 다른 한 쪽은 부활하신 그리스도가 많은 사람들에게 여러 번 나타나셨다고 보고된 사건입니다. '부활이 만일 의도적인 사기극이 아니었다면, 어쩌면 그 모든 일은 하나의 환상, 즉 사람들이 환각 작용에 빠져 자신들이 그토록 믿기 원하던 것을 믿게 된 것일 수 있다.' 그런 생각을 또 어떻게 평가해야 할까요?

부활 이후에 그리스도께서 나타나신 것은 무시하거나 어떻게 설명해 버리기가 어렵습니다. 많은 목격자들이 그의 현현을 명백하게 증거하기 때문에, 시간의 흐름에 따라 발전된 전설이나 500명 이상의 사람들이 함께 합작하여 만들어낸 거짓말이 될 수 없습니다. 최소한 그 현현 기사들은 자기들의 증언을 참이라고 확신하는 사람들의 보고이며 학자들도 대부분 그렇게 인정합니다. 그러므로 부활을 부인하는 사람들에게 남아 있는 유일한 대안은, 그것을 일종의 마약이나 최면 혹은 정신발작으로 유도되는 정신병리 현상으로 설명하는 것입니다(그래도 여전히 무덤이 빈 이유는 설명하지 못합니다).

그러나 그 제안에 대하여 바로 두 가지 사실이 문제로 제기됩니다. 첫째, 통상 그런 종류의 경험에 취약한 사람들은 특정한 성격을 가진 사람들뿐이라는 사실이고, 둘째, 환각 현상은 잠재의식에 연관된 것이기 때문에 대단히 개인적으로 경험되는 것이지 집단적인 경험은 아니라는 사실입니다. 부활하신 그리스도의 나타나심은 여러 장소에서 상당히 많은 사람들에게 여러 차례 발생했는데, 각 사람이 동일한 경험을 하였습니다. 어떻게 서로 다른 성격을 가진 500명도 넘는 사람들이 서로 다른 장소에서, 서로 다른 방식으로 동일한 환각 현상을 경험할 수 있을까요? 그들은 여러 차례 예수님을 즉각적으로 알아보지 못했습니다.

그런 일들은 어떤 최면술이나 영매를 통해서도 일어날 수 없는, 전혀 그런 적이 없는 일들입니다. 예수님은 산 사람으로 그들 가운데 나타나셔서 먹고 마시고 말씀하고, 자기 친구들과 신체적인 접촉을 하셨다고 기록되어 있습니다. 그들은 예수님의 부활을 예상하거나 기대한 사람들이 아니었기 때문에, 자연히 그가 나타나셨을 때 큰 충격을 받았습니다. 그러므로 큰 '기대'를 하고 있는 자들에게 환상이 나타난다는 설은 그들과 무관합니다. 그리스도께서 그 제자들에게 40일 이상 나타나신 일을 보면, 승천 이후에는 그런 일이 결코 되풀이되지 않았습니다. 그러므로 그것이 무작위적으로 나타난 환각 현상이었다는 설명은 매우 가능성이 없게 됩니다.

오히려 우리는 목격자들의 일치된 증언을 피할 수 없다고 생각됩니다. 그들의 증언은 하나님의 아들이 하나님의 능력으로 죽은 자들 가운데서 살아나셨다는 것과 채찍질 당하고 부러지고 알아볼 수 없게 되었던 그 몸이 기적적으로 살과 피로 이루어진 썩지 않는 영적 몸으로 변화되었다는 것입니다.

순전히 정황적인 증거

지금까지는 그리스도의 부활에 관련된 몇 가지 직접적인 증거들을 살

 청년들아 무엇을 위해 살 것인가?

펴보았습니다만, 다른 증거들에도 관심을 두어야 합니다. 그것은 '정황적' 요소들이라고 부를 수 있습니다. 정황 증거라 하여 반드시 믿을 수 없다고 볼 수는 없습니다. 사실 어떤 때는 정황 증거가 직접 증거보다 더 강력할 수 있습니다. 왜냐하면 정황 증거는 조작이 어렵기 때문입니다. 특히 그리스도의 부활을 증언한다고 생각되는 다섯 가지 요점이 있습니다.

첫째는 당시 예루살렘에서 시작된 교회가 세계에 퍼졌다는 사실입니다. 이것은 결코 우연히 되는 일이 아닙니다. 저는 늘 기독교는 일부 개인의 주관적인 교훈이 아니라 실제 역사라는 사실에 근거한 종교라고 강조합니다. 그런 사건들이 없었다면 교회가 설립되고 그렇게 적대적인 헬라-로마 세계라는 토양에서 그렇게 번창할 수가 없었을 것입니다. 부활이 없었다면 기독교회도 없었을 것입니다. 그러므로 교회의 존재가 부활을 입증합니다.

두번째 요점은 안식일이 토요일에서 주일로 바뀐 것입니다. 이것은 초대 교회 교인의 대부분이 유대인이라는 점을 고려하면 매우 중대한 사건이 아닐 수 없습니다. 주일에 모여 예배하는 기독교의 안식일은 아주 초기부터 시행된 것입니다. 이 변화는 주일이 부활하신 날이라는 사실이 아니고는 도무지 설명될 수 없습니다.

거기에 밀접히 연관되는 것으로서 성찬식 집례가 있습니다. 이 성례는 그리스도의 몸과 피를 의미하는 빵과 포도주를 나누는 것이며 주의 희생을 그가 오실 때까지 기념하는 것입니다(행 1:11, 고전 11:26). 만일 부활이 없었다면 떡을 뗌은 아무 소망이 없고 의미도 없는 의식이 될 뿐입니다. 그가 죽었다면 우리가 어떻게 '그리스도의 몸'의 일부가 될 수 있 겠습니까? 그리스도의 찢긴 몸과 흘린 피가 죄와 음부를 전혀 이기지 못 했다면, 자기 백성에게 돌아오지 못할 것은 너무나 분명합니다. 성찬은 하나님이나 이웃과 하나됨이 되지 못했을 것이며, 단지 생전에 백성을 감동시켰던 한 죽은 사람에 대한 병적인 추억이 될 뿐이었을 것입니다. 그러나 우리가 아는 것은 이 성례가 초기 기독교 공동체들의 예배에서 중요한 부분이었다는 것입니다. 얼마나 중요하였던지, 심지어 로마나 이방 세계에서는 이 성례가 오해되어 기독교인들이 인육을 먹는 자들로 고소를 당하기도 하였습니다. 부활이 아니라면 이 모든 것은 설명이 되 지 않습니다.

마찬가지 이야기가 기독교의 물 세례에도 적용됩니다. 사람들이 그리 스도를 믿는다고 고백할 경우, 그들의 마음이 변화된 것에 대한 공적 표 현으로 세례를 주었습니다. 그것은 영적으로 일어난 사건을 겉으로 드 러내 보여주는 그림입니다. 물 밑으로 들어가는 것은 죄와 옛 삶에 대한 죽음을 의미하고 이제 '그리스도와 함께 장사되었음'을 의미하고, 물 밖 으로 나오는 것은 하나님 안에 있는 자유로운 새 삶으로 그리스도와 함 께 일으키심을 받는 것을 의미합니다. 신약과 이어지는 교회 역사에서 발견하는 세례는 만일 부활이 없다면 무의미한 의식이 될 뿐입니다.

마지막으로 그 첫 신자들의 삶이 변화된 것과 교회가 계속 이어진 것 은 부활을 빼고는 전혀 설명이 불가능합니다. 노만 앤더슨 경은 이렇게 표현하였습니다:

그렇다면 사도들은 또 어떠한가? 과연 무엇이 슬픔에 잠기고 낙담한 일군의 비겁자들을 변화시켜 세계를 뒤엎고 어떤 방해도 막지 못하는 불굴의 선교사들로 만들 수 있었을까? 과연 무엇이 어린 여종이 물을 때 그 앞에서 주인을 모른다고 했던 그 심약한 베드로를 변화시켜 전체 산헤드린 공의회도 잠잠케 하지 못하는 인물로 만들 수 있었는가? 바울 서신이나 복음서를 보면 어느 정도 그 설명을 볼 수 있다: "그가 베드로에게 나타나셨으며!" 무엇이 주님의 육적 형제, 결코 동정적이라고 볼 수 없었던 그 형제를 겨우 몇 년 만에 예루살렘 교회의 인정받는 지도자로 만들 수 있었나? 이런 기록을 본다: "그가 야고보에게 나타나셨으며!" 다른 어떤 것이 그 예전의 비판자로 하여금 자기 형에 대하여 "영광의 주"라고 기록하게 할 수 있었을까? (요셉의 무덤에 관한 모든 사실을 알고 있었을 것이 분명한) 저 핍박자 바울과 순교자 스데반, 그리고 다른 수많은 목격자들...그리고 그 후로도 계속 이어진 기독교인들의 경험은 또 어떻게 설명할 수 있는가?[4]

미국역사에 있어서 가장 법률적인 마음을 가졌다는 하버드 법과대학의 개발자 시몬 그린이 일찌기 언급한 것처럼, "그러므로 만일 예수께서 참으로 죽은 자들 가운데서 일어나지 않으셨다면, 또 그들이 자기들이 아는 다른 어떤 사실과 마찬가지로 부활을 분명한 사실로 확신하지 않았다면, 그들이 자기들이 말한 그 진리들을 계속 확증한다는 일은 절대로 불가능했다."[5]

지금도 구르고 있는 돌

지금으로부터 약 2000년 전 어느 주일 아침에, 골고다라고 부르는 곳에 가까운 한 동산에 있는 무덤에서, 그 무덤을 지키던 자들은 무덤의 돌이 굴려진 것을 보며 두려움에 사로잡혔습니다. 그 돌 옆에는 하얗게 빛나는 옷을 입은 두 천사가 서 있었고, 경비병들은 두려워 도망을 쳤습니다. 바로 그 곳에서 역사상 위대한 순간이 펼쳐졌고, 하나님의 계획이 완성되었습니다. 이어서 첫 목격자들의 삶이 영원히 변화되었고, 인류의 역사도 영원히 변화되었습니다. 오늘날에도 수많은 사람들이 "나는 부활하신 주 예수 그리스도를 알았고, 그가 나의 삶을 변화시키셨습니다. 당신도 그분을 만날 수 있습니다"라고 고백하고 있습니다. 죽음을 이기신 승리자는 그분 한 분밖에 없습니다.

어떤 무덤도 나를

묻지 못하고

내 봉분을 세울 수 없다

나는 관을 깨고 수의를 찢는다

나를 묶는

나를 두른 상처도

어떤 죽음도 나를

둔하게 못하고

죽일 수 없다

나는 옛 뱀을 잡아채 그와의 전쟁을 끝낸다

나를 달래려는

나를 무력화시키려는

어떤 십자가도 나를

무기력하게 못하고

잠잠케 할 수 없다

나는 순금처럼 달려 피흘리고, 꽃 피어

일어난 장미로, 무덤을 포획한다

사탄의 의도된 운명으로부터

어떤 십자가나 죽음이나 음부나

또는 어떤 공간도

나를 붙잡는 건 없었다

이 장을 시작하면서 우리는 만일 그리스도가 참으로 죽은 자들로부터 일어나셨다면, 그것이 그가 말씀하신 모든 것을 입증한다고 했었습니다. 이제 저 큰 이야기가 사실로 판명되었고, 우리에게 응답을 요구하고 있습니다. 우리는 감히 그리스도의 계명에 주의를 기울이지 않을 수 없습니다. 우리는 우리 앞에 있는 사실을 무시할 수 없습니다. 이제는 우리가 행동을 보여야 합니다. 역사는 이성적인 의심을 넘어 그리스도가 죽은 자들 가운데서 살아나셨음과 그가 진실로 살아계신 하나님의 아들이심을 보여줍니다. 이제 참으로 우리가 할 수 있는 유일한 응답은 그리스도께서 의심하는 도마에게 하신 "의심하지 말고 믿으라"는 말씀에 귀를 기울이는 것이며, 마지막으로 산 진리이신 그리스도를 만날 때, 도마가 고백한 것처럼 "나의 주시요 나의 하나님이시니이다!"(요 20:27-28)라 고 고백하는 것입니다.

10. 큰 심판

과연 누가 하늘의 행복을 측량할 수 있겠는가?
거기는 악이 우리를 건드리지도 못하며 선하지 않은 것은 범접도 못하며,
그곳에선 삶이 모든 것의 모든 것이 되시는 하나님을 칭송하는 찬미이며,
지루해서 쉴 일은 전혀 없는 곳, 고생으로 인한 부르짖음이 없는 곳,
힘쓸 일이 없는 곳, 오직 찬양이 있는 곳이다. 저 신령한 노래(시편 83:5)를
읽거나 들을 때면 나에겐 언제나 이런 확신이 든다: "주여, 주의 집에 거하는
자가 복이 있음은 그들이 영원토록 주를 찬양할 것임이니이다."

(성 어거스틴, 『신국』)

지으신 것이 하나라도 그 앞에 나타나지 않음이 없고
오직 만물이 그의 눈 앞에 벌거벗은 것처럼 드러나느니라. 그 하나님 앞에
우리가 행한 모든 일에 대하여 반드시 설명을 해야 할 것이다. (히 4:13)

어리석은 자의 황금

이제 우리는 성경 메시지를 통한 여행의 종착지에 다가가고 있습니다. 오는 길에 열 가지의 의미 있는 일들을 살펴보았고, 그 모든 일의 한가운데 서 계시는 분, 찬송가 가사에 나오듯이 '아름다우신 주 예수님'을 더 잘 보기 위해 잠깐 멈추기도 했습니다. 결국 마지막에 던지게 되는 질문은 이것입니다. "이 모든 것이 왜 그렇게 중요할까? 궁극적으로, 이것은 우리에게 어떤 의미가 있는가?"

성경은 이렇게 설명합니다. "사람은 누구나 한번 죽는다. 그러나 그 후에는 심판이 있다"(히 9:27). 우리의 지상 생애가 끝나면 (비록 누구도 그 날이 언제인지는 알지 못하지만) 우리 각자는 결국 하나님 앞에 서게

될 것이며, 저 큰 심판 법정에 서서 자신의 일들을 고백하게 될 것입니다. 두 번째 기회나 두 번째 환생 등 우리의 창조주를 회피할 어떤 길도 없을 것입니다. 우리의 모든 생각과 말과 행동이 하나님 앞에 드러납니다. 우리가 어떤 존재인지, 우리의 실상이 완전히 드러나고 우리는 살면서 선택했던 이유들을 설명하게 될 것입니다. 그 날은 한편으론 무섭고 두려운 날이 될 것이고, 또 다른 한편으로는 억제할 수 없는 기쁨의 날이 될 것입니다.

예수님은 심판에 관한 많은 비유들을 하시면서, 생명의 참된 본질을 인식하는 일의 중요성과 긴박성을 이렇게 보여주셨습니다:

한 부자가 그 밭에 소출이 풍성하매 심중에 생각하여 가로되 '내가 곡식 쌓아 들 곳이 없으니 어찌할꼬?' 하고 또 가로되, '내가 이렇게 하리라. 내 곡간을 헐고 더 크게 짓고 내 모든 곡식과 물건을 거기 쌓아두리라'. 또 내가 내 영혼에게 이르되, '영혼아, 여러 해 쓸 물건을 많이 쌓아 두었으니 평안히 쉬고 먹고 마시고 즐거워하자' 하리라 하되, 하나님은 이르시되, "어리석은 자여, 오늘 밤에 네 영혼을 도로 찾으리니, 그러면 네 예비한 것이 뉘 것이 되겠느냐?" 하셨으니 자기를 위하여 재물을 쌓아 두고 하나님께 대하여 부요치 못한 자가 이와 같으니라(눅 12:16-21).

예수님의 이야기는 어떤 보통 사람에 대한 이야기입니다. 자기 앞에 있는 일을 거의 혹은 하나도 알지 못하는 사람이 자기 모든 노력을 이 세상의 안락을 위하여 투자하였다는 것입니다. 죽음과 영원은 동등하게 처리될 영역이 아닙니다. 그의 삶의 목표는 자신에게 이윤이 되게 하는 것, 즉 물건과 땅과 소출을 통하여 이익을 남기는 것이었습니다. 그는 그 일을 상당히 잘 하였습니다. 실제로는 너무 잘해서, 어쩔 수 없이 자기가 소유한 것을 다 저장하기 위해서는 더 큰 새 창고가 필요했습니다. 그는 그때까지 자신이 성취해 놓은 것을 보고 마음이 너무 기뻐서 조기 은퇴를 고려하는 중이었습니다. 이제 편안하게 살 수 있는 충분한 자본도 쌓아 놓았겠다, 남은 생애는 쾌락주의자로 살아볼 생각을 한 것입니다. '좋은 음식에 술과 파티와 쾌락에 빠져 보자!' 그러나 그는 한 가지 큰 일 날 실수를 했습니다. 그 밤에 목숨을 잃게 된 것입니다. 그는 자기가 쌓아 놓은 부요함을 한번도 보거나 즐기지 못할 것이고, 결국엔 다른 누군가에게 그 재산이 돌아갈 것입니다. 그런 면에서, 그가 가진 막대한 재산은 사실 가치 없는 재산이었습니다. 어리석은 자의 황금이었던 셈입니다.

바보짓

　예수님은 그 사람을 '바보' 라고 부르십니다. 왜 그가 바보입니까? 그는 자기 자신을 위해서는 삶을 허비하였고, 하나님을 부인하였습니다. 그는 자기 자신에게는 부요했지만, 하늘에는 아무런 복이 없었습니다. 그는 하나님을 향하여 이기적인 삶을 살았고, 결국 바보짓을 하고 만 것입니다. 그는 자신이 잘 살 줄 알았지만, 그것은 착각이었습니다. 그는 그 밤에 그의 메마른 영혼과 더불어 소집 명령을 받았습니다. 이제 그는 태어난 날과 마찬가지로 벌거벗은 몸으로 그의 창조자를 만나야 합니다.

저와 친한 친구들 중에는 상당히 사업적으로 성공한 아버지를 모시고 태어나, 오랜 세월 동안 정말 열심히 일하고 있고, 나중에는 조기 은퇴해서 지중해 해변에서 휴양하는 계획을 가진 사람이 두 분 계셨습니다. 그 아버지들에게는 하나님이나 그리스도의 주장들을 생각해 볼 시간이 전혀 없었습니다. 짐을 단단히 챙긴 아버지들은 자기들 앞에 놀라운 날들이 열릴 것이라 기대하며 이사를 갔습니다. 그러나 새로운 집에 도착한 지 겨우 몇 주, 갑작스럽게 두 사람에게 죽음이 찾아왔습니다. 죽었던 것입니다. 한 친구는 자기 아버지 장례식에 참석하였다가 조문객에게 질문을 받았답니다. "아버지가 많이 남겨 놓으셨던가?" "아니" 그가 대답했습니다. "전부 다 남겨 놓고 가셨어. 아무 것도 못 가지고 가셨거든!"

예수께서 이 어리석은 부자 비유를 하셨을 때, 꼭 부자들에게만 주시는 이야기는 아니었습니다. 얼마나 많은 이기적인 노력들과 동기들, 예를 들어, 야망, 쾌락, 악명높음, 권력, 영향력, 특혜, 등등 얼마나 많은 동기들이 우리 삶을 불태우는지 모릅니다. 그러나 만일 우리가 그것들 자체를 목적으로 삼고 추구한다면 우리 역시 또 한 명의 어리석은 창고 짓는 자가 될 것입니다. 예수님은 우리에게 하나님께 대하여 참으로 부요치 못한 자, 하나님을 삶의 최우선으로 두지 않는 자는 누구나 궁극적인 바보가 된다고 알려 주신 것입니다. 세상에 올 때 적신으로 온 것처럼 떠날 때도 그러할 것이기 때문에 우리 스스로 얻은 것이나 성취한 것이 죽을 때 어떤 의미가 있을 것이라고 생각하는 것은 허망한 것입니다. 하나님이 배제되면, 모든 것의 의미가 없어집니다.

모든 강물은 다 바다로 흐르되

바다를 채우지 못하며

어느 곳으로 흐르든지

그리로 연하여 흐르느니라

만물의 피곤함을

사람이 말로 다 할 수 없나니

눈은 보아도 족함이 없고

귀는 들어도 차지 아니하는도다

이미 있던 것이 후에 다시 있겠고

이미 한 일을 후에 다시 할찌라

해 아래는 새 것이 없도다.

무엇을 가리켜 이르기를

보라 이것이 새것이라 할 것이 있으랴

우리 오래 전 세대에도

이미 있었느니라

이전 세대를 기억함이 없으니

장래 세대도 그 후 세대가

기억함이 없으리라

…내가 해 아래서 행하는 모든 일을 본즉 다 헛되어 바람을 잡으려는 것이로다
(전도서 1:7-11, 14)

예수께서 이 부자를 어리석다고 하신 것은 바로 이 이유 때문입니다.
오직 없어지지 않을 것에 투자한 것만이 이 변하는 세상을 지나 남게 될
것입니다. 다른 모든 것은 바람을 잡으려는 것과 같습니다. 예수께서 이
렇게 말씀하셨습니다:

너희를 위하여 보물을 땅에 쌓아 두지 말라 거기는 좀과 동록이 해하며 도적이
구멍을 뚫고 도적질하느니라. 오직 너희를 위하여 보물을 하늘에 쌓아 두라 거기
는 좀이나 동록이 해하지 못하며 도적이 구멍을 뚫지도 못하고 도적질도 못하느
니라. 네 보물 있는 그곳에는 네 마음도 있느니라(마 6:19-21)

그렇습니다. 우리가 어디에 투자하느냐 하는 것이 우리의 마음이 어디
있는지를 보여줍니다. 자기 가족을 사랑한다 하면서 실제로는 일에 사
로잡혀서 가족과 함께 시간을 보내지 않는 사람은 가족보다 일을 더 사
랑하는 사람입니다. 우리가 명심해야 할 것은, 우리가 시간을 가장 많이
할애하는 그 일에서 우리의 보물이 실제로 발견된다는 것입니다. 만일
하나님이 우리 삶의 최우선 순위에 계시지 않다면, 만일 하나님이 우리
의 가장 큰 보물이 아니시라면, 우리의 마음에는 그가 계시지 않는 것입
니다.

어리석은 자가 받을 보응

그렇다면 이생에서 어리석은 짓을 한 자들이 받을 궁극적인 결과는 무엇입니까? 저 큰 심판날에 하나님이 무엇이라 선언하십니까? 예수께서 누가복음 19:12-27에서 또 하나의 비유를 말씀하시면서 하나님의 도덕적 통치 안에서 하나님이 어떻게 심판하실 것인지, 그 예증을 보여주셨습니다. 한 귀인이 먼 나라에 가서 잠시 있다가 왕위를 받아오려고 하였다고 말씀합니다. 그는 떠나기 전에, 열 명의 신하들을 불러서 각 사람에게 은 10 파운드씩을 주고 자기가 떠나 있는 동안 지키라 명하였습니다. 그가 떠나자, 백성들 가운데 일부가 한 명의 대표를 보내어 자기들은 그 사람이 자신들의 왕이 되는 것을 원치 않는다고 호소함으로써 자기들이 그의 대적들임을 나타내었습니다. 결국 그가 귀국을 하였습니다. 그는 신하들이 자기가 맡긴 돈을 가지고 각기 어떤 일을 하였는지, 과연 그들이 충성스러웠는지 무척 알고 싶어 했습니다. 이 비유에서 왕은 오직 세 명의 신하들만 면담하였는데, 저는 아마도 그 이유가 나머지 일곱은 이미 공개적으로 왕의 대적임을 드러냈기 때문이라고 생각합니다.

첫번째 신하는 원래 금액의 열 배를 만들어 왕에게 충성된 신하라는 칭찬을 듣고, 열 도시를 다스리는 보상을 받았습니다. 두번째 신하도 다섯 배를 만들어 큰 칭찬을 듣고 다섯 도시를 다스리는 보상을 받았습니다. 그러나 세번째 신하는 그것을 투자하지는 않고 땅에 묻어 놓았기 때문에 아무런 소득도 올리지 못했습니다. 그는 자기 왕을 위하여 시간과 에너지를 즐거이 투자하고 싶지 않았기 때문에 자기가 마땅히 행할 바를 전혀 행치 않았던 것입니다. 왕은 그 게으른 신하에게 진노하여, 그에게서 가진 돈을 빼앗아 가장 많이 남긴 신하에게 주라는 명령을 내렸습니다. 왕은 그 처분을 이렇게 설명하였습니다: "자기에게 주어진 것을 잘 활용하는 자들에게는 더 많은 것이 주어질 것이다. 그러나 불충성하는 자들은 적게 받은 것마저 빼앗길 것이다"(눅 19:26). 그와 병행되는 구절인 마태복음 25:14-30에서는 그 주인이 모든 불충성한 신하들과 그의 통치를 반대한 자들을 바깥 어두운데 쫓아내었다고 하였습니다. 예수께서 이 이야기를 통하여 주시는 하나님의 심판에 관한 교훈은 무엇입니까?

첫째, 그는 자신을 왕에 비유하고 계십니다. 성경은 하나님께서 그분에게 어떤 사람보다 높은 이름을 주셨다고 가르칩니다.

하늘에 있는 자들과

땅에 있는 자들과

땅 아래에 있는 자들로

모든 무릎을

예수의 이름에 꿇게 하시고

모든 입으로

예수 그리스도를

주라 시인하여

하나님 아버지께 영광을 돌리게 하셨도다(빌 2:10-11)

그분은 창조자이시며, 우주의 합법적인 왕이십니다.

그 신하들은 우리를 비유한 것입니다. 하나님께서 우리에게 값비싼 은화를 맡기셨습니다. 은화는 하나님에 관한 진리 즉 하나님의 통치와 그 아들 안에 있는 구원을 의미합니다. 각 사람에게는, 그 양심과 창조된 사역을 통하여서만 주어진 것이지만, 하나님과 하나님의 통치에 관한 지식이 상당한 정도 주어져 있습니다. 모든 사람은 투자할 은화를 상당히 가지고 있는 셈입니다. 그러나 이 비유에서 보듯이, 사람들의 반응은 제각기 달랐습니다.

첫번째 신하는 하나님과 그의 통치에 관한 진리를 들었을 때, 그것을 신실하게 믿는 사람입니다. 그것을 받아들일 뿐 아니라, 그것을 자기 삶에 투자합니다. 시간과 정열을 왕이신 예수님을 섬기는 데 사용합니다. 그는 그 진리에 온전히 투자하여, 자신이 가진 모든 것을 거기 쏟아 부으며, 거기서 커다란 유익을 얻습니다. 진리가 그 사람 안에서 증대되고 그를 통하여 다른 사람에게 전달됩니다.

두번째 신하도 그와 같습니다. 그 역시 하나님과 그리스도 안에 있는 그 구원의 길에 관한 지식과 이해를 수용합니다. 그는 그 귀한 은화를 받아 그 안에서 자기 삶을 신실하게 투자하고 놀라운 보상을 받습니다.

그러나 세번째 신하는 그렇지 않습니다. 그 역시 하나님에 관한 지식과 이해를 다 받아들이지만, 그것과 아무런 관계도 맺지 않습니다. 그는 하나님을 창조주로 또 도덕법의 수여자로 인정하고 자기 의무가 무엇인지 잘 압니다. 그에게도 얼마든지 이해할 수 있도록 허락되었으므로 그리스도 안에 있는 구원의 길과 어떻게 하면 하나님과 화해할 수 있는지에 대해서도 잘 알고, 무엇이 자기 의무인지도 잘 압니다. 그러나 그 진리 안에 거하며 마음과 영혼을 진리에 투자하기는 커녕, 진리를 파 묻고 눈과 마음에서 멀어지게 하며, 자기 멋대로 살아갑니다. 그런 것들을 다 아는 것이 합리적인 삶이라고 생각은 하지만, 그와 연관하여 아무 일도 하지 않습니다. 그러므로 그는 그 들은 것을 하나도 행치 않는 사람이 됩니다.

나머지 신하들은 아주 단순하게 이 지식을 거부하고 그리스도를 왕으로 인정하지 않는 사람들을 비유합니다. "우리는 그가 우리 왕 되는 것을 원치 않는다!" 그렇게 말 하고, 실제로 행동도 그렇게 합니다. 그들은 왕이 주신 값비싼 은화에 아무 관심이 없습니다. 그들은 왕을 배척하므로 결코 하나님이 행하신 일에 대한 이해가 자라지 않습니다. 하나님의 선물을 인식하지만, 아무런 일도 하지 않고, 오히려 그것을 왕의 면전에 도로 던집니다. 말하자면, 그들은 "대표자를 보내어" 하나님께 선포하기를, "우리는 네 통치를 받지 않겠다. 우리는 너의 구원 계획을 거부한다. 우리는 너의 얼굴을 무시한다. 우리를 너의 대적으로 인정하라"고 선포합니다.

예수님은 확고하게 그런 다양한 반응들에 대하여 상급과 응벌이 있다고 가르치십니다. 하나님께서 계시하신 귀한 진리를 받아 사용하는 사람들은 충성된 사람이라고 인정받습니다. 받은 것을 사용하였으므로 그들은 더 많이 받을 것이고 점점 더 받을 것입니다. 마지막 날에 또 영원토록 받을 하늘의 상급은 우리가 이해를 초월하는 것입니다. 예수께서는 그것을 장차 다스릴 왕국들을 주시는 것에 비유하셨습니다. 그러나 그보다 더 놀라운 것은 우리가 "우리 주인의 기쁨에 들어가는 것"이며

(마 25:21), "창세 전부터 너희를 위하여 예비된 그 나라를 상속 받는 것"
(마 25:34)입니다.

한편, 그 들은 바와 무관하게 사는 사람들과 스스로를 하나님의 통치
와 사랑의 법에 대한 원수들로 선포하는 사람들은 "바깥 어두운 데" 쫓
겨나게 될 것이고, 거기서 슬피 울며 이를 갈게 될 것입니다(마 25:30).
그것이 어리석은 자가 받는 응벌입니다. 어리석은 자가 투자했던 금은
녹이 슬었습니다. 그 어리석은 중에 자신의 길을 추구한 결과는 그가 그
토록 무시하던 왕에게서 분리됨 즉 죽음입니다. 예수님은 성경에서 이
것을 알려주시며 우리에게 제발 그 어리석음을 벗어나라고 간청하기까
지 하십니다. 왜냐하면 죄의 삯은 사망이지만, 만일 우리가 그리스도를
영접하여 그의 계명대로 행한다면, 우리를 향한 하나님의 선물은 그 왕
되신 예수님 안에 있는 영생이기 때문입니다.

왕의 나라에 들어감

사도 바울은 예수께서 하나님의 심판에 관하여 가르치신 교훈을 말씀
하면서, "우리 각자가 하나님 앞에 고할 것이라"고 했습니다(롬 14:12).
우리가 다 큰 심판대 앞에 설 것이며, 우리가 어떤 이해를 갖고 있었는
지, 그 귀한 은화를 어떻게 투자했는지에 따라서 심판을 받을 것입니다.
하나님께서 그리스도를 통하여 우리 마음의 은밀한 것을 심판하실 때,
우리 양심이 우리를 변호하거나 정죄할 것입니다(롬 2:15-16). 우리가
늘 다른 사람들에게 지키라고 요구하는 그런 도덕적 심판이 그날에 우

리 마음을 드러낼 것입니다. 마지막에 심판을 받는다는 사실을 인정하는 것은, 사실상 현재의 우리 삶에서도 여러 가지 의무감을 느끼고 있기 때문에, 그리 어려운 일이 아닙니다. 우리는 스스로 늘 그리스도의 계명을 어기는 것을 인식합니다. 하나님을 최우선에 두지 않고, 예수님의 황금율 "사람들이 너희에게 해 주기를 원하는 그 일을 너희가 그들에게 해 주어라"(마 7:12)는 계명을 지키지 않습니다.

그렇다면 그 날이 올 때, 공포와 두려움에 사로잡히지 않고, 말할 수 없는 기쁨을 확보하는 길이 있을까요? 그런 길이 딱 하나 있습니다. 그것은 우리 양심이 우리를 정죄하지 않게 하는 것입니다. 어떻게 그런 일이 가능할까요? 다음과 같은 한 가지 길로 가능합니다: "우리가 마음에 뿌림을 받아 악한 양심으로부터 벗어나고 몸을 맑은 물로 씻음을 받았으니 참 마음과 온전한 믿음으로 하나님께 나아가자"(히 10:22). 그러기 위해선 우리 양심이 씻김을 받아야 하고, 그 정죄에서 벗어나야만 합니다. 그렇지 않으면, 큰 심판이 올 때, 절망과 공포가 엄습할 것입니다. '죄책감에 빠진' 양심은 인간 존재의 독입니다. 안식 없는 삶은 죄책감에 시달리는 영혼이 맺는 열매입니다. 기독교 사상가 라비 자카리아스는 이렇게 말합니다:

이 죄책이라는 주제 주변엔 늘 감정의 회오리가 몰아칩니다! 가족들 사이에서도 그것 때문에 싸움이 일어납니다. 법정에서도 그것 때문에 치열한 전투가 벌어집니다. 강의실에서는 그것을 철학적으로 이해해 보려고 노력합니다. 심리학으로 그 죄책감을 설명해 보고자 시도합니다. 설교자들도 그것에 관하여 목청 높이 외칩니다. 개인들도 그것 때문에 갈등합니다. 그 영향이 얼마나 전반적이고 또 깊이 자리하고 있는지, 전문상담가들은 죄책감은 모든 신경증의 시초라고 말하기도 합니다.[1]

죄책감은 무분별한 양심의 산물이지만, 바른 양심은 우리가 어디 가면 깨끗함을 얻을 수 있는지(그리스도께 가면 된다고) 그 방향을 알려줍니다.

완전히 변화됨

하나님 나라로 가는 길은 양심이 깨끗이 씻김을 받는 것입니다. 하나님의 공의로운 심판 때 영광을 얻는 비결은 청결케 된 양심을 갖는 것입니다. 어떻게 하면 청결케 되고 깨끗이 씻김을 받을 수 있을까요? 히브리서 기자는 이렇게 말씀합니다. 참된 마음으로 믿음 가운데 나아간다고 말입니다. 예수님은 그것을 더 단순하게, "너희가 회개하여 (완전히 변화되어) 어린 아이와 같이 되지 아니하면 하늘나라에 들어갈 길이 전혀 없다"(마 18:3)고 말씀하십니다. 참된 마음이란 회개한 마음을 말합니다. 참된 마음은 이미 그 뜻이 변화된 것을 나타냅니다. 더 이상 자기 이익으로 '내향적'이지 않고, '변화되어' 하나님과 하나님의 뜻을 향하여 돌아선 마음입니다. 그러려면 구원의 선행요건인 회개의 행위가 있어야 합니다. 반역하는 마음을 그대로 갖고 있으면 결코 죄책에서 깨끗케 됨을 얻을 수 없습니다. 그것은 하나님께서 죄는 무의미하다고 선언하시는 것과 같습니다. 우리는 다 틀렸고 하나님은 다 옳으시다고 기꺼이 인정할 수 있어야 합니다. 반드시 우리 죄책을 인정하고 용서받아야 할 필요가 있음을 시인하면서 우리 자신의 죄를 공개적으로 선포해야 합니다.

회개를 하면 우리 마음이 하나님과 죄에 대하여 변화됩니다. 전에 우리를 유혹하던 것들, 우리가 빠져 지내던 잘못된 것들에서부터 돌아서서 그것들의 실상이 어떠했는지를 보게 됩니다. 그리고 그 대신 하나님을 사랑하고 하나님의 거룩하심을 사랑하기로 선택하게 됩니다. 그렇게 하면서 하나님과 죄에 대하여 느끼던 방식이 그에 상응하는 방식으로 변화되는 것을 깨닫게 됩니다. 하나님과 하나님의 법에 대한 우리의 감정이 완전히 바뀝니다. 이제는 하나님 안에 거하고, 하나님의 능력으로 살며, 하나님께 기쁘게 순종하는 것이 우리의 기쁨이 되고 우리 마음의 가장 깊은 소원이 됩니다.

그러나 이런 참된 회개의 역사가 있다 하여, 비록 매우 실제적이고 깊은 역사이지만, 우리 그리스도인 된 사람들이 완벽한 사람이 되어 아무 잘못도 범하지 않게 되거나 하나님께 대하여 다시는 불순종하지 않는 사람이 된다는 말은 아닙니다. 그것은 우리 삶의 주도적인 소원과 궁극적인 목표가 하나님을 사랑하게 되는 것이고, 하나님을 최우선 자리에 모시는 것이고, 하나님의 뜻에 순종하게 되는 것입니다. 그것은 우리 삶의 조타석에 새로운 선장이 오셨음을 의미합니다. 우리가 우리 삶의 키를 그리스도께 인계했다는 말입니다.

기독교인이 불순종한다면, 그것은 연약함으로 인한 예외적인 상황이지 결코 정상 상황이 아닙니다. 이미 우리 의지의 목표가 변화되었으므로 우리는 처벌이 두려워서가 아니라 하나님을 알고 사랑하는 그 기쁨 때문에 하나님을 사랑하고 하나님께 순종합니다. 기독교인은 하나님을 이미 우리의 친구요 아버지로 모셨기 때문에, 더 이상 하나님께 의도적인 반대를 하지 않습니다. 잘못을 범해도 무서운 죄책감이나 정죄가 생기는 것이 아니라, 실패와 슬픔을 인식하는 '확신'이 생깁니다. 확신은 우리에게 두려움과 죄책감을 갖게 하지 않고, 우리를 온유하게 하나님께 인도하여 죄를 자백하고 그의 용서를 받아들이게 합니다. "만일 우리가 죄가 없다고 말하면 스스로 속이고 또 진리가 우리 속에 있지 아니할 것이요, 만일 우리가 우리 죄를 자백하면, 그는 미쁘시고 의로우사 우리 죄를 사하시며 우리를 모든 불의에서 깨끗하게 하실 것이요" (요일1:8-9).

믿음 요소

우리가 회개하고 하나님께 나아오면 하나님은 우리와 더불어 새로운 관계를 시작하십니다. 성경은 이것을 그리스도의 보혈로 인침을 받은 언약이라 부릅니다. 이 언약은 하나님께서 그 문구를 조정하신 계약과 같습니다. 이 언약은 그리스도의 죽으심과 그가 이루신 충분한 희생 때문에, 회개하고 하나님께서 그리스도 안에서 이루신 조항을 신뢰한다면 누구에게나 용서를 베푸시겠다는 것입니다. 이 언약의 약속은 언제든지, 어떤 죄를 지었든지 얻을 수 있습니다. 그 약속은 다함이 없는 약속이며, 하나님이 인내심을 버리시지도 않습니다. 죄에 대한 희생은 단번에 치루어졌고, 누구든지 회개하는 자에겐 깨끗하게 되는 약속이 이루어집니다.

그 계약에 서명하는 마음의 태도를 믿음이라고 부릅니다. 그러므로 믿음이 없다면 언약이 공허하게 됩니다. 믿음이 없이는 참된 회개가 불가능합니다. 실제로 성경은 우리에게 믿음이 없이는 하나님을 기쁘시게 할 수 없다고 말씀합니다.

믿음의 본질을 이해하는 열쇠는 예수께서 마태복음 18:3에서 말씀하신 '어린아이 같음'입니다. 어린 아이는 단순하고 신뢰하는 태도를 갖고 있습니다. 그렇기 때문에 예수께서 어린 아이의 겸손함을 천국에 들어가는 필요조건으로 말씀하신 것입니다. 어린아이 같음을 유치함과 혼동해서는 안 됩니다. 어린아이 같으라는 말씀은 결코 우리가 배운 것을 다 무시하라거나 성인들에게 속한 모든 것을 버리라는 말씀이 아닙니다. 그 말씀은 어린아이가 자기 아버지를 대할 때, 흔들리지 않는 신뢰감을 가지고 아버지가 말씀하시는 것을 다 믿는 것처럼 믿으라는 말씀입니다. 그리스도께서 이루신 것을 받아들일 뿐 아니라, 우리 삶을 전적으로, 남김없이 그의 손에 의탁하고 그 약속을 확실히 믿으라는 말씀입니다. 전심으로 믿고 우리가 들은 진리에 근거하여 행동하라는 말씀입니다. 하나님을 그렇게 믿는 마음이 있으면 회개할 수 있게 됩니다. 회개는 활동하는 믿음의 한 부분이기 때문입니다.

믿음으로 그 계약이 활성화되어 효력을 발휘하게 됩니다. 그 계약에는 작은 글씨로 인쇄된 불리한 조건이나, 면책 조항, 어떤 숨겨진 조항도 없습니다. 자동차 보험 약관처럼 교묘한 조항들이 없습니다. 하나님은 그 약정을 변개하지 않으십니다. 하나님은 거짓말을 하거나 그 말씀을 어기는 일을 하실 수 없으십니다. 그러므로 그것은 영원한 언약이고 믿음

으로 그리스도 안에서 발견된 모든 약속이 우리의 것이 됩니다. 찬송가 가사에도 있듯이,

주의 사랑은 끝이 없고

주의 자비는 무궁하며

주의 능력이 무한하오니

이는 예수 안에 있는 무한한 부요함 가운데

주시고 또 주시고 또 주시기 때문입니다 (애니 존스톤 플린트)

충성된 자가 받는 상급

그리스도께 나아와 회개하고 항복하는 사람들에게 주어지는 큰 상급은 일차적으로 하나님의 선물입니다. 그리고 이 선물은 기독교인의 삶에서 가장 놀라운 것입니다. 사도 바울은 이렇게 말씀합니다: "하나님의 은사는 (선물은) 그리스도 예수 우리 주 안에 있는 영생이니라"(롬 6:23). 그러나 그 선물이 영생이라고 한다면, 영생은 분명히 그 선물의 당연한 귀결이기 때문에, 선물 자체는 그 귀결보다 더 큰 것이 마땅합니다. 우리가 기독교인이 되는 것은 우리 삶이 영원히 지속될 것임을 보증하는 티켓을 받는 정도가 아닙니다. 우리에게 주신 그 선물은 질적으로 완전히 새로운 삶, 곧 하나님 자신입니다. 하나님은 말 그대로 자신을 우리에게 주십니다. 성령이 오셔서 우리 안에 거하시고, 영적인 교제 즉 초자연적인 결혼이 이루어집니다. 우리가 그리스도 우리 주 안에서 하나

님과 하나됩니다. 사도 베드로는 그것을 이렇게 표현하였습니다: "그의 신기한 능력으로 생명과 경건에 속한 모든 것을 우리에게 주셨습니다. 하나님께서 자기의 영광과 덕을 얻으라고 우리를 부르신 것입니다...여러분이 하나님의 신성한 성품에 참여하는 자가 되게 하려 하신 것입니다"(벧후 1:3-4).

베드로 사도의 말씀은, 말 그대로, 우리가 하나님 자신의 삶과 성품으로 교제한다는 것입니다. 그리스도께서 우리를 위해 이루신 사역 덕분에, 우리가 그 안에서 새로운 지식뿐 아니라 생활을 위한 새롭고 직접적인 능력을 함께 누리고 있다는 것입니다. 그리스도의 내주하시는 현존 덕분에 우리는, 하나님과 우리 자신과 다른 사람들 사이에 평화를 유지하면서, 생각과 말과 행위가 그리스도를 닮아갑니다. 그래서 그 큰 선물은 하나님 자신입니다. 다른 어떤 선물도 그보다 더 놀랍고 만족을 주거나 지속되지 못합니다. 우리는 본래 하나님을 위하여, 하나님을 즐거워하도록 창조되었기 때문에, 다른 선물은 우리에게 충분한 것이 될 수 없고 되지도 못합니다. 끝이 없는 삶도, 만일 거기에 목적과 다함없는 경이를 부여하는 하나님이 계시지 않는다면, 전혀 귀하지 않을 것입니다.

천국 상급이 의미하는 것은 바로 이것, 즉 하나님 안에서 완전히 만족하는 것입니다. 믿는 자들에게는 천국이 지금, 이 땅에서 시작될 수 있고, 여기서 그 맛을 볼 수 있습니다. 하나님과 함께 하는 덕과 평화의 기쁨 안에서, 우리 영혼은 안식을 발견합니다. 힌두교인이었다가 기독교로 개종한 유명한 인도인 선다 씽은 그것을 이렇게 감동적으로 표현하였습니다:

우리는 본래 한 가지로는 오래 만족하지 못한다. 언제나 환경과 상황이 변하기를 바란다. 이런 쉼없음은 우리의 깊은 내적 인식 즉 이 세상의 떠도는 것들은 우리 영혼을 결코 만족시킬 수 없고 안정되고 변함없는 만족감을 주지 못한다는 인식에서 나오는 것이다. 오직 주인에게 돌아갈 때, 우리 소원이 변화되고, 누구도 지루해하지 않는 은사인 완벽한 평안, 영혼의 유일한 목표가 우리 마음의 가장 깊은 열망으로 그 자신을 드러낸다.[2]

그 기쁨은 결코 희미해지지 않고, 그 평화는 결코 사라지지 않으며, 그 복됨은 영원히 번영할 것입니다. 장차 올 천국의 모든 영광은 말로 다 묘사할 수가 없습니다. 르네상스적인 낙원 묘사에 의하면, 성도들이 하프를 연주하면서 구름 위에 앉아 있다고 하는데, 그것은 아주 잘못된 것입니다. 사도 바울이 기록한 것처럼, "하나님께서 자기를 사랑하는 자들을 위하여 예비하신 것은 누구도 보지 못하였고 듣지도 못하였고 마음으로 생각지도 못한 것"(고전 2:9)이며, 그리스도께서 자기를 사랑하는 자들을 위하여 한 장소를 예비하시려고 우리 앞서 가셨음을 우리가 잘 압니다:

너희는 마음에 근심하지 말라. 하나님을 믿으니 또 나를 믿으라. 내 아버지 집에 거할 곳이 많도다. 그렇지 않으면 너희에게 일렀으리라. 내가 너희를 위하여 거처를 예비하러 가노니 가서 너희를 위하여 거처를 예비하면 내가 다시 와서 너희를 내게로 영접하여 나 있는 곳에 너희도 있게 하리라(요 14:1-3)

심판대 앞에서 충성된 자들이 주님의 기쁨을 누리도록 환영받을 때,

그 상급이 가져다 줄 영광과 경이로움이 어떠할지 알 사람이 있을까요? 성 어거스틴은 그것을 이렇게 표현하였습니다:

하나님께서 친히 모든 만족 즉 마음으로 바라는 어떤 것보다 더 큰 만족, 생명과 건강, 음식과 부귀, 영광과 영예, 평화와 모든 좋은 것들의 근원이 되실 것이며, 그러므로 바울 사도가 말씀한 것처럼, "만유 안에 만유"가 되실 것이다. 하나님이 우리가 바라는 모든 것의 절정, 즉 우리의 끝없는 비전의 목표이시고 쇠하여 지지 않는 사랑과 지치지 않는 찬양의 대상이 되실 것이다. 그리고 이 비전 안에서 모두가 사랑의 반응과 찬양의 기도를, 마치 영생을 함께 누리는 것과 마찬가지로, 함께 누리게 될 것이다.[3]

그러나 만일 우리가 이 생에서 계속 하나님의 원수로 남아 있는다면, 그런 천국을 즐기지 못하고 심지어 거기에 들어가기도 원치 않을 것이라는 점을 생각해야만 합니다. 완전히 변화되지 않으면, 결단코 천국의 기쁨에 다가갈 수 없습니다. 회개치 않는 자들에게는 하나님의 거룩하심이 두려워 견딜 수 없는 고통이 될 것입니다. 하나님의 통치를 증오하고 그 언약에 침을 뱉는 자들은 차라리 땅이 갈라져 삼키우는 것이 하나님의 대적으로 큰 심판대 앞에 서는 것보다 나을 것입니다. 자신을 자기 신으로 삼기로 작정한 자들에게는 하나님에게서 영원히 분리되는 지옥이 기다리고 있습니다. 하나님을 대적하는 자들은 사후에도 잘못을 멈추지 않을 것입니다. 지옥은 자체지속적입니다. 하나님을 거부하는 것은 반역으로 지속되고, 그 선택에 대한 처벌 역시 지속됩니다.

하나님의 임재에서 추방당한 자들이 어떻게든 회개하고 사랑 안에서 하나님께로 돌아오지 않겠느냐 라는 생각은 맞지 않습니다. 그런 증오심은 단지 자라가기만 할 뿐이기 때문입니다. 하나님께는 하나님과 그 아들을 무시하는 자들을 바깥 어두운 지옥에 버려두시는 것 외에 다른 선택이 없습니다. 그들이 이미 안에서 문을 잠갔기 때문입니다. 하나님은 누구도 강요하여 지옥에 가게 하시지 않습니다. 사람들 스스로 거기 있기로 선택합니다. 그러므로 결국 하나님께서 그들의 선택을 인정하시는 것입니다. 이 점에 있어서도 그들의 자유는 박탈당하지 않습니다.

어떻게 거룩하고 공의로운 하나님께서 그렇게 범죄한 자들을 하늘로 보낼 수 있을까요? 어떻게 그들을 천국에 들어오게 할 수 있을까요? 모든 것은 그리스도의 사랑 때문입니다. 그가 자기 보혈로 우리의 죄된 양심을 깨끗이 씻으셨기 때문입니다. 큰 비극은 일부 사람들이 하나님의 능력을 빙자하여 의도적인 반역을 행함으로써, 그리스도로 하여금 "내가 너희를 도무지 알지 못하니, 악을 행하는 자들아 내게서 떠나가라"고 말씀하시게 하는 것입니다(마 7:23).

천국을 추수함

우리 가운데 지금 천국 자손과 지옥 자손이 함께 자라고 있습니다. 우리는 지금 우리 포도원에서 이런 저런 상태로 수확을 얻으려고 포도나무를 심고 있습니다. 회개하는 심령이라는 갈아엎은 땅에다 하나님의 지식이라는 물을 주고 있든지, 아니면 돌보지 않고 내버려 두어서 굳어진 영혼이라는 토양에서 무관심이라는 잡초가 무성해지고 있든지, 둘 중에 하나입니다.

영적인 영역에서는, 천국과 지옥이라는 두 개의 상태가 확실히 존재한다. 그리고 그것들은 이미 지금 각 사람의 마음에서 형성되고 있다. 영혼 자체를 보기 전까지는 그 영혼의 상태가 어떠한지 확인할 길이 없다. 그러나 영혼의 상태는, 마치 몸의 고통을 느끼거나 익은 과일의 달콤한 향기를 맡듯이, 분명히 경험할 수 있다.[4]

오직 나와 하나님만이 내 자신의 마음과 현재 내가 살고 있는 상태를 알고 있습니다. 천국의 향기는 달콤하기 때문에, 만일 내가 천국의 향기를 맡아보았다면 쉽게 알 수 있습니다. 지옥의 쓴 맛은 통렬하며, 마치 찌르는 고통처럼, 우리 영혼에 불쾌감을 줍니다. 지옥에 속한 수확은 죄책감, 두려움, 불안, 실망, 분개, 증오, 절망입니다. 그러나 천국에서는 기쁨을 거둡니다. 천국의 기쁨은 끝이 없고, 천국의 평안은 없어지지 않고, 천국의 즐거움은 멈추지 않고, 천국의 사랑은 떨어지지 않고, 천국의 환희는 쇠하지 않습니다. 하나님이 영원하시기 때문입니다.

친애하는 독자여, 부디 당신의 삶을 하늘의 보화에 투자하십시오. 당신 자신을 그리스도 예수 안에 심으십시오. 당신이 어떻게 실패했고, 어떤 죄를 지었고, 영혼의 상태가 어떠하든지 간에, 당신은 얼마든지 변화될 수 있고, 하늘의 말할 수 없는 영광이 당신의 상급이 될 수 있음을 꼭 믿으시기 바랍니다.

너의 영광스러운 일들이 회자되니

우리 하나님의 성 시온이여!

그 깨어질 수 없는 말씀으로

주께서 주의 거소로 너를 지으셨도다.

만세 반석 위에 세움을 입었으니

확정된 너의 안식을 누가 흔들 수 있으랴?

구원의 담으로 둘러쳐졌으니

너의 모든 대적을 웃으며 맞으리라.

보라! 생명수 강이

영원한 사랑에서 솟아나와

너의 아들과 딸들에게 넉넉히 공급되니

마를 두려움이 전혀 없도다

그런 강이 영원히 흘러가니

누가 갈증으로 기진할 것이냐?

은총은, 그 수여자 우리 주님과 같이

세세토록 다함이 없으리로다

구주여, 죄인이

은혜로 시온 시민이 되었으니

세상은 비웃거나 불쌍히 여겨도

나는 주의 이름으로 영광을 얻겠나이다

세상적인 즐거움은 다 쇠할 뿐이며

그 모든 자랑은 허식과 허례뿐이니

참된 기쁨과 영속적인 보물은

오직 시온의 자녀들만 알 뿐이니이다.

(존 뉴튼, 1725-1807)

■ 주

서문

1. 전도서 12:12

2. 장 폴 싸르트르와 시몬느 드 보봐르, "죽음과 신에 대한 대화" (하퍼스 매거진, 1984년 2월호) 39.

3. 블레이즈 파스칼, 『단숨에 읽는 파스칼』 (호더 앤 스타우턴, 1997) 48.

4. 전도서 3:6 "찾을 때가 있고 잃을 때가 있으며, 지킬 때가 있고 버릴 때가 있으며."

1장: 이 얼마나 놀라운 광경인가!

1. 영국의회위원회, 스티브 롸이트의 책 『놀라운 사실들』 (포켓 북스, 1995) 215쪽에서 인용.

2. 소크라테스, 로버트 백하우스의 책 『교사와 설교자들을 위한 5000개의 명언』 (킹스웨이 출판사, 1994) 202쪽에서 인용.

3. 블레이즈 파스칼, 『단숨에 읽는 파스칼』 (호더 앤 스타우턴, 1997) 54쪽에서 인용.

4. C.S. 루이스, 『하나님은 수리 중』 (윌리암 어드만 출판사, 1970) 101-102.

5. 매튜 패리스, 『타임』지.

2장: 이성적인 회의 저 너머

1. C. 스티븐 에반스, 『신앙적 질문』 (IVP, 1986) 28.

2. 인터네셔널 불리틴 어브 미셔너리 리서치, 1991년 1월, 존 블랜차드 『하나님이 과연 무신론자들을 믿으실까?』 (복음주의 출판, 2000) 18.

3. 『데일리 텔레그라프』, 1999년 12월 16일자.

4. 친구가 보낸 출처불명의 이메일, 1999년. 다양한 문화들 속에서 발견되는 지고한 신 존재에 관한 세밀한 조사나 탐구에 관해서는 돈 리차드슨 『인류의 마음 속에 있는 영원』 (리갈 북스, 1981)을 참고하라.

5. 아서 코난 도일 경, 『펭귄 셜록 홈즈 전집』 (펭귄북스, 1981) 23.

6. 앤드류 밀러 박사, R.J. 베리가 편집한 책 『진짜 과학, 진짜 신앙』 (모나크, 1991) 94-95.

7. 블레이즈 파스칼, 『팡세』 (J.M. 덴트 앤드 선즈, 1973) 59.

8. 알버트 아인슈타인, 『벨기에 엘리자베스 여왕과의 개인 편지』, 1932.

9. 블레이즈 파스칼, 『팡세』 101.

10. C.S. 루이스, 『인간의 폐지』 (파운트 페이퍼백스, 1978) 49-59.

11. 블레이즈 파스칼, 『단숨에 읽는 파스칼』 (호더 앤 스타우턴, 1997) 66-67.

3장: 신념 과학

1. 리차드 도킨스, 『이기적인 유전자』 (옥스포드 대학교 출판부, 1976) 1.

2. 조나단 리크, 『선데이 타임즈』, 2001년 9월 9일자.

3. 상게서.

4. 토마스 드와이트 박사, 존 앵커베르그와 존 웰돈이 지은 『다윈의 신앙 도약』 (하비스트 하우스 출판사, 1998) 110쪽에서 인용.

5. 칼 포퍼, 베르너 기트 교수가 지은 『하나님이 진화를 사용하셨나?』 (크리스틀리케, 1993) 10쪽에서 인용.

6. 아르노 펜지아스, 존 앵커베르그와 존 웰돈이 지은 『다윈의 신앙 도약』 98.

7. 조나단 사르파티 박사, 『진화론 논박』 (마스터 북스, 1999) 16.

8. 보이스 렌스버그, 『세상의 작용 기제』 (윌리암 모로우, 1986) 17-18.

9. 리차드 레온틴 교수, "수십억 마리의 귀신들" (『뉴욕 리뷰』, 1997년 1월 9일자) 31.

10. 아서 커스탄스 박사, 『진화: 몰이성적 신앙" 진화냐 창조냐? 제4권-도어웨이 논문들』 (존더반, 1976) 173-174.

4장: 물고기와 철학자들

1. 루이 아가시즈, 『미국 자연사에 대한 기여』 (아메리칸 저널 어브 사이언스, 1860).

2. 리차드 도킨스 『눈먼 시계공』 (W.W. 노턴, 1986) 6-7쪽.

3. 『찰스 다윈의 생애와 서한들』에서 인용 (D. 애플턴 앤 코 출판, 런던, 2:400, 각주 1911번).

4. 알더스 헉슬리, 존 앵커버그와 존 웰던이 지은 『다윈의 신앙적 도약』 (하비스트홈 출판, 1998)에서 재인용.

5. 마이클 덴턴 『진화론-위기에 처한 이론』 (아들러 앤 아들러 출판, 1986) 77.

6. 아이작 아시모프, "에너지와 열역학 게임에서는 평형조차 깰 수 없다" (저널 어브 스미쏘니안 인스티튜트, 1990 6월) 6.

7. 에드워드 넬슨, 상기 존 앵커버그와 존 웰던의 책, 251쪽에서 재인용.

8. 로버트 올더쇼, "신 물리학은 무엇이 잘못인가?"(『뉴 사이언티스트』, 22/29 1990년 10월호).

9. 케이쓰 H. 완서, 존 F. 애쉬턴 박사 편집, 『엿새 만에』 (뉴홀랜드 출판, 2000) 93쪽에서 재인용.

10. 상게서, 94.

11. 데이빗 윌킨슨 『신, 빅뱅, 스티븐 호킹』 (모나크 출판, 1996) 148.

12. 스티븐 호킹 『시간의 약사』 (밴탐 북스, 1995) 13.

13. 로저 J. 가우더렛, 상기 존 앵커버그와 존 웰던의 책, 268쪽에서 재인용.

14. 찰스 다윈, 필립 E. 존슨의 책 『재판대 위에 선 다윈』 (인터바시티 출판, 1993) 103쪽에서 재인용.

15. 스탠리 밀러 박사의 글, J. 호간의 글 "태초에…"(『싸이언티픽 아메리칸』, 1991 2월호)에서 재인용.

16. 마이클 덴턴의 상게서, 249–250.

17. 윌더–스미스 박사 『자연과학은 진화를 전혀 알지 못한다』 (마스터북스, 1981) 16.

18. 클라우스 도우즈, "생명의 기원: 대답보다 더 많은 질문들" (『인터디씨플리나리 사이언시즈 리뷰』 13, 1988).

19. 월터 L. 브래들리 박사의 리 스트로벨과의 인터뷰 『신앙 사건 변론』 (존더반 출판사, 2000) 141. 브래들리 박사가 "여전히 믿는 사람은 아무도 없다"는 표현을 사용한 것은 기회 이론으로 생명을 설명할 수 있다고 믿는 사람들이 아직도 일부는 존재한다는 의미로 사용한 것이다. 그러나 그의 말이 암시하는 것은, 자신의 전공분야인 이 주제에 관하여 상당한 지식을 가진 사람들은 기존의 알려진 사실들로 볼 때, 생명의 기원이 무작위적인 우연에 의한 것임을 받아들일 수 없다는 의미이다.

20. 상게서, 142.

21. 프랜시스 크릭 경 『삶 그 자체』 (시몬 앤 슈스터, 1981).

22. 마이클 덴턴의 상게서, 250.

23. 클라우스 도우즈의 상기 글.

24. 호워드 베잉턴 홀로이드 박사의 글, 창조과학회 분기잡지 1972년 6월호, 5.

25. 찰스 다윈 『종의 기원』 (워즈워드 한정판, 1998) 368.

26. 상게서 213.

27. 상게서 258.

28. 윌리암 도슨의 글, 상기 존 앵커버그와 존 웰던의 책 149쪽에서 재인용.

29. 찰스 다윈, 『종의 기원』 214.

30. 마이클 덴턴, 상게서 160-161.

31. 상게서, 165.

32. 루터 D. 서덜랜드 『다윈의 수수께끼: 화석과 기타 문제들』 (마스터북스, 1984) 88.

33. 스티픈 M. 스탠리 (존스 홉킨스 대학교의 고생물학과 교수) 『대진화: 패턴 및 과정』 (W.H. 프리만 앤 콤, 1979) 39.

34. 선도적인 고생물학자인 조지 G. 심슨 박사, 『진화의 주요 특징들』 (콜롬비아 대학출판, 1965) 360.

35. 마이클 덴턴, 상게서, 165.

36. 스티븐 J. 굴드 『오늘날의 진화: 다윈 이후 한 세기』 (맥밀란 출판, 1982) 140.

38. 마이클 덴턴, 상게서 165-166.

39. 조지 G. 심슨, 상게서, 263.

40. 마이클 덴턴, 상게서, 193-194.

41. 에른스트 마일, 『인구, 인종 및 진화』 (하버드대학출판, 1970) 253.

42. 닐스 허리버트, 『종합적 종족형성』 (CWK 글레룹스, 1953) 11.

43. 상게서, 1142-1143.

44. 찰스 옥스나르드, 『인간의 계통』 (예일대출판, 1984). 조나단 사르파티 박사의 책 『진화 논박』 (마스터북스, 1999) 80쪽에서 재인용. 더 자세한 분석은 79-89쪽을 참고하라.

45. 이 놀라운 이야기를 더 자세히 보려면, 칼 윌랜드 박사의 글 "말씀으로 싸운 용감한 전사들" (『창조과학회』지, 23권, 4호, 2001년 9월-11월호) 44-46쪽을 보라.

46. 웨르너 기트 박사, 『태초에 정보가 있었다』 (크리스챤 다큐먼트, 1997) 79.

47. 폴 데이비스 교수, 알렉산더 윌리암스의 글 "창세기 안에 있는 대답들" (『크리에이션 저널』, 22권, 2호 200년 3월-5월) 42-43쪽에서 재인용. 또한 "생명력"(『뉴사이언티스트』, 163 (2204): 27-30쪽, 1999 9월 18일자)을 참조하라.

48. 마이클 비히, 『다윈의 블랙박스』 (터치스톤 북스, 1998) 193쪽 이하.

49. 폴 크루츠 편집, 『휴머니스트 대안』 (프로메테우스, 1973) 50.

50. 찰스 다윈, 『찰스 다윈의 자서전』 노라 발로우 편집 (W. W. 노턴, 1958).

51. 아서 케이쓰 경, 『진화와 윤리학』 (G.P. 펏남스 썬즈, 1947) 15, 71, 76.

52. 맥스 호컷의 글, "상호 적응 윤리를 향하여"를 『휴머니스트 윤리학』 모리스 B. 스토러 편집 (프로메테우스 북스, 1980) 137쪽에서 재인용.

53. 줄리안 헉슬리 경, 『생명의 흐름』 (와츠 앤코, 1926) 54.

54. 상게서, 54-55.

55. 상게서, 55.

56. 상게서, 56.

57. 상게서, 56.

58. 상게서, 56.

59. 코를리스 라몽, 『휴머니즘 철학』 (프레드릭 웅거, 1982) 248.

60. 프리드리히 폰 베른하르디, 『시대의 이해』 데이빗 A. 노이벨 (ACSI 앤 써밋 미니스트리즈, 1995) 94쪽에서 재인용.

61. 아담 세쥐윅, 로날드 클락의 책 『찰스 다윈의 구사일생』 (랜덤하우스, 1984) 139쪽에서 재인용.

62. 칼 막스, 『다윈의 신앙적 도약』, 35.

63. 아서 케이쓰 경, 『진화와 윤리학』 149-150.

64. 아돌프 히틀러, 『다윈의 신앙적 도약』 33쪽에서 인용함.

65. 아돌프 히틀러 『나의 투쟁』 (레이날과 히치콕, 1940) 397, 603, 406.

66. 존 P. 코스터 2세 『무신론 증상』 (볼게무트 앤 하이아트, 1989) 187-189.

67. 임마누엘 칸트, 존 블랑카드의 책 『하나님이 과연 무신론자들을 믿으실까?』 (복음주의출판, 2000) 372.

68. C.S. 루이스 『격납고 안의 하나님』 (어드만스, 1972) 286.

5장: 에덴의 메아리

1. 라비 자카리아스, 『인간이 하나님 없이 살 수 있을까?』 (워드 출판사, 1994).

2. 조 키타, "큰 집, 멋진 가족, 큰 차...그래도 여전히 불행한가?" (남성건강잡지, 2001년 3월호) 101-102.

3. 스팅, "파킨슨과의 BBC 인터뷰", 2001년 7월 30일자.

4. 블레이즈 파스칼, 『팡세』 (J.M. 덴트 앤드 썬즈, 1973) 22.

5. C.S. 루이스, 『단순한 기독교』 (맥밀란 출판사, 1952) 119.

6. 블레이즈 파스칼, 『단숨에 읽는 파스칼』 (호더 앤 스타우턴, 1997) 40.

7. 알더스 헉슬리, 『목적과 수단』 (샤토 앤 윈더스, 1946) 270, 273.

8. 히포의 어거스틴, 『고백록』 제1권 제1장 제1절.

9. 블레이즈 파스칼, 『단숨에 읽는 파스칼』, 41.

6장: 성경 비판자들

1. 호워드, 필리스 러들리지, 멜 화이트, 라일라 화이트, 『적군 앞에서』 (플레밍 H. 레벨 코 , 1973).

2. 로드 데닝의 말, 브라이언 H. 에드워즈와 이안 J. 쇼가 지은 책 『주후』(A.D.) (데이원 출판사, 1999) 5쪽에서 인용.

3. '하딧' 제4권, 830, 831, 832쪽과 제5권 208, 210, 211쪽, 제6권 387, 388, 389, 390쪽.

4. 저자 미상.

5. 아브라함 링컨의 말, 존 블랭차드의 책 『하나님이 무신론자들을 믿으실까?』 (복음주의 출판, 2000) 412쪽에서 인용.

6. 앞에 나온 (프린스턴 신학교의 셈 언어학 교수였던) 로버트 딕 윌슨이 지은 책, 396.

7. 토마스 왓슨, 『웨스트민스터 대회 교리문답에 포함된 목회자들의 설교집』 (진리의 깃발 재단, 1958) 26. 원판은 1692년에 출간.

8. 장 자끄 루소의 말, 조쉬 맥도웰과 돈 스튜워트가 지은 책 『기독교 신앙에 관련된 어려운 질문에 대한 대답』 (알파 북스, 1997) 44쪽에서 인용.

9. 찰스 디킨스의 말, 스테픈 고트로거의 책 『그거 말 되네』(성서유니온, 1996) 52쪽에서 인용.

10. 글레아슨 아처, 『성경 난해 백과』 (존더반 출판사, 1982).

11. 테오도어 루즈벨트의 말, 로버트 백하우스가 지은 『교사와 설교자를 위한 5,000개의 인용문』 (킹스웨이 출판, 1994) 15쪽에서 인용.

12. 키케로, "복술에 관하여, 2.28", V. 반델루스의 책 『예수의 기적』 (E.J. 브릴, 1965) 7쪽에서 인용.

13. C.S. 루이스, 존 영이 지은 책 『그리스도에 관한 재판』 (호더 앤 스타우턴, 1994) 91쪽에서 인용.

14. 윌리엄 람제이 경, 『신약의 신뢰성에 대한 최근 발견물의 입장』 (베이커 출판사,

1953).

15. 윌리암 F. 알브라이트, 돈 배튼 박사가 편집한 책 『답변집』 (앤서스 인 제네시스, 1999) 6쪽에서 인용. 조쉬 맥도웰, 『가부간 평결을 요구하는 증거 제1권』 (오센틱 출판, 1998)을 참고하라.

16. 넬슨 글룩, 『사막에 생긴 강들』 (파러, 스트라우스 dos 쿠다히, 1959) 31.

17. 존 칼빈, 그래함 밀러가 지은 책 『칼빈의 지혜 모음집』 (진리의 깃발 재단, 1992) 25쪽에서 인용.

18. 프레데릭 G. 케넌, 『성경과 고고학』 (하퍼 브라더스, 1940) 199.

7장: 큰 그림

1. 리차드 도킨스, 『에덴에서 발원한 강: 다원적 생명관』 (베이직 북스/하퍼 콜린스, 1995), 132-133.

2. 클로드 란츠만, 『쇼아: 홀로코스트에 대한 구전 역사』 (판테온 북스, 1985), 30.

3. C.S. 루이스, 『고통의 문제』 (맥밀란 출판사, 1978), 26-28.

4. 조애나 콜스, 어네스트 고든과의 대담: "만행을 견디고 신앙을 얻다" 『타임』지 2001년 8월 6일자.

5. 상게서.

6. C.S. 루이스, 『고통의 문제』 81쪽 이하.

7. 성 어거스틴, 로버트 백하우스의 책 『교사와 설교자들을 위한 5,000가지 질문』 (킹즈웨이 출판, 1994) 208쪽에서 인용.

8. C.S. 루이스, 『고통의 문제』 79-80.

9. 블레이즈 파스칼, 『팡세』 (J.M. 덴트 앤드 썬즈, 1973) 65-66. (인용문은 좀더 현대적으로 바꾸었음.)

10. C.S. 루이스, 『스크류테이프의 편지』 (맥밀란 출판사, 1982) 3.

11. 존 돈, 데이빗 포터의 책 『죄와 덕에 관한 모나크 책』 (모나크 북스, 1999) 24-25쪽에서 인용.

12. 존 콜린스, J. 존과 마크 스티브의 책 『기쁨이 가득한 책』 (모나크 북스, 2001) 46쪽에서 인용.

13. C.S. 루이스, 『고통의 문제』 57.

14. 볼떼르, 로버트 백하우스의 책 『교사와 설교자들을 위한 5,000가지 질문』 (킹즈웨

이 출판, 1994) 152에서 인용.

15. C.S. 루이스, 『사자, 마녀, 옷장이야기』 (하퍼콜린스, 1997) 148.

8장: 인류의 해방자

1. H.G. 웰즈, 존 영의 책 『그리스도에 관한 사건』 (호더 앤 스타우턴, 19094) 131-132
   에서 인용.

2. 장 자끄 루소, 팀 라하이의 책 『예수-그는 누구인가?』 (마샬 피커링, 1997) 40.

3. 윌리암 비더울프, 존 블랭차드의 책 『하나님이 과연 무신론자들을 인정하실까?』 (복
   음주의 출판, 2000), 572.

4. 마틴 루터, 로버트 백하우스의 책 『교사와 설교자를 위한 5,000개의 인용문』 (킹즈
   웨이 출판사, 1994) 28.

5. C.S. 루이스, 『단순한 기독교』 (맥밀란 출판사, 1952) 55-56.

6. 위의 책, 56-57.

7. 소크라테스, J. 존의 책 『확실히 죽은 자』 (IVP, 1991)에서 인용.

8. 블레이즈 파스칼, 『팡세』 (J.M. 덴트 앤드 썬즈, 1973) 114.

9. 라비 자카리아스, 『다른 신들 중에 있는 예수』 (워드 출판사, 2000) 91.

9장: 구르는 돌

1. 달링 경, 조쉬 맥도웰의 책 『부활 요소』 (알파 출판사, 2001) 23쪽에서 인용.

2. 프랭크 모리슨, 『누가 그 돌을 옮겼나?』 (파버 앤드 파버, 1958) 102-103.

3. 노만 앤더슨 경, 『부활의 증거』 (IVP, 1988) 6, 11.

4. 위의 책, 15.

5. 시몬 그린립, 헨리 모리스 박사의 책 『많은 무오류한 증명들』 (마스터 북스, 2000)
   105.

6. 스튜아트 헨더슨, "아무 것도 없었다", 프레이저 그레이스가 편집한 『시여, 일어나
   라』 (프레임웍스 출판사, 1993) 33. 저자의 허가를 받고 인용.

10장: 큰 심판

1. 라비 자카리아스, 『마음의 외침』 (워드 출판사, 1998) 92.

2. 썬다 씽, 『사두의 지혜』 (플로 출판사, 2000), 170.

3. 성 어거스틴, 『신국』 (이미지 북스, 1958), 541.
4. 썬다 씽, 『사두의 지혜』, 171.

청년들아 무엇을 위해 살 것인가

2008년 4월 25일 초판 1쇄 발행
지은이 • 조 부트
옮긴이 • 지명수
발행처 • 선교횃불
등록일 • 1999년 9월 21일 제54호
등록주소 • 서울시 송파구 삼전동 103번지
전　화 • 02-2203-2739
팩　스 • 02-2203-2738
http://www.ccm2u.com

총 판 • 선교횃불